Martin R. Mayer

Neue Lebens Perspektiven

Mehr Erfolg und Lebensfreude durch NLP

Lebendig. Verständlich. Praxisnah.

Mit vielen Übungen

Ausführliche Informationen zu weiteren NLP-Büchern
sowie zu jedem unserer lieferbaren und geplanten Bücher
finden Sie im Internet unter
www.junfermann.de
– mit ausführlichem Infotainment-Angebot
zum JUNFERMANN-Programm

Martin R. Mayer

Neue Lebens Perspektiven

**Mehr Erfolg und Lebensfreude durch NLP
Lebendig. Verständlich. Praxisnah.
Mit vielen Übungen**

Junfermann Verlag • Paderborn
1999

© Junfermannsche Verlagsbuchhandlung, Paderborn 1999

Covergestaltung: Petra Friedrich

Satz: La Corde Noire – Peter Marwitz, Kiel

Die Deutsche Bibliothek – CIP-Einheitsaufnahme

Mayer, Martin R.:

Neue Lebens Perspektiven: Mehr Erfolg und Lebensfreude durch NLP. Lebendig, verständlich, praxisnah. Mit vielen Übungen / Martin R. Mayer. – Paderborn: Junfermann, 1999.

ISBN 3-87387-401-6

ISBN 3-87387-401-6

Inhalt

Seit 111

Seite 176 u 177

1. Einführung

„In den Vereinigten Staaten ist NLP seit geraumer Zeit ein Renner unter den Schulungsprogrammen für Führungskräfte und Verkaufsmanager, vor allem bei Computerfirmen und Banken. Ex-Chrysler-Boß Lee Iacocca schwört auf die Kraft von NLP." – *MÄNNER VOGUE*

Ich möchte zunächst den Gründern und Weiterentwicklern des NLP danken, ohne die dieses Buch nicht entstanden wäre: Richard Bandler, John Grinder, Robert Dilts sowie Connirae und Steve Andreas.

Zu diesem Buch

Ich weiß, ich habe mir mit diesem Buch ein hochgegriffenes Ziel gesetzt: Eine leicht verständliche Einführung in die Welt des NLP und in die Kunst des Lebens anzubieten.

Ich vermisse schon lange eine verständlich geschriebene Einführung in die Welt des NLP. (Auf Seite 12 werde ich erklären, was die Abkürzung NLP bedeutet.) NLP fordert, daß man seine Sprache dem Zuhörer oder Leser anpassen sollte, damit man verstanden wird. Leider erfüllen die wenigsten NLP-Bücher diesen Anspruch. Die meisten erschlagen den Leser mit unnötig vielen Fremdwörtern, NLP-Spezial-Ausdrücken und kompliziert formulierten Schachtelsätzen. Der Gründer des NLP, Richard Bandler, meinte in einem seiner letzten Bücher, wenn er heute eine NLP-Tagung besucht, versteht selbst er meist nichts mehr. Einstein sagte einmal: „Alles sollte so einfach wie möglich gemacht werden, aber nicht einfacher." Viele Menschen halten Bücher, die verständlich geschrieben sind, für primitiv. Ich liebe die folgende Geschichte: Ein König fühlt sich unwohl, weil er Durst hat. Seine Ärzte schlagen die verschiedensten komplizierten Heilverfahren vor. Sie verabreichen ihm Rosenwasser und Mandelöl. Dem König geht es daraufhin immer schlechter. Als schließlich ein einfacher Landarzt vorschlägt, er solle ein Glas Wasser trinken, wird der König wütend: „Was, ein so primitives Mittel für einen komplizierten Organismus wie meinen königlichen Körper, das ist ja wohl der Gipfel der Frechheit!"

Natürlich gibt es auch das andere Extrem, daß komplexe Sachverhalte zu einfach dargestellt werden, und dabei wichtige Punkte unter den Tisch fallen. Ich habe mir bei diesem Buch das Ziel gesetzt, alles so einfach wie möglich darzustellen, aber nicht zu einfach. Im Zweifelsfall habe ich mich im Interesse der Lesbarkeit dafür entschieden, lieber zu vereinfachen; dabei gilt: „Ausnahmen bestätigen die Regel." Um das Buch allgemeinverständlich zu machen, vermeide ich so weit wie möglich NLP-Spezialvokabular. Um Ihnen die Lektüre von weiteren NLP-Büchern zu erleichtern, nenne ich bei der Einführung der wichtigsten Techniken und Begriffe auch die übliche NLP-Bezeichnung.

Dieses Buch will eine Einführung in die Kunst des Lebens bieten. Viele glauben, Veränderungen seien sowieso nicht möglich, alle Therapien, Selbsterfahrungsgruppen und Bücher zur Lebenshilfe wären nutzlos. Gleichzeitig tendieren die selben Leute oft zu vereinfachenden Patentrezepten wie: „Man muß nur an seinen Erfolg glauben" oder: „Man muß nur wollen."

Ich will hier einen anderen Weg gehen: Ich will dem Leser mehr Wahlmöglichkeiten, neue Ideen für die Lösung der Probleme des Alltags in die Hand geben. Etwa, wie man in einen besseren emotionalen Zustand kommen kann, wie man Konflikte lösen und seine Ziele erreichen kann.

Dabei erhebe ich nicht den Anspruch, die Wahrheit zu sagen. Ich weiß nicht, ob es eine allgemeingültige Wahrheit gibt. Jeder Mensch ist anders, und ich finde es gefährlich, Ratschläge zu erteilen, die für alle gelten sollen. Vielleicht kennen Sie den Spruch: Ratschläge sind auch Schläge. Wenn man jemandem Ratschläge erteilt, wie er sich zu verhalten habe, unterstützt man ihn nicht dabei, seine Probleme selbst zu lösen und ein selbständiger Mensch zu werden. Man macht ihn von fremden Ratschlägen abhängig.

Ich will in diesem Buch dem Leser mehr Alternativen aufzeigen. Viele Menschen handeln nur deshalb unangebracht, weil sie nicht genügend Wahlmöglichkeiten zur Verfügung haben. So kennen viele Eltern, wenn sich ihr Kind im Supermarkt auf dem Boden wälzt und schreit, „Ich will aber jetzt ein Eis", nur die Möglichkeiten, dem Kind nachzugeben und ein Eis zu kaufen oder das Kind anzuschreien, es wegzuzerren oder zu schlagen. Ein NLP-Master reagierte in einer solchen Situation damit, daß er sich neben sein Kind auf den Boden warf und schrie: „Nein, du bekommst jetzt kein Eis!" Das Kind sprang auf, zog den Vater hoch und flüsterte: „Komm, laß uns hier verschwinden!"

Ich denke, es ist günstig, über mehr Wahlmöglichkeiten zu verfügen. Der Leser ist selbst dafür verantwortlich, welche Möglichkeiten er anwendet. Die Lösung im obigen Beispiel ist sicher nicht jedermanns Sache. Sie können die Anregungen dieses Buches ausprobieren: Wenn etwas klappt, wunderbar, wenn nicht, machen Sie etwas anderes, das besser funktioniert.

Sie werden es vielleicht nicht für möglich halten, welche tiefgreifenden positiven Veränderungen dieses Buch in Ihr Leben bringen kann. Sie können die Lektüre dieses Buches genießen und sich von den Fortschritten überraschen lassen, die Sie schon bald bei sich feststellen werden.

Tips zur Lektüre des Buches

Vielleicht gehören Sie zu den Lesern, die ein Buch am liebsten querbeet lesen, mal in ein Kapitel hineinschnuppern, dann in ein anderes. Bei diesem Buch empfehle ich Ihnen, es schrittweise von Anfang bis Ende durchzulesen, weil die einzelnen Schritte aufeinander aufbauen. Nehmen Sie sich Zeit für die Übungen. Sie können so mehr von der Lektüre profitieren. Sie können das Buch auch mehrmals durchlesen. Da das behandelte Thema komplex ist, erschließt sich manches vielleicht erst beim zweiten Lesen.

Viele Menschen investieren viel Mühe, bei neuen Ideen aufzuzeigen, wann oder warum etwas nicht funktionieren kann. Diese kritische Grundeinstellung wird gerade von Intellektuellen als bewundernswert angesehen. Dabei erfordert es keine besondere geistige Anstrengung, bei allem eine negative Seite zu sehen. Man braucht nur den Rahmen der Wahrnehmung zu ändern. Ein Beispiel: Wenn jemand sagt, heute ist das Wetter schön, kann man sagen: „Ja, hier schon, aber in Sibirien ist heute ein Sauwetter!" Es wundert mich immer wieder, wie viele Menschen ihre Zeit mit diesem Spiel vergeuden. Jeder, der mit dieser Einstellung dieses Buch liest, wird sicher Fehler und Einwände finden. Vielleicht wäre die Zeit und Energie besser genutzt, wenn man herauszufinden sucht, welche Anregungen man aus diesem Buch ziehen kann.

Dagegen ist es natürlich sinnvoll, sich vor der Anwendung neuer Methoden zu fragen, ob sie schaden können. Wie wäre es, wenn Sie dieses Buch auch mit Neugier und Vorfreude auf neue Erfahrungen lesen würden?

Noch kurz zu meiner Art zu schreiben: Um die Lektüre zu erleichtern, führe ich nicht immer die weibliche und männliche Form an, also „der Leser und die

Leserin". Es sind immer beide gemeint. Wegen der Lesbarkeit verzichte ich auch auf Quellenangaben, die benutzte Literatur ist im Anhang angeführt. Ich danke hiermit allen Autoren und den Teilnehmern meiner Gruppen für ihre Anregungen. Kursiv gesetzte Geschichten entstammen meinem bisher unveröffentlichten Anekdotenband.

Was ist NLP und wie entstand es?

Die traditionelle Psychologie lehnt sich an das Denkmodell der Medizin an. Sie untersucht Kranke, sucht nach einer Diagnose, das heißt, sie will herausfinden, was nicht richtig funktioniert, gibt dem Fehler einen Namen und will schließlich die Krankheit kurieren oder reparieren.

NLP hat einen grundsätzlich anderen Ausgangspunkt. NLP untersucht Menschen, die etwas gut können, und will deren Fähigkeiten für andere nachvollziehbar machen. NLP ist damit nicht nur für psychisch „kranke" Menschen interessant, sondern für jeden, der sein Leben oder seine Arbeit verbessern will. Die Methode der traditionellen Psychologie hat noch einen weiteren Nachteil: Wenn man jemandem die Diagnose mitteilt, er sei depressiv, verstärkt man mit dieser Aussage das Symptom. Dieser Satz wirkt wie eine hypnotische Suggestion. Der Patient glaubt, nun sei wissenschaftlich festgelegt, daß er depressiv sei und er daran nichts ändern könne. Ich wundere mich immer wieder, wie unbewußt viele Ärzte und Psychologen mit solchen negativen Suggestionen umgehen.

Bei NLP sieht man den Menschen nicht als Patient, sondern als Klient und fragt ihn, was er will und sucht gemeinsam mit ihm nach Möglichkeiten, seine Ziele zu erreichen. NLP ist nicht problem-, sondern zielorientiert. Mit dieser Grundeinstellung wurde NLP gerade für die Geschäftswelt interessant.

NLP entstand in den USA. Die Gründer des NLP, der Linguistik-Professor John Grinder und der Mathematiker Richard Bandler, untersuchten Anfang der 70er Jahre die Arbeitsweise der erfolgreichsten Psychotherapeuten der USA. Diese Therapeuten, vor allem der Gründer der Gestalttherapie Fritz Perls, die Familientherapeutin Virginia Satir und der Arzt und Hypnose-Therapeut Milton Erickson waren für ihre erstaunlichen Erfolge berühmt. Sie hatten völlig unterschiedliche therapeutische Konzepte und schienen auf den ersten Blick nichts gemeinsam zu haben. Der Sprachwissenschaftler Grinder und der damalige Student Bandler untersuchten die Sprache dieser Wundertherapeuten. Und sie fanden eine ganze Reihe von Sprachmustern, die alle diese Therapeuten benutzten.

Als Bandler und Grinder anfingen, selbst diese Sprachmuster anzuwenden, hatten sie ähnlich beeindruckende Erfolge bei psychotherapeutischen Behandlungen.

Milton Erickson und Virginia Satir gaben später zu, daß ihnen durch Bandler und Grinder zum Teil erst bewußt wurde, was ihre Arbeit so erfolgreich gemacht hatte.

Bandler und Grinder erkannten bald, daß ihre Entdeckungen nicht nur für den Bereich der Psychotherapie Bedeutung besaßen – sie ließen sich auch auf das Gebiet des Business, der Erziehung und auf andere Gebiete übertragen.

Bandler und Grinder begannen, die Vorgehensweise von erfolgreichen Menschen aus anderen Gebieten zu untersuchen. Sie nahmen das Verhalten von Managern, Verkäufern, Wissenschaftlern, Lehrern und Sportlern unter die Lupe. Sie untersuchten die verschiedensten Arten menschlicher Tätigkeit. Und sie konzentrierten sich dabei vor allem auf die Denkprozesse von Menschen, die etwas besonders gut beherrschten. Dabei entdeckten sie verblüffend wirksame Methoden, wie man zum Beispiel Konflikte lösen und Ziele erreichen kann. Bandler und Grinder gaben ihren Methoden schließlich den etwas hochtrabend klingenden Namen **Neurolinguistisches Programmieren**.

Neuro steht dabei für unser Nervensystem, das heißt, für die Art, wie wir Informationen mit unseren fünf Sinnen wahrnehmen und wie wir sie innerlich verarbeiten. Vor allem beschäftigt sich NLP mit unserem Sehen, Hören und Fühlen und mit unseren inneren Bildern, Gefühlen und Gesprächen. Man kann sagen, NLP beschäftigt sich mit unserer Art zu denken. Denn wir denken in Bildern, in Selbstgesprächen und in Gefühlen, auch wenn uns die Art unseres Denkens nicht immer bewußt ist.

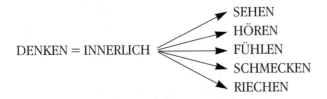

Die verschiedenen Arten wahrzunehmen und zu denken haben wichtige Auswirkungen. Ein Beispiel: Wenn ein Kind sich weh getan hat, kann man ihm helfen, schneller den Schmerz zu vergessen, indem man seine Aufmerksamkeit vom Fühlen auf ein Geräusch oder einen visuellen Eindruck richtet. Bei einer Bahnfahrt beobachtete ich, wie eine Mutter über Stunden versuchte, ihr weinendes Kleinkind zu trösten. Sie hielt das Kind in den Armen und streichelte es, aber das Kind hörte nicht auf zu weinen. Mir fiel ein, daß bei Schmerzen ein Umschalten auf ein anderes System der Wahrnehmung, also vom Fühlen zum Hören oder Sehen, helfen kann. Ich raschelte kurz unter dem Sitz mit dem Fuß wie eine Maus. Das Kind horchte auf, blickte unter den Sitz und wurde ruhig. Mit dieser simplen Technik hatte ich dem Kind geholfen, den Schmerz zu vergessen.

Die Bezeichnung **Linguistisch** im Namen NLP steht für den Einfluß unserer Sprache auf unsere Kommunikation, unsere Wahrnehmung, unser Denken und unser Handeln. Nehmen wir an, eine Firma geht in Konkurs, und zwei Kollegen werden gleichzeitig arbeitslos. Das Ereignis selbst ist für beide das gleiche. Nun sieht der eine dieses Ereignis als einen Beweis dafür, daß er im Leben ein Versager ist. Der andere sieht in dem gleichen Ereignis eine Herausforderung, eine Chance, etwas Neues anzufangen. Wer von den beiden wird sich besser fühlen, mehr Energie bei der Suche nach Arbeit haben und mehr Chancen, etwas Neues zu finden? Es macht einen großen Unterschied, ob man ein Ereignis als Beweis für sein Versagen oder als Herausforderung bezeichnet. Mir ist keine Methode bekannt, die sich so genau mit der Wirkung der Sprache auf die Kommunikation und das Verhalten beschäftigt wie NLP. Und letztlich arbeiten immer mehr Menschen mit der Sprache als ihrem Hauptwerkzeug, zum Beispiel als Lehrer, Verkäufer oder Manager. Und die meisten davon haben sich bisher kaum Gedanken gemacht über die Auswirkungen ihrer Sprache. Mit NLP können Sie hier ein effektives Werkzeug erwerben.

Das Wort **Programmieren** in der Bezeichnung NLP steht für die Möglichkeit, die jeweilige Art zu denken und zu handeln zu verändern, es steht für die Chance, etwas Neues zu lernen. So ist es sinnvoll, seine Ziele positiv zu formulieren. Statt zu sagen, man will keine Angst haben, kann man sagen: „Ich will ruhiger und selbstsicherer werden." Sie können sich angewöhnen, Ihre Ziele positiv zu formulieren.

Ich selbst mag die Bezeichnung „Neurolinguistisches Programmieren" weniger, sie klingt mir zu bombastisch und weckt in mir negative Assoziationen. Für mich steht deshalb das Kürzel NLP für **Neue Lern Programme**. Das trifft auch den Kern: Mit NLP können Sie lernen, wie Sie mehr Erfolg und Lebensfreude in Ihr Leben bringen können. Man könnte NLP auch als **Neue Lebens Perspektiven** lesen.

NLP untersucht menschliches Verhalten, will Modelle für effektives Handeln entwickeln. Ein Modell stellt dar, wie etwas funktioniert. Warum es funktioniert und wie oft, statistisch gesehen, interessiert NLP weniger.

Oft werfen Menschen mit akademischem Hintergrund NLP vor, daß es sich zu wenig damit beschäftigt, warum seine Techniken wirksam sind und daß es nicht wissenschaftlich bewiesen sei. Abgesehen davon, daß es inzwischen einige wissenschaftliche Studien über die Wirksamkeit von NLP-Techniken gibt, denke ich, daß es auch zu der Zeit, als man noch nichts über Vitamine wußte, durchaus egitim und sinnvoll war, zur Vorbeugung gegen Skorbut Gemüse und Obst zu essen.

NLP bemüht sich, für jede Situation möglichst viele Wahlmöglichkeiten anzubieten. Wer in einer Situation nur eine Möglichkeit zum Handeln besitzt, handelt wie ein Roboter oder ein Sklave. Wer nur zwei Möglichkeiten zur Verfügung hat, befindet sich in einer Zwickmühle. Erst ab drei Alternativen beginnt die Freiheit.

Aufgrund der Wirksamkeit seiner Techniken verbreitete sich NLP schnell, zuerst bei den Praktikern der Psychotherapie, des Unterrichtens, im Management und im Verkauf. Heute ist NLP führend in den Chefetagen der Großkonzerne, es ist die Managementtechnik und der Zweig der Psychotherapie mit der größten Zuwachsrate.

Ich beschäftige mich seit 1986 intensiv mit NLP. Ich konnte mir zuerst nicht vorstellen, daß wirklich so schnelle und tiefgreifende Veränderungen möglich sind. Ich wundere mich immer noch nach vielen Einzelberatungen über die fast magisch erscheinenden Veränderungen. Obwohl ich mit vielen anderen Techniken experimentiert habe, kenne ich keine vergleichbar effektive Technik. Wenn Sie etwas Effektiveres kennen, ich würde mich über diesen Tip freuen.

Es ist eigentlich nicht exakt, von *dem* NLP zu reden. NLP entwickelt sich laufend weiter, die NLP-Gründer gehen inzwischen getrennte Wege. Jeder NLP-Anwender sieht NLP anders und wendet es auf seine Art an. Dieses Buch ist insofern keine verbindliche Darstellung des NLP, sondern spiegelt meine persönliche Sicht des NLP wider. Und dieses Buch gibt als Einführung nur einen kleinen Ausschnitt der weiten Welt des NLP wieder.

Der rote Faden des Buches

Ich will hier skizzieren, welche Themen ich in diesem Buch behandeln will. Zuerst will ich kurz auf das Thema Lernen eingehen, da man anhand dieses Themas einige der Grundlagen des NLP sehr gut darstellen kann. Dann will ich Möglichkeiten untersuchen, in einen besseren emotionalen Zustand zu kommen, und wie man sich den so erreichten Zustand der inneren Stärke jederzeit zugänglich machen kann. Als nächstes behandle ich das Thema Kommunikation, und am Schluß die Themen, wie man Entscheidungen treffen und Ziele erreichen kann.

Bitte beachten

Die Techniken, die in diesem Buch vorgestellt werden, sind sehr wirkungsvoll und sollten deshalb mit Bedacht angewendet werden.

Nehmen Sie sich Zeit und Ruhe für die Übungen, halten Sie sich bitte möglichst genau an die Übungsanweisungen. Wenn mit Problemen gearbeitet wird, nehmen Sie zum Üben kleine, nebensächliche Probleme, damit keine unangenehmen Erinnerungen oder Gefühle auftauchen können. Sollte das doch einmal vorkommen, brechen Sie die Übung ab. Bei schwereren Problemen ist es oft besser, einen guten NLP-Master zur Einzelberatung aufzusuchen.

Bei körperlichen Symptomen sollten Sie zuerst zu einem Arzt gehen. NLP-Techniken können den Heilungsprozeß durch die geistige Einstellung zur Krankheit und zum Gesundwerden unterstützen, jedoch nicht den Arzt ersetzen.

Jeder Leser trägt selbst die Verantwortung dafür, wie er die Ideen dieses Buches umsetzt.

Ein Märchen

Ich möchte zum Abschluß dieses Kapitels eine kleine Geschichte erzählen, um meine Sicht des NLP zu illustrieren:

Ein Mann wohnte in einem dunklen Zimmer. Er mochte die Dunkelheit nicht. Er versuchte sie mit Schimpfen und Beschwörungen zu vertreiben. Aber die Dunkelheit verschwand nicht. Eines Tages sagte ihm ein weiser Mann, daß es gar keine Dunkelheit gebe, daß er gegen etwas kämpfe, das gar nicht existiert. Er solle sich lieber darauf konzentrieren, mehr Licht in seine Wohnung zu bringen. Und der weise Mann versicherte ihm, daß die Dunkelheit schnell und leicht verschwinden würde.

Der Mann lachte und sagte, eine so leichte Methode könne doch wohl keinen so übermächtigen Feind wie die Dunkelheit besiegen.

Eines Tages überlegte sich der Mann, daß er ja nichts verlieren könne, wenn er die Methode des weisen Mannes ausprobieren würde.

Er konnte es fast nicht glauben, als er das Strahlen der Kerze in seinem Zimmer sah. Und er merkte, daß er nie bedacht hatte, wie schwer und gleichzeitig wie angenehm es war, dieses Licht zu ertragen. Und viel später wurde ihm klar, daß auch die Dunkelheit viel Schönes hat.

2. Schnell, effektiv und mit Spaß lernen

Als Einstieg in die Welt des NLP will ich kurz das Thema Lernen behandeln.

Die Bedeutung des Lernens heute

Unsere jetzige Epoche kann man als das Informationszeitalter betrachten. Um im Berufsleben bestehen zu können, ist es sinnvoll, laufend dazuzulernen. In diesem Kapitel möchte ich Ihnen einige Tips geben, wie Sie schneller, effektiver und vor allem mit mehr Spaß lernen können.

Gedächtnistest

Ich bin gelernter Gymnasiallehrer. Und Lehrer lieben es, ihre Schüler einen Test schreiben zu lassen. Deshalb möchte ich zu Beginn testen, wie gut Ihr Gedächtnis im Moment funktioniert. Dann gebe ich Ihnen ein paar Tips, wie Sie sich Dinge leichter merken können. Sie können den Test wiederholen und überprüfen, ob meine Tips Ihnen geholfen haben. Nutzen Sie diese Gelegenheit, in fünf Minuten nachzuprüfen, ob die Tips in diesem Buch wirklich etwas bringen. Wenn das Wort Test in Ihnen unangenehme Erinnerungen weckt, betrachten Sie es als ein Spiel.

Ich erkläre Ihnen zuerst den Test. Bitte lesen Sie anschließend eine Minute lang die folgende Liste von Wortpaaren durch und versuchen Sie, sich möglichst viele der Wortpaare zu merken. Nach einer Minute schlagen Sie bitte die nächste Seite auf und ergänzen auf der Liste die dazugehörenden Wörter. Wenn Sie zum Beispiel das Wortpaar *Computer und Vorhang* gelernt haben und auf der folgenden Seite *Vorhang* steht, ergänzen Sie bitte das dazugehörende Wort *Computer*. Sie haben dafür eine halbe Minute Zeit.

Test 1

Merken Sie sich bitte folgende Wortpaare, Sie haben eine Minute Zeit:

KUGEL UND DACH
TREPPE UND ORGEL
EULE UND BIRNE
FLÖTE UND TAUBE
ANANAS UND AUTO
LÖFFEL UND HUT
SONNE UND AMEISE
ZEPPELIN UND SCHLÜSSEL
STEIN UND BLEISTIFT
KNOPF UND ELEFANT

Nach einer Minute bitte weiter zur nächsten Seite blättern.

Ergänzen Sie bitte die fehlenden Wörter. Sie haben eine halbe Minute Zeit.

ANANAS UND ....
BIRNE UND ....
ZEPPELIN UND ....
HUT UND ....
KUGEL UND ....
ELEFANT UND ....
TAUBE UND ....
TREPPE UND ....
STEIN UND...
AMEISE UND ....

Vergleichen Sie bitte Ihre Lösung mit der richtigen Lösung auf Seite 34.

Notieren Sie sich bitte, wie viele Wortpaare Sie richtig behalten haben. Überlegen Sie bitte, wie Sie sich die Wörter eingeprägt haben.

Menschen, die sich nur wenige Wortpaare merken können, sagen meist die Wörter vor sich her. Diese Merktechnik, mit der immer noch viele Schüler Vokabeln lernen sollen, ist wenig effektiv. Leute, die sich die Wortpaare gut merken können, machen sich meist innerlich ein Bild von den beiden Gegenständen oder denken sich eine kleine Geschichte dazu aus. Für „Treppe und Orgel" etwa das Bild, wie eine große Orgel eine Treppe hinunterfällt, für „Knopf und Elefant" einen Elefanten mit einem großen roten Knopf auf der Stirn.

Ich werde Sie gleich bitten, einen weiteren Test zu schreiben. Machen Sie sich nun innerlich Bilder zu den Wortpaaren, in denen jeweils beide Gegenstände vorkommen, möglichst in einer Verbindung. Sie können sich auch eine kleine Geschichte mit den beiden Wörtern ausdenken. Je komischer und ausgefallener das Bild ist, desto leichter prägt es sich ein. Sie können die Bilder bunt und plastisch machen. Meist ist das erste Bild, das einem einfällt, das beste.

Machen Sie bitte den Test noch einmal mit anderen Wortpaaren, diesmal können Sie sich innere Bilder zu den Wortpaaren machen.

Test 2

Merken Sie sich bitte folgende Wortpaare, Sie haben dazu eine Minute Zeit:

TEPPICH UND FLASCHE
BUCH UND FALLSCHIRM
SCHERE UND MILCH
OFEN UND WASSERFALL
MOND UND TASCHENRECHNER
KAFFEE UND PUPPE
LAUTSPRECHER UND GUMMIBAUM
MESSER UND TELEFON
WASCHMASCHINE UND SCHAUFEL
SCHUH UND WOLKE

Nach einer Minute bitte weiterblättern zur nächsten Seite.

Ergänzen Sie bitte die fehlenden Wörter. Sie haben eine halbe Minute Zeit:

PUPPE UND ....

LAUTSPRECHER UND ....

WASSERFALL UND ....

TEPPICH UND ....

TELEFON UND ....

MOND UND ....

MILCH UND ....

BUCH UND ....

WASCHMASCHINE UND ....

WOLKE UND ....

Vergleichen Sie bitte nach einer halben Minute Ihre Lösung mit der richtigen Lösung auf Seite 35.

Notieren Sie sich bitte, wie viele Wortpaare Sie sich dieses Mal gemerkt haben. Vergleichen Sie bitte dieses Resultat mit dem Ergebnis des ersten Tests. In meinen Kursen verbessern Teilnehmer, die beim ersten Test schlecht abgeschnitten haben, ihr Ergebnis beim zweiten Test durchschnittlich um 300 Prozent. Nicht selten haben Teilnehmer beim ersten Test kein einziges Wortpaar richtig, beim zweiten alle zehn. Um wieviel Prozent hat sich Ihr Ergebnis verbessert? Hätten Sie mir vor fünf Minuten geglaubt, wenn ich Ihnen gesagt hätte, daß Sie Ihre Gedächtnisleistung innerhalb von Minuten verdoppeln oder verdreifachen können?

Die Technik, sich innerlich Bilder zu machen, die Sie beim zweiten Test angewandt haben, ist *der* Schlüssel für effektives Lernen. Die Fähigkeit, Informationen in innere Bilder umzuformen, ist nicht nur die Basis für erfolgreiches Lernen, sie ist auch der Grundstock der Rhetorik. Gute Redner und Schriftsteller benutzen eine bildhafte, anschauliche Sprache.

Die zwei Gehirnhälften

Im folgenden möchte ich Ihnen ein wenig Theorie über das Lernen vermitteln. Es handelt sich dabei um Vorstellungsmodelle, die hilfreich zum Verstehen dessen sind, was beim Lernen abläuft.

Unser Gehirn ist in zwei Hälften aufgeteilt, die sich in ihren Fähigkeiten und Aufgabengebieten unterscheiden.

Die linke Gehirnhälfte, die mit der rechten Körperseite verbunden ist, ist eher für den rationalen Verstand, für Logik, für analytisches Denken, für Sprechen und Rechnen zuständig. Die rechte Gehirnhälfte, die mit der linken Körperseite verbunden ist, steht mehr für Phantasie, Intuition, Gefühle, Kreativität, Kunst, Musik und Tanz, für das Erfassen von Zusammenhängen, für räumliches Sehen und für nonverbale Kommunikation.

Der traditionelle Unterricht in unseren Schulen und Universitäten spricht hauptsächlich die linke, logische Gehirnhälfte an. Die rechte Hälfte, die Phantasie und die Emotionen werden vernachlässigt. Man kann dies leicht mit einem Büro mit zwei Sekretärinnen vergleichen, in dem eine Sekretärin wegen Arbeitsüberlastung fast zusammenbricht, während die andere daneben sitzt, nichts zu tun hat, sich langweilt und nörgelt. Keine Firma könnte sich eine solche Vergeudung ihrer Arbeitskraft leisten. Mit der Leistungskraft des Gehirns gehen leider viele ähnlich um.

Sinnvolles, effektives Lehren und Lernen bezieht beide Gehirnhälften ein. Dies kann man am besten erreichen, indem man nicht nur isolierte Einzelinformationen einpaukt, sondern die Dinge im Zusammenhang lernt. Das Gehirn liebt bildhafte, bunte, konkrete Beispiele und Geschichten. Lernen ist so effektiver und macht bedeutend mehr Spaß.

Man kann den Lehrsatz der Physik „Druck ist gleich Kraft durch Fläche" rein logisch als P = F : A darstellen oder ein konkretes Beispiel anführen. Man nimmt einen Bleistift und drückt erst mit der Spitze und dann mit dem stumpfen Ende auf seine Fingerkuppe. Hier sieht und spürt man sofort, daß eine kleine Fläche (= Bleistiftspitze) einen größeren Druck erzeugt. Was wird sich wohl eher bei den Schülern einprägen, die trockene Formel oder das erlebte Beispiel?

P = F : A

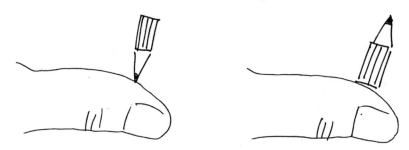

Noch ein Beispiel für gehirngerechtes Lernen im Zusammenhang: Wenn man eine Fremdsprache erlernen will, ist es günstiger, neue Wörter nicht isoliert, sondern im Zusammenhang eines Satzes zu lernen.

Wahrnehmungssysteme

Wir lernen neue Informationen, indem wir sie mit schon bekannten Informationen verbinden. Lernen bedeutet, neue Verbindungen zu schaffen. Wir verbinden zum Beispiel ein neu gelerntes Wort mit seiner Bedeutung. Im Gehirn geschieht dies durch neue Nervenverbindungen, den sogenannten Synapsen. Zum Lernen benutzt man am besten möglichst viele Wahrnehmungssysteme gleichzeitig, also Sehen, Hören, Fühlen, teilweise auch Schmecken und Riechen. In der NLP-Literatur werden die Wahrnehmungskanäle des Sehens, Hörens und Fühlens normalerweise als visuelles, auditives und kinästhetisches Repräsentationssystem bezeichnet.

Kinder haben intuitiv die richtige Lernmethode. Sie fassen die Dinge an, spielen mit ihnen, „begreifen" sie somit besser. Wenn man im Fremdsprachenunterricht das Wort Milch erklären will, kann man die weiße Farbe der Milch zeigen, die Bewegung des Melkens mit der Hand vormachen, das Muhen der Kuh nachahmen, an den Geschmack von saurer Milch erinnern.

In je mehr Wahrnehmungssysteme Sie sich etwas einprägen, desto lebendiger ist Ihre Erinnerung. Das Lernen fällt so leichter, und der Stoff bleibt länger im Gedächtnis. Diese Methode ist kreativer und macht mehr Spaß als die herkömmliche Methode, den Lernstoff immer wieder vor sich herzusagen.

Sehen

Der wahrscheinlich wichtigste Schlüssel zum Lernerfolg ist die Fähigkeit, innerlich Bilder zu sehen. Um im Studium Erfolg zu haben, ist es zusätzlich günstig, wenn man innerlich Wörter sehen kann. In einem Bild können Sie sich eine große Menge von Informationen in einem Moment einprägen und später wieder abrufen. Wenn Sie ein Bild zehn Sekunden betrachten, gewinnen Sie mehr Informationen über das Bild, als wenn Ihnen jemand zwei Stunden lang das Bild beschreibt. Die Fähigkeit, innerlich Bilder zu sehen, ist auch für viele NLP-Techniken hilfreich.

Wenn ich einen Roman lese, sehe ich detaillierte Bilder vor meinem inneren Auge. Als ich dies einmal einem Freund erzählte, meinte er: „Komisch, ich höre innerlich nur Geräusche, wenn ich einen Roman lese. Bei dem Wort Baum höre ich das Rascheln der Blätter." Am nächsten Tag erzählte mir der Freund, daß er plötzlich auch innerlich Bilder sehen kann, wenn er einen Roman liest. Dies ist ein Beispiel dafür, wie schnell und leicht weitreichende Veränderungen möglich sind. Es gibt im NLP sogar die These, daß das Gehirn nur schnell lernt. Ein Beispiel dafür: Wir können die einzelnen Bilder eines Filmes nur verstehen, wenn sie ganz schnell hintereinander abfolgen. Würden wir jede Minute nur ein Bild des Filmstreifens ansehen, könnten wir den Film nicht verstehen.

Wenn Sie lernen wollen, innerlich klare, detaillierte Bilder zu sehen, können Ihnen die folgenden Übungen nützlich sein.

Übung Innere Bilder – Sehen 1:

Schließen Sie Ihre Augen und stellen Sie sich Ihre Wohnung vor oder einen anderen Ort, den Sie gut kennen und mögen. Gehen Sie in der Vorstellung Wand für Wand durch. Wenn Ihnen das schwer fällt, können Sie kurz die Augen öffnen und sich den Raum, in dem Sie sich jetzt befinden, genau anschauen, wieder die Augen schließen und den Raum innerlich betrachten.

Übung Innere Bilder – Sehen 2:

Nehmen Sie ein Bilderbuch, einen Fotoband oder eine Illustrierte, öffnen Sie das Buch und schauen Sie sich ein Bild eine halbe Minute lang genau an. Schließen Sie das Buch und zeichnen Sie das Bild mit dem Zeigefinger auf der Tischplatte nach. Das gleiche können Sie mit den folgenden Seiten machen. Sie können langsam immer mehr ins Detail gehen in dem, was Sie sich merken und nachzeichnen, bis Sie schließlich Buchstaben und ganze Wörter innerlich klar sehen können. Um nachzuprüfen, ob Sie Wörter wirklich deutlich vor sich sehen können, buchstabieren Sie das Wort von hinten. Diese Übung ist übrigens eine gute Methode zur Verbesserung der Rechtschreibung. Den meisten Rechtshändern fällt es leichter, sich an Bilder zu erinnern, wenn sie dabei nach links oben blicken. Sie können die Bilder später bei geschlossenem Buch auch mit einem Bleistift auf einem Papier nachzeichnen oder mit Worten genau beschreiben.

Übung Bilder machen:

Nehmen Sie einen Text aus der Zeitung, lesen Sie den ersten Satz und setzen Sie die Informationen des Satzes in Bilder um, malen Sie einen Comic zu dem Text. Bitte benutzen Sie bei diesen Zeichnungen keine Wörter und Buchstaben. Zeichnen Sie die Bilder so, daß Sie sich wieder an den Inhalt des Satzes erinnern würden, wenn Sie die Bilderfolge in ein paar Monaten wieder anschauen würden. Bleiben Sie nicht an den Wörtern hängen, wichtig ist der Inhalt. Wenn Sie zum Beispiel die Frankfurter Buchmesse bildlich darstellen wollen, zeichnen Sie für Messe nicht eine Kirche – das Wort Messe hat hier eine andere Bedeutung. Ein Beispiel für diese Übung: Ich habe mir für den Satz „Die Telekom-Aktien haben einen Höhenflug erlebt" folgende Bilder gezeichnet:

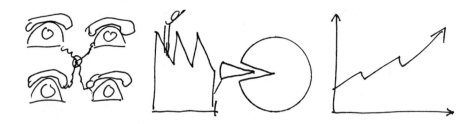

Gehen Sie mit Ihren Bildern möglichst auf konkrete Dinge zurück, also für Telekom kein T, für Aktie kein Stück Papier, sondern das, wofür dieses Papier steht, ein Stück vom großen Kuchen einer Firma.

Wenn Sie diese Übung eine Zeitlang gemacht haben, werden Sie automatisch alles, was Sie lesen und hören, in innere Bilder verwandeln. Schüler, die dies beherrschen, brauchen den Lernstoff meist nicht mehr zu wiederholen. Der Stoff ist mit dem ersten Lesen oder Hören fest eingeprägt.

Diese Übung hat den Nebeneffekt, Sprache und Erfahrung miteinander zu verbinden. In Kapitel 18 werden wir auf dieses für NLP zentrale Thema noch zurückkommen.

Hören

Wer Informationen hauptsächlich über das Hören speichert, hört innerlich eine Art Tonband ab, wenn er die Information abruft. Überlegen Sie kurz, welcher Buchstabe vor dem J, dem O und dem Y kommt, welcher Monat vor dem September kommt? Meist haben wir das ABC gelernt, indem wir es vor uns hersagten. Um Zugang zu der Information zu bekommen, was vor dem Y kommt, spule ich mein inneres Tonband zurück bis zu der Sequenz X,Y,Z. Diese Methode ist zeitaufwendig. Außerdem bekommt man nur Zugang zu *einer* Information in einem Moment und nur in einer ganz bestimmten Reihenfolge. Wer dagegen die Informationen in inneren Bildern speichert, kann viele Informationen eines Bildes gleichzeitig und in jeder beliebigen Reihenfolge abrufen.

Man kann jemanden, der sich Informationen mittels innerer Bilder merkt, mit einer Person vergleichen, die in einem Ballon über einem großen Bild schwebt und dabei ein weites Blickfeld auf eine große Menge von Informationen unter sich hat. Wer sich dagegen Informationen über eine Art inneres Tonband merkt, befindet sich gleichsam auf dem Boden, bewegt sich mühsam von einer Information zur anderen und kann immer nur eine Information in einem Moment vom Boden aufheben.

Menschen, die sich Informationen hauptsächlich über Hören einprägen, sind nicht dümmer als andere, sie benutzen nur eine unangemessene Technik. Sie sind deshalb oft schlechter in der Schule.

Fühlen

Wieder andere Menschen prägen sich Informationen hauptsächlich über ihr Gefühl ein. Sie wollen die Dinge anfassen, sie lieben Experimente, sie machen gerne etwas mit dem Lernstoff. Diese Menschen haben oft Schwierigkeiten in der Schule. Wie die Schüler, die mehr über das Hören lernen, sind sie nicht dumm, sie bevorzugen nur eine weniger effektive Lernmethode. Und ihre Lernmethode wird in unserem Schulsystem leider zu wenig berücksichtigt.

Am sinnvollsten ist es, möglichst viele Wahrnehmungskanäle zum Lernen zu benutzen. Auch Bewegungen sind gut zum Lernen, unser Körper hat auch ein Gedächtnis. Es sieht komisch aus, aber wenn ein Schüler das Wort Schwimmen lernen will, „ich schwimme" sagt und dabei Schwimmbewegungen macht, prägt sich das Wort besser ein.

Die Einstellung zum Lernen

Mitentscheidend für den Lernerfolg ist die Einstellung zum Lernen. Ob jemand glaubt, Lernen sei mühsam, oder ob er glaubt, er könne leicht und spielerisch Neues lernen – die jeweilige Einstellung zum Lernen wird den Lernerfolg maßgeblich beeinflussen. Unsere Einstellung, unser Glaube über unsere Fähigkeiten oder Grenzen hat die Tendenz, sich selbst zu beweisen und damit zu verwirklichen. Dieses Phänomen ist als sich selbst erfüllende Prophezeiung bekannt. In Kapitel 20 werde ich genauer auf das Thema einschränkende und motivierende Einstellungen eingehen.

Die Einstellung, Lernen sei mühsam, ist eines der größten Lernhemmnisse. Kinder haben das Bedürfnis zu lernen, es macht ihnen Freude. Praktisch jeder kann lernen. Und jeder kann lernen, sich das Lernen leichter zu machen.

Wissenschaftler machten einmal mit „lernbehinderten" Kindern einen Intelligenztest. Die Kinder hatten katastrophale Ergebnisse bei dem Test. Eine Woche später machten die Wissenschaftler mit den selben Kindern noch einmal einen vergleichbaren Test. Nur sagten sie den Kindern diesmal, sie sollten so tun, als seien sie intelligent. Die Kinder schnitten bei dem zweiten Test viel besser ab. Als ein Junge gefragt wurde, wie es denn käme, daß er so gut abgeschnitten habe, meinte er: „Das war ja gar nicht ich. Ich habe nur so getan, als ob ich clever wäre. In Wirklichkeit bin ich ja blöd!"

Emotionen

Es ist möglich, leicht und mit Spaß zu lernen. So zu lernen ist sogar am effektivsten. Streß, Anstrengung und Zwang erschweren das Lernen und Denken.

Der Mensch wurde vom lieben Gott für den Urwald konstruiert, nicht für unsere hochtechnologisierte Welt. Wenn im Dschungel ein Tiger auf den Menschen zukam, schalteten die Streßhormone das Gehirn des Menschen aus. Der Mensch bekam Kraft zum Kämpfen oder zum Weglaufen. Langes Theoretisieren darüber, ob der Tiger ein Männchen oder ein Weibchen, ein sibirischer oder ein indischer Tiger sei, war in dieser lebensbedrohlichen Situation überflüssig. Leider verbinden viele Menschen Lernen mit Streß. Die Streßhormone sind aber Lernkiller. Am sinnvollsten ist es, wie Kinder spielerisch mit Freude und Neugier zu lernen. Ich weiß natürlich, daß es vielen Deutschen schwerfällt, Freude und Verspieltheit als etwas Sinnvolles anzusehen.

Außerdem erleichtert emotionale Beteiligung die Speicherung im Langzeit-Gedächtnis. Was uns brennend interessiert, wird leicht und schnell im Gedächtnis behalten. Das gilt leider auch für negative Emotionen. Da emotional besetzter Lernstoff leichter zu merken ist, ist es sinnvoll, den Lernstoff mit Gefühlen zu verbinden. Ich persönlich bevorzuge angenehme Gefühle. Überlegen Sie sich schöne Beispiele zum Lernstoff. Wenn Sie Gesetze lernen müssen, denken Sie sich komische Fälle dazu aus. Wenn Sie eine Sprache lernen wollen, lesen oder hören Sie etwas, das Sie interessiert. Ich wundere mich immer wieder darüber, wie deutsche Lehrbücher den Menschen das Lernen unnötig schwer machen. Mit Freude zu lernen hat zwei Vorteile: Erstens ist es effektiver, zweitens macht es mehr Spaß.

Lernen in Trance

Am aufnahmefähigsten ist unser Gehirn in einer entspannten Stimmung. In der Entspannung einer Trance ist die Ablenkung gleich Null, man ist offen für neue Lernerfahrungen. Verschiedene Techniken arbeiten mit Lernen in Trance.

Beim Superlearning begibt man sich mit Hilfe von Entspannungstechniken, etwa dem Autogenen Training, in einen tranceartigen Zustand. Dann hört man den Lernstoff auf Tonkassetten. Im Hintergrund spielt Barockmusik, die zusätzlich entspannend wirkt. Damit man nicht einschläft, wird das Lernpensum in einem gleichmäßigen Dreier-Rhythmus aufgesagt.

Bei Silva-Mind Control spricht man den Lernstoff auf Band, geht in einen Zustand der Entspannung und hört sich das Band an. Nach ein paar Tagen wiederholt man das Ganze, spricht den Text noch mal auf Band und hört ihn ein zweites Mal in Trance an.

Man kann sich Tonbänder mit dem Lernstoff auch nebenher anhören, etwa beim Spülen oder beim Fernsehen. Dabei ist es sogar besser, wenn man nicht bewußt mithört. Die Lautstärke sollte dabei so geregelt sein, daß man es gerade noch hören könnte, wenn man sich darauf konzentrieren würde. Bei dieser Methode geht der Lernstoff direkt ins Unbewußte. Es ist jedoch sinnvoll, den Lernstoff vorher einmal bewußt durchzugehen. Sehr gut geeignet ist diese Methode für das Lernen von Fremdsprachen.

Diese Methoden des Lernens in Trance sollte man natürlich nicht als Autofahrer am Steuer anwenden.

Auswählen, was man lernen will

Ich will mir die Arbeit so leicht wie möglich machen. Deshalb wähle ich genau aus, was ich lernen will. Ich nehme mir lieber die Zeit, ein Lehrbuch zu finden, das mir entspricht, als einen Lernstoff in mich hineinzustopfen, der mir nicht liegt. Wie findet man nun ein gutes Lehrbuch? Ich schaue mir ein neues Buch erst einmal oberflächlich an und überfliege kurz die Gliederung und das Literaturverzeichnis. Dann schlage ich das Buch irgendwo auf und lese *einen* Satz genau durch. Ich frage mich dabei: Kann man den Inhalt dieses Satzes einfacher und klarer mit weniger Worten darstellen? Kann ich mir zu dem, was der Autor sagt, leicht innere Bilder machen? Viele Autoren versuchen, ihren unklaren Gedankengang hinter einem Wust an Fremdwörtern und komplizierten Satzkonstruktionen zu verbergen.

Namen lernen

Als ein Beispiel für Lerntechniken will ich untersuchen, wie man sich Namen merken kann. Viele Menschen fühlen sich geachtet und wahrgenommen, wenn man sich an ihren Namen erinnert und sie mit Namen anspricht. Gerade im Geschäftsleben ist es nützlich, wenn man sich Namen schnell und dauerhaft merken kann.

Es ist vorteilhaft, wenn man die Person, deren Namen man sich merken will, gleich am Anfang öfter mit dem Namen anspricht. Wenn man allein ist, kann man den Namen auch einige Male mit Rhythmus und Körperbewegung vor sich hersagen.

Wie können Sie nun den Namen mit dem dazugehörenden Gesicht verbinden? Eine gute Methode ist, sich ein Fahndungsfoto der Person mit dem Namenszug auf einem Schild vor der Brust oder sogar auf der Stirn vorzustellen.

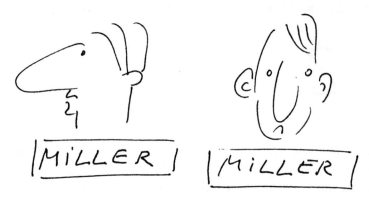

So werden Namen und Gesicht zusammen gespeichert. Eventuell kann man noch ein Symbol für den Beruf oder den Zusammenhang, in dem man diese Person kennengelernt hat, hinzufügen. Wenn die Person ein Allerweltsgesicht hat, kann man einige besondere Kennzeichen wie in einer Karikatur verstärken.

Ein amerikanischer Präsident beherrschte diese Technik besonders gut und konnte sich bei jeder Person, die ihm im Laufe seines Lebens vorgestellt worden war, sofort an den Namen erinnern. Mr. Miller, der ihm vor über zwanzig Jahren kurz bei einer Wahlkampfreise vorgestellt worden war, war beeindruckt, als ihn der Präsident nach so langer Zeit wiedererkannte und fragte: „Na, Mr. Miller, wie geht es Ihnen?" Gott sei Dank wußte er nicht, wie sich der Präsident an ihn erinnert hatte.

Zahlen und Nummern einprägen

Als letztes Beispiel für Lerntechniken möchte ich kurz anschneiden, wie man sich Zahlen und Nummern, etwa Telefonnummern und Geheimzahlen von Scheckkarten, merken kann.

Nehmen wir die fiktive Telefonnummer 173368. Wenn ich mir jede Zahl einzeln merke, muß ich mir sechs Zahlen merken, also 1, 7, 3, 3, 6, 8. Wenn ich diese Nummer in Zweiergruppen aufteile, sind es nur noch drei Ziffern, nämlich 17, 33, 68. Den meisten Menschen fällt es leichter, sich drei zweistellige Zahlen zu merken als sechs einstellige.

Vielleicht können Sie sich die Nummer noch leichter einprägen, wenn Sie sie in zwei dreistellige Zahlen aufteilen, also 173 und 368.

Telefonnummern und Geheimzahlen von Scheckkarten lassen sich auch mit der Bewegung, die man beim Eintippen macht, einprägen.

1 2 **3**
4 5 6
7 8 **9**
  0

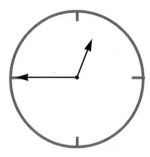

Die Geheimnummer 1379 kann man sich mit der Bewegung und dem Bild eines Z merken.

Manche Nummern, etwa die Geheimnummer 1245, lassen sich als Uhrzeit merken.

Man kann auch jede Zahl von 1 bis 10 mit einer Farbe, einem Ton, einem Vokal und einem Bild verbinden.

Als Bilder bieten sich etwa an:
1 = Turm
2 = Füße
3 = Dreieck
4 = Tisch
5 = Hand
6 = Würfel

Als Farben kann man nehmen: Schwarz, Lila, Blau, Violett, Orange, Rot, Grün, Braun, Türkis und Rosa. Als Vokale kann man nehmen: A, E, I, O, U, EU, EI, Ä, Ü,

Ö. Manche Menschen verbinden automatisch Zahlen mit bestimmten Farben. Eine solche Überlappung von verschiedenen Wahrnehmungskanälen nennt man eine Synästhesie.

Wer viel mit Zahlen zu tun hat, kann sich für die Zahlen von 1 bis 100 Bilder machen, etwa für 33 einen kleinen Hitler, der gerade zur Macht kommt, für 68 demonstrierende Studenten in Paris, für 17 einen kleinen Lenin mit Spitzbart, der ebenfalls gerade die Macht ergreift.

Die Telefonnummer 33 68 17 kann man sich in der Bilderfolge Hitler, Studenten, Lenin merken.

Es kostet ein bißchen Zeit, sich Bilder für die Zahlen von 1 bis 100 einzuprägen, diese Arbeit kann jedoch Spaß machen und zahlt sich später aus.

Noch eine kleine Übung aus dem empfehlenswerten Buch „Stroh im Kopf" von Vera F. Birkenbihl. Versuchen Sie, sich die folgende Geschichte zu merken: „Ein Zweibein sitzt auf einem Dreibein und verspeist ein Einbein. Da kommt ein Vierbein und nimmt dem Zweibein das Einbein weg. Das Zweibein nimmt das Dreibein und schlägt damit das Vierbein. Das Vierbein läßt das Einbein fallen und läuft weg. Das Zweibein hebt das Einbein auf und setzt sich wieder auf sein Dreibein."

Vielen Menschen fällt es schwer, sich die Reihenfolge der Zahlen 2, 3, 1, 4, 2, 1, 2, 3, 4, 4, 1, 2, 1, 3 in dieser Geschichte zu merken. Wenn man sich jedoch unter einem Zweibein einen Menschen, einem Einbein eine Hähnchenkeule, einem Dreibein einen Hocker und einem Vierbein einen Hund vorstellt, kann man die Geschichte nach einmaligem Lesen leicht korrekt nacherzählen.

Richtige Lösung des Tests von S. 19:

ANANAS UND AUTO
BIRNE UND EULE
ZEPPELIN UND SCHLÜSSEL
HUT UND LÖFFEL
KUGEL UND DACH
ELEFANT UND KNOPF
TAUBE UND FLÖTE
TREPPE UND ORGEL
STEIN UND BLEISTIFT
AMEISE UND SONNE

Richtige Lösung des Tests von S. 21:

PUPPE UND KAFFEE
LAUTSPRECHER UND GUMMIBAUM
WASSERFALL UND OFEN
TEPPICH UND FLASCHE
TELEFON UND MESSER
TASCHENRECHNER UND MOND
MILCH UND SCHERE
BUCH UND FALLSCHIRM
WASCHMASCHINE UND SCHAUFEL
WOLKE UND SCHUH

3. Was kann man tun, wenn es einem schlecht geht?

Nachdem ich Sie anhand des Themas Lernen mit einigen Grundprinzipien des NLP vertraut gemacht habe, will ich nun untersuchen, wie man aus einem schlechten inneren Zustand herauskommen kann. Was kann jemand tun, dem es gerade nicht sonderlich gut geht?

Was hilft wenig?

Zuerst möchte ich einige gebräuchliche Methoden untersuchen, die meiner Meinung nach wenig helfen, aus einem schlechten emotionalen Zustand herauszukommen.

Jammern

Viele Menschen jammern, wenn es ihnen schlecht geht. Jammern hilft kaum, in einen besseren Zustand zu kommen. Wobei ich hier unterscheiden will zwischen Jammern und seine Probleme mitteilen. Jemand, der sich mitteilt, ist daran zu erkennen, daß er nach den richtigen Worten sucht, daß er um den Ausdruck seiner Gefühle ringt. Dagegen spult der routinierte Jammerer sein Programm herunter und benutzt den Zuhörer als Abfalleimer.

Seine Probleme mitzuteilen kann heilsam sein. Man kann sich über seine Situation klarer werden, Abstand dazu gewinnen und erkennen, daß man nicht allein mit einem Problem dasteht. So kann es einem Jugendlichen in der Pubertät helfen, seine Ängste und Probleme jemandem mitzuteilen.

Dagegen zieht der Jammerer alle Beteiligten nach unten, er badet sich gleichsam genüßlich in seinen Problemen. Sich im Kreis von Menschen, die nichts an einem Mißstand ändern können, über etwas zu beschweren, ist Jammern. Zum Beispiel über das schlechte Wetter, die ungezogenen Kinder, die teuren Handwerker, die ungerechten Chefs, die faulen Beamten, die Undankbarkeit der heutigen Jugend, die hohen Steuern, das Rheuma. All dieses Beschweren macht den Sprecher und den Zuhörer innerlich schwer, es führt zu schlechter Stimmung, vielleicht sogar zu Krankheiten. Jammern ist nicht produktiv, es führt zu nichts.

Wer dauernd jammert, bleibt in der Position eines passiven Zuschauers vor dem Fernseher, eines Kritikers, er übernimmt keine Verantwortung dafür, selbst etwas zu tun, das Leben geht an ihm vorbei.

Was kann man tun, wenn man erkennt, daß man selbst oder ein anderer anfängt zu jammern? Fragen Sie sich: „Was will ich anstelle dessen, worüber ich jammere, lieber haben? Was kann ich tun, um das zu erreichen?" Diese Fragen geben Ihnen Kraft. Sie übernehmen wieder die Kontrolle über Ihr Leben. Mir gefällt in diesem Zusammenhang folgendes Gebet: *Gott gebe mir die Gelassenheit, Dinge hinzunehmen, die ich nicht ändern kann, den Mut, Dinge zu ändern, die ich ändern kann, und die Weisheit, das eine vom anderen zu unterscheiden.*

Ich habe oft Langzeitarbeitslose jammern gehört, daß man sowieso keine Chance habe, eine Stelle zu bekommen. Ich behaupte nicht, diese Sichtweise sei unrealistisch. Natürlich gibt es Regionen, in denen es schwer ist, Arbeit zu finden. Natürlich ist es für einen 25jährigen meist leichter, eine Arbeit zu finden als für einen 55jährigen. Aber wenn jemand seine Aufmerksamkeit nur auf die Schwierigkeiten und nicht auf sein Ziel und die Wege zu seiner Realisierung richtet, wird es wirklich schwer für ihn. Wenn man sich dagegen fragt, was man gerne arbeiten würde, sich überlegt, was man tun kann, um eine solche Arbeit zu finden und sich sicher ist, eine Arbeit zu finden, sind die Chancen viel größer.

Wenn ich aus einem Zimmer gehen will, richte ich meine Aufmerksamkeit nicht auf die Wände und jammere, daß ich da nicht herauskann, sondern suche eine Tür. Es gibt auch das andere Extrem, daß jemand alle Schwierigkeiten ignoriert und mit dem Kopf durch die Wand gehen will.

Anstatt ein Hindernis als Entschuldigung für Untätigkeit zu nehmen, können Sie sich fragen, wie Sie es überwinden können. Die Grundfrage ist: Bringt das, was Sie machen, Sie näher zu Ihrem Ziel? Hilft hier das Jammern? Achten Sie darauf, wieviel Zeit Menschen mit Jammern verbringen und damit ihre eigene Stimmung und die ihrer Umgebung vergiften. Vielleicht wollen Sie mehr Menschen um sich haben, die, statt zu jammern, wirklich etwas von sich mitteilen, sich aktiv daranmachen ihre Probleme zu lösen und ihr Leben genießen. Solche Menschen haben meist eine angenehme Ausstrahlung.

Jammern über die Ungerechtigkeit der Welt hilft nicht weiter. Wer hat Ihnen bei Ihrer Geburt garantiert, daß die Welt ein Platz ist, in dem Gerechtigkeit vorherrscht? Die einen werden im Slum in Bombay geboren, die anderen als Söhne von Millionären in Miami Beach. Das ist nicht gerecht, so ist die Welt. Meist jammern gerade die am meisten, die es gar nicht so schlecht getroffen haben. Anstatt seine Zeit und Energie mit Jammern zu vergeuden, kann man etwas dafür tun, die Situation zu verbessern. Wenn Ihnen der Abschied vom Jammern schwerfallen sollte, könnte die folgende Übung hilfreich sein:

Übung: Sich vom Jammern verabschieden

▶ Wenn es Ihnen schwerfällt, sich von der Gewohnheit, zu jammern, zu verabschieden, können Sie sich jeden Tag zehn Minuten Zeit für diese Übung nehmen.

▶ Gehen Sie fünf Minuten ganz ins Jammern hinein, Sie dürfen ruhig ein bißchen übertreiben.

▶ Nehmen Sie sich dabei auf Tonband auf.

▶ Hören Sie sich Ihr Gejammer anschließend an. Es ist nicht verboten, dabei zu lachen.

Vielleicht kennen Sie die Geschichte des kleinen Jungen, der im Schneetreiben seine Hände nicht in die Taschen steckt, sondern jammert: „Geschieht meiner Mutter ganz recht, daß mich friert, warum hat sie mir keine Handschuhe gekauft!"

Opferrolle

Manche Menschen lieben die Rolle eines unschuldigen Opfers der Umstände oder irgendwelcher böser Zeitgenossen. Wer sich gerne in der Rolle des hilflosen Opfers sieht, übernimmt wie der Jammerer keine Verantwortung für sein Leben. Er leugnet die Möglichkeit, aktiv zu werden und seine Situation zu ändern. Gleichzeitig fühlt er sich als unschuldiges Opfer dem bösen Täter moralisch überlegen.

Wer erwartet, daß andere sich ändern, damit es ihm besser geht, findet sich schnell in der Rolle des hilflosen Opfers. Sinnvoller ist es, als Erwachsener die Verantwortung für sein Leben zu übernehmen. Sie können erkennen, daß Sie ein aktiver Teilnehmer in dem Geschehen um sich herum sind und etwas tun können, um Ihre Probleme zu lösen.

Wenn Sie sich dabei ertappen sollten, die Rolle des hilflosen Opfers zu spielen, fragen Sie sich: „Will ich die Rolle des hilflosen Opfers genießen oder will ich die Situation ändern? Was will ich erreichen, und was kann ich dafür tun?" Mit diesen Fragen bekommen Sie Zugang zu Ihrer inneren Stärke, werden zum Regisseur Ihres eigenen Lebens.

Schuldgefühle

„Sich schuldig fühlen" und „sich Sorgen machen" sind eng mit dem Jammern verwandt. Wer sich schuldig fühlt, jammert im Grunde über etwas, das vergangen ist, das sich nicht mehr ändern läßt. Etwas anderes ist es, aus den Fehlern der Vergangenheit zu lernen und sicherzustellen, daß man das nächste Mal angemessener handelt. Wie man das machen kann, werde ich in Kapitel 6 behandeln. Es wirkt auch lösend, wenn man den angerichteten Schaden wiedergutmacht. Bei schwerer Schuld, wie einem Mord, ist es sinnvoll, sich der Schuld zu stellen. Wer eine schwere Schuld zu vergessen sucht, sie verdrängt, verbraucht dafür nutzlos Energie. Das Verdrängte wird sich immer wieder bemerkbar machen. Eine schwere Schuld, die man anerkennt, wandelt sich in Kraft zum Handeln. Ich muß jedoch zugeben, daß ich zum Bereich schwere Schuld nicht aus Erfahrung spreche – Gott sei Dank. Die meisten Menschen, die sich schuldig fühlen, verurteilen sich jedoch nicht wegen schwerer Vergehen, sondern für nebensächliche Fehler in der Vergangenheit, an denen sie sowieso nichts mehr ändern können. Sich schuldig fühlen ist wie Jammern meist nicht kreativ, es führt nur zu einem schlechten Gefühl.

Es bringt nichts, die Vergangenheit als Entschuldigung für seine Untätigkeit oder sein Versagen zu benutzen. Es bringt mehr, aus angenehmen Erinnerungen Kraft zu ziehen und aus unangenehmen Erfahrungen zu lernen und sie hinter sich zu lassen. Schließlich schauen wir beim Autofahren nicht nur in den Rückspiegel, sondern hauptsächlich nach vorne.

Sich Sorgen machen

Während „sich schuldig fühlen" Jammern über Vergangenes ist, ist „sich Sorgen machen" Jammern über etwas, das vielleicht in der Zukunft passieren könnte. Wie Mark Twain sagte: „In meinem Leben habe ich unvorstellbar viele Katastrophen erlitten. Die meisten davon sind nie eingetreten."

Sich über etwas, das vielleicht nie passieren wird, Sorgen zu machen, hilft nicht, es bedrückt nur. Dagegen ist es kreativ, für die Zukunft Vorsorge zu tragen, etwas zu tun, damit in der Zukunft bestimmte unerwünschte Dinge nicht passieren und andere, erwünschte, geschehen können. Wer einen Obstbaum pflanzt, wer eine Ausbildung besucht, wer für die Altersversorgung Geld anlegt, sorgt vor für die Zukunft.

Man kann leicht erkennen, ob jemand sich Sorgen macht über die Zukunft, oder ob er Vorsorge trifft für die Zukunft. Wer sich Sorgen macht, jammert und fühlt sich schlecht dabei. Wenn Sie Vorsorge treffen für die Zukunft, machen Sie etwas, Sie übernehmen Verantwortung für Ihr Leben und kommen so in einen Zustand der inneren Stärke.

Nun aber genug des Gejammers über das Jammern. Noch einmal kurz die Alternative zum Jammern: Stellen Sie sich die Schlüsselfrage des NLP: „Was will ich und was kann ich dafür tun?"

Sagen, was man nicht will

Wenig sinnvoll ist auch, nur zu sagen, was man nicht will, und dabei nicht zu wissen oder zu sagen, was man will. Wenn jemand sagt, er wolle nicht so viel Angst haben, ist es kein Wunder, wenn er die Angst behält. Unser Gehirn und unser Unbewußtes können Negationen schlecht verstehen. Um ein Wort, das ich höre oder lese, zu verstehen, muß ich mir seine Bedeutung im Geist vorstellen, es sehen, hören, fühlen, schmecken oder riechen. Wenn ich das Wort Wasser höre, sehe ich innerlich Wasser, höre es rauschen, fühle die nasse Kühle des Wassers, schmecke seinen Geschmack oder rieche eine Brise Meerwasser. Negationen kann man nicht verstehen, ohne sich erst das verneinte Wort vorzustellen, es innerlich zu repräsentieren. Versuchen Sie, die nächste Minute nicht an ein rotes Känguruh zu denken. Das ist kaum möglich. Denken Sie nicht an einen leckeren Pfirsich, den Sie gerade nicht in der Hand halten, so richtig schön goldgelb, fühlen Sie nicht, wie gut er sich anfühlt mit seiner samtigen Haut, riechen Sie nicht, wie gut er riecht, und wenn Sie jetzt nicht hineinbeißen, wie saftig er schmeckt. Läuft Ihnen schon das Wasser im Munde zusammen? Bei diesem Beispiel ist das nicht problematisch. Aber viele Menschen liegen nachts im Bett und sagen sich: „Ich darf nur nicht an die leckere Schokoladentorte im Kühlschrank denken!" Und sie wundern sich dann, daß sie die ganze Zeit an die Torte denken. Genauso schädlich sind Sätze wie: „Sorge dich nicht" oder: „Nicht an das

Schlimmste denken!" Um den Satz „nur keine Angst haben" zu verstehen, muß man innerlich das Wort Angst repräsentieren, das heißt, man wird Angst fühlen. Gerade in Trance oder wenn man mit Kindern spricht, wird dieser Effekt besonders offensichtlich. Wenn man einer Person, die sich in Trance befindet, sagt: „Haben Sie keine Angst", erschrickt die Person, als würde ein Knallfrosch hochgehen. Wenn man einem Kind, das gerade eine Vase trägt, „nur nicht fallenlassen" zuruft, kann man schon Schaufel und Besen holen, um die Scherben zusammenzukehren. Denn für Kinder sind Vorstellung und Handeln besonders eng verbunden. In dem Satz „nur nicht fallenlassen" steckt schließlich der Befehl „Fallenlassen!" Die Gewohnheit, seine Wünsche negativ zu formulieren, ist wahrscheinlich *die* Kommunikationsform, die den meisten Schaden anrichtet.

Wenn man sagt, was man nicht will, sind der Blick und die Aufmerksamkeit auf das gerichtet, was man vermeiden will. Wir tendieren dazu, uns dahin zu bewegen, wo unsere Aufmerksamkeit hingerichtet ist. In jedem Fahrsicherheitstraining wird betont: „Schauen Sie nicht auf den Baum am Straßenrand, sonst kleben Sie bald daran, sondern sehen Sie dahin, wohin Sie fahren wollen!"

Wenn man nur sagt, was man nicht will, geht man praktisch rückwärts, der Blick ist wie bei einem Kaninchen und der Schlange auf das fixiert, was man vermeiden will. Man sieht nicht, ob man sich auf etwas zubewegt, das man vielleicht genauso wenig erstrebt. Dagegen gibt ein positiv geäußerter Wunsch eine Richtung an, in die man sich bewegen kann. Im Vorwärtsgehen hat man mehr Elan und Kraft.

Viele Menschen mit schweren Problemen wissen überhaupt nicht, was sie wollen. Ich habe viel mit Langzeitarbeitslosen gearbeitet. Die wenigsten wußten, was sie gerne arbeiten würden. Ich habe letztens einen Dokumentarfilm über eine Drogenabhängige gesehen. Diese Frau analysierte mit bestechender Intelligenz die Probleme der deutschen Gesellschaft. Die für mich einzig wirklich interessante Frage wurde nebenbei gestellt: „Was würden Sie gerne in Ihrem Leben machen?" Die Frau antwortete: „Ich will nur weg von hier!"

In manchen Einzelberatungen muß ich öfter nachfragen: „Ja, ich habe verstanden, was Sie nicht wollen, und was wollen Sie gerne statt dessen erreichen?" Bei manchen Klienten kommt dann immer wieder eine Antwort wie: „Ich will halt kein ..." Ich habe schon erlebt, daß erst beim zehnten Nachfragen ein positiv formulierter Wunsch geäußert wurde. Die Veränderung, die dabei in dem Klienten vorgeht, ist meist dramatisch: Der Körper richtet sich auf und die Augen bekommen Glanz. Meist ist so schon am Anfang einer Beratung die entscheidende Wende eingeleitet.

Es ist natürlich bequemer, nur zu sagen, was man nicht will. Man muß sich nicht entscheiden und keine Verantwortung übernehmen. Indem Sie sagen, was Sie wollen, übernehmen Sie die Verantwortung für Ihr Leben, und allein diese Entscheidung gibt Ihnen Kraft.

Manchmal ist es auch wichtig, jemandem zu sagen, was er nicht tun soll, z.B. ein bestimmtes Medikament nicht zusammen mit Alkohol einzunehmen. In diesem Fall ist es besser, erst zu sagen, was man nicht tun soll und dann, was zu tun ist. Denn das zuletzt Gesagte prägt sich besonders ein und wird ausgeführt. Also in diesem Beispiel: „Nehmen Sie dieses Medikament nie zusammen mit Alkohol ein, nur nüchtern vor dem Essen." Im Kapitel 24 werde ich ausführlicher darauf eingehen, wie man seine Ziele am günstigsten formuliert.

Können Sie sich vorstellen, in Zukunft Ihre Ziele und Wünsche positiv zu formulieren? Wie wäre es, wenn Sie immer öfter sagen würden, was Sie wollen? Das könnte Ihrem Leben mehr zusätzliche Energie und Kraft geben, als Sie vielleicht für möglich halten.

Die Frage *Warum*

Viele Leute fragen sich, warum sie keinen Erfolg haben, warum sie Probleme haben. Wahrscheinlich sind diese Menschen noch nie auf die Idee gekommen, daß es auch an der Frage selbst liegen könnte. Im NLP versucht man die Frage *Warum* zu vermeiden. *Warum* nur?

Problem-, nicht lösungsorientiert

Ich habe letztens im Fernsehen einen Bericht über einen jungen Mann gesehen, der seit einem Unfall – ohne eigene Schuld – querschnittsgelähmt ist. Der Mann sagte, die ersten Jahre nach dem Unfall sei ihm die Frage nicht aus dem Kopf gegangen, warum ausgerechnet *ihm* dieser Unfall passiert sei. Dann stellte er sich die Frage: „Was kann ich jetzt mit meinem Leben anfangen?" Mit dieser Frage kam neue Energie in sein Leben, eröffneten sich neue Perspektiven. Der Mann ist heute verheiratet, hat eine eigene Firma und nimmt aktiv und zufrieden am Leben teil.

Die Frage „Warum habe ich dieses Problem?" ist auf das Problem und nicht auf die Lösung gerichtet. Man verstrickt sich immer tiefer in das Problem, gibt seine ganze Aufmerksamkeit dem Problem, nicht der Lösung. Wenn Sie sich dagegen fragen: „Was will ich und wie kann ich das erreichen?" wird Ihre Aufmerksamkeit auf Lösungen gerichtet, Sie bekommen sofort mehr Kraft und Zuversicht. Sie werden vom hilflosen Opfer der Umstände wieder zum Lenker Ihres Lebens.

Die Frage „Warum habe ich keinen Erfolg?" hat noch einen weiteren subtilen Nachteil. Um Ihnen dies zu erklären, möchte ich zuerst eine andere Frage untersuchen. Stellen Sie sich vor, jemand fragt Sie: „Klauen Sie immer noch Geld aus der Firmenkasse?" Egal, ob Sie mit Ja oder Nein antworten, Sie haben mit der Antwort die Vorannahme dieser Frage, daß Sie Geld aus der Firmenkasse geklaut haben, akzeptiert. Vorannahmen sind geschickte Mittel, um Menschen zu beeinflussen. Eine Vorannahme kann man daran erkennen, daß eine Aussage unabhängig davon gilt, ob man die Frage bejaht oder verneint. Bei der Frage „Klauen Sie immer noch Geld aus der Firmenkasse?" ist das leicht zu durchschauen. Bei der Frage „Warum habe ich keinen Erfolg?" fällt die Vorannahme den wenigsten Menschen auf. Die Vorannahme dieses Satzes ist, daß man keinen Erfolg hat. Wenn jemand sich immer wieder sagt, daß er keinen Erfolg hat, wirkt das wie eine hypnotische Suggestion. Ist diese Suggestion in einer Vorannahme versteckt, ist sie sogar noch wirksamer. Gute Hypnotiseure verwenden genau diese Technik. Sie befehlen nicht direkt: „Gehen Sie in eine tiefe Trance." Das würde oft nur zu Widerständen führen. Geschickte Hypnotiseure suggerieren vielmehr indirekt: „Wollen Sie jetzt oder erst in ein paar Minuten *in eine tiefe entspannende Trance* gehen?" Daß der Klient in eine Trance gehen wird, wird mit dieser Frage vorausgesetzt. Leider wirkt die Frage „Warum habe ich keinen Erfolg?" wie eine hypnotische Suggestion, die den Mißerfolg verfestigt, da er als gegeben vorausgesetzt wird.

Obwohl sich viele Menschen zu lange mit ihren Problemen und zu wenig mit Lösungen beschäftigen, ist es manchmal sinnvoll, sich zu fragen, wie ein Problem entstanden ist. Zum Beispiel bei einem Flugzeugunglück. Man kann aus der Analyse des Absturzes lernen, zukünftige Unfälle zu vermeiden.

Vorwurf

Stellen Sie sich vor, eine junge Frau ist eine Viertelstunde zu spät zu einer Verabredung gekommen. Der junge Mann, der auf sie gewartet hat, kann auf die Verspätung mit der Frage „Warum kommst du zu spät?", oder mit der Frage: „Was war los?" reagieren. Spüren Sie den Unterschied zwischen den beiden Fragen?

Die Frage „Warum kommst du zu spät?" macht einen Vorwurf. Normalerweise ist die Reaktion darauf verteidigend oder angreifend. Die Frage „Was war los?" ist neutraler und gibt mehr Raum für ein klärendes Gespräch.

Wenn Sie einen Alkoholiker fragen, warum er so viel trinkt, wird er anfangen, sich zu rechtfertigen oder andere zu beschuldigen, seine Eltern, den Kapitalismus, die Firma usw. Wenn Sie einen Langzeitarbeitslosen fragen, warum er arbeitslos ist, wird er tausend Gründe für seine Arbeitslosigkeit finden. Helfen wird ihm das kaum. Dagegen führt die Frage: „Was würden Sie gerne tun und was können Sie tun, um eine Arbeit zu finden?" zu Lösungen.

Bringt keine hochwertigen Informationen

Die Frage *Warum* führt nicht zu besonders brauchbaren Informationen. Stellen Sie sich vor, ein Manager schlägt in einer Konferenz vor: „Wir sollten den Verkauf steigern." Nun fragt jemand: „Warum?" Glauben Sie, daß daraufhin Antworten kommen, die weiterführen? Sinnvoller ist es, zu fragen: „Den Verkauf von welchen Produkten können wir steigern, an wen können wir mehr verkaufen, wie können wir den Verkauf ankurbeln, in welchen Geschäften können wir mehr verkaufen?" Diese Fragen werden zu viel brauchbareren Antworten führen.

Glauben Sie, es ist geschickt, wenn ein junger Mann auf das Geständnis seiner Freundin „Ich liebe dich" mit der Frage reagiert: „Warum?"

Mechanisch, nicht systemisch

Wonach fragt die Frage *Warum* eigentlich? Die Frage *Warum* fragt nach einer Ursache, nach dem Grund für etwas. Die Frage nach der Ursache kann bei einfachen Problemen berechtigt sein. Wenn ein Fahrrad nicht mehr funktioniert, ist die Frage *Warum* sinnvoll.

Dagegen hilft die Frage *Warum* bei komplizierten, komplexen Problemen meist nicht weiter, führt sogar in die Irre. Die Frage *Warum* basiert im mechanischen Denken von Ursache und Wirkung. In Systemen dagegen spielen viele Faktoren zusammen, die sich gegenseitig beeinflussen. Jede Veränderung *eines* Faktors hat Auswirkungen auf das gesamte System. In Systemen ist es nicht sinnvoll, nach *einem* Schuldigen, nach einer Ursache zu fragen. Genau dies macht aber die Frage *Warum*.

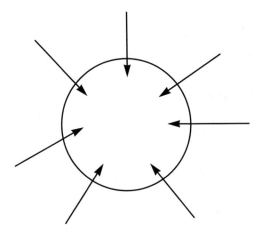

Ein Beispiel: In der Weimarer Republik führte eine ganze Reihe von Faktoren zu einer Krise. Da gab es historische, wirtschaftliche, soziale, verfassungsrechtliche, politische und andere Faktoren, die zu einer kritischen Situation führten. Wer in einer solchen Situation nach *einer* Ursache sucht, ist schon auf einem Irrweg. Dann passiert es leicht, daß man einen Schuldigen findet, seien es nun die Juden, die Ausländer oder wer auch immer als Sündenbock geeignet erscheint.

Bei Problemen in Systemen ist es sinnvoller, das Wechselspiel der einzelnen Faktoren zu beleuchten mit Fragen wie: „Was passiert da genau?" oder: „Wie spielen die einzelnen Faktoren zusammen?"

Ich will ein weiteres Beispiel geben für die verheerenden Folgen, die eine kurzsichtige Suche nach einem Schuldigen bei dem komplexen Zusammenspiel vieler Faktoren in einem System haben kann. Im Sahelgürtel in Nordafrika wollten Entwicklungshelfer den Menschen helfen und fragten, warum sie so arm wären. Die Einheimischen antworteten, weil sie so wenig Wasser hätten und ihre Kühe an einer Krankheit zugrundegingen, die von der TseTse-Fliege übertragen wird. Die Entwicklungshelfer glaubten, die Ursachen der Armut gefunden zu haben und fingen an, tiefe Brunnen zu bohren und die TseTse-Fliegen mit Insektiziden zu bekämpfen. Ahnen Sie schon, welche Folgen dies hatte?

Dieses Vorgehen hatte kurzfristig Erfolg. Weniger Kühe starben, der Bestand an Kühen stieg. Der steigende Wohlstand der Bevölkerung führte zu einem Anstieg der Geburtenrate. Die Folgen dieses kurzsichtigen Eingriffes in ein komplexes System wurden erst später ersichtlich: Die Erhöhung der Anzahl der Kühe führte zu einer Überweidung der Viehweiden, die Graslandschaften versteppten, die Wüste breitete sich aus. Die neuen Brunnen führten zu einer Konzentration der Bevölkerung an wenigen Stellen des Landes, langfristig sank der Grundwasserspiegel im ganzen Land. Bei gestiegener Bevölkerungszahl blieb am Ende bedeutend weniger Vieh übrig als vor dem Eingreifen der Entwicklungshelfer. Für das Land und seine Bewohner hatte dieser kurzsichtige Eingriff in ein komplexes Ökosystem katastrophale Folgen.

Mit diesem Beispiel will ich zeigen, daß es bei Eingriffen in ein System nicht reicht, zu fragen, warum man Probleme hat, nach Schuldigen oder einer Ursache zu suchen. Es ist sinnvoller, alle wichtigen Faktoren und die Auswirkungen jeder Veränderung zu beachten.

Jeder Mensch ist in sich auch ein System, ein Zusammenspiel von vielen Anteilen, von Körper, Geist, Erinnerungen, Einstellungen usw.. Gerade wenn Menschen psychische Probleme haben, hat das oft nicht nur *eine* Ursache. Es spielen meist viele Faktoren zusammen.

NLP ist systemisch, das heißt, es fragt nach den Auswirkungen jeder Veränderung auf die ganze Person und auf die anderen Beteiligten. Das ist für mich ein wesentliches Kennzeichen verantwortungsvoller Arbeit mit NLP. Leider kommt dieser Gesichtspunkt gerade bei einigen der NLP-Stars zu kurz.

Ich bin sehr lange bei der Frage *Warum* stehengeblieben, weil sie hierzulande oft gestellt wird, auch von Beratern und Therapeuten, besonders wenn sie aus der psychoanalytischen Schule kommen.

Sinnvollere Fragestellungen

Wie kann man sinnvoller fragen, wenn man die Frage *Warum* vermeiden will? Es gibt grundsätzlich zwei Arten von Fragen, geschlossene und offene Fragen. Bei geschlossenen Fragen hat man wenig Freiheit bei der Antwort, man kann nur mit Ja oder Nein antworten. Ein Beispiel für eine geschlossene Frage: „Lieben Sie Musik?"

Es gibt Fälle, die man mit einem klaren Ja oder Nein beantworten kann, etwa: „Ist das Kind ein Junge oder ein Mädchen?" oder wenn eine Frau ihren Arzt fragt: „Bin ich schwanger?" Hier gibt es wirklich nur zwei Möglichkeiten.

Wenn dagegen ein Immobilienmakler einen Kunden fragt: „Wollen Sie ein teures Haus?" gibt ihm die Antwort *Ja* wenig brauchbare Informationen. Die Sprache führt uns oft in die Irre mit ihrer Unterscheidung zwischen nur zwei Möglichkeiten wie schwarz oder weiß, gut oder schlecht, laut oder leise, warm oder kalt, gesund oder krank. In der Realität gibt es unendlich viele Grautöne zwischen Schwarz und Weiß, und es gibt noch viele andere Farben.

Wenn man eine geschlossene Frage stellt, die nur die Wahl läßt zwischen Ja oder Nein, verfällt man leicht dem Irrtum, die anderen Möglichkeiten nicht mehr wahrzunehmen. So kam ein Mann zu mir in die Beratung und fragte: „Soll ich in meiner Firma bleiben oder kündigen?" Wenn er so fragt, übersieht er die anderen Alternativen, die ihm auch noch offenstehen: Er kann zum Beispiel in der selben Firma eine andere Tätigkeit suchen, er kann eine Nebenbeschäftigung aufnehmen oder nebenher eine neue Stelle suchen und erst kündigen, wenn er etwas Neues gefunden hat.

Geschlossene Fragen geben wenig konkrete Informationen und setzen den Befragten oft unter Druck, weil er schon vermuten kann, was der Fragende hören will.

Es ist sinnvoller, offene Fragen zu stellen wie *Wer, Was, Wie, Wo, Wann genau.* Hier hat der Gefragte mehr Freiheit bei seiner Antwort, hier können sich brauchbarere Informationen ergeben. Ich werde auf das Thema sinnvolle Fragestellungen im Kapitel 18 noch ausführlicher eingehen. Wenn Sie wollen, können Sie in der nächsten Zeit darauf achten, ob Sie auf die Frage *Warum* brauchbare Antworten erhalten. Vielleicht wollen Sie auch ausprobieren, ob Sie mit den Fragewörtern *Wie, Was, Wann, Wo* usw. wertvollere Antworten bekommen.

Wie kann man aus einem schlechten emotionalen Zustand herauskommen?

Ich habe bisher weniger wirksame Methoden untersucht, aus einem emotionalen Tief zu kommen. Was kann man statt dessen tun? Ich will hier nicht das Thema Problemlösung behandeln. Dieses Thema wird in Kapitel 24 ausführlicher behandelt. Jetzt will ich Möglichkeiten untersuchen, wie man aus einem momentanen emotionalen Tief herauskommen kann, z.B. wenn man schlecht geschlafen hat oder gerade ein unerfreuliches Erlebnis hatte. Manchmal, wenn ein wichtiges Kundengespräch bevorsteht, oder wenn man eine Rede halten will, ist es günstig, verschiedene Möglichkeiten zu kennen, aus einem schlechten emotionalen Zustand zu kommen.

Wenn jemand in einem schlechten emotionalen Zustand in meine Beratung kommt, frage ich ihn nicht, warum es ihm so schlecht geht, sondern wie er das macht. Diese Frage klingt komisch, aber es zeigt sich zum Beispiel, daß ein Klient sich schlecht fühlt, weil ständig Bilder von unangenehmen Erinnerungen vor seinem geistigen Auge auftauchen. Ein anderer Klient wird durch eine innere

Stimme deprimiert, die zu ihm sagt: „Du bist ein Versager!" Oft ist es den Klienten nicht bewußt, was sie innerlich machen, wenn sie in einen schlechten emotionalen Zustand kommen. Wenn jemand immer wieder in eine deprimierte Stimmung kommt und nicht weiß, wie das kommt, sollte er am besten zu einem guten Therapeuten zur Einzelberatung gehen.

Umgang mit unangenehmen inneren Bildern (Erinnerungen und Vorstellungen)

Was kann man tun, wenn eine unangenehme Erinnerung oder Phantasie immer wieder vor dem geistigen Auge auftaucht, innerlich ein Film einer negativen Erfahrung abgespielt wird? Lesen Sie bitte die folgende ausführliche Beschreibung dieser Technik erst vollständig durch, bevor Sie sie in der folgenden Übung anwenden.

Suchen Sie zuerst eine unangenehme Erinnerung, über die Sie sich ab und zu noch ärgern. Nehmen Sie zum Üben bitte keine schwerwiegende, schmerzende Erinnerung, sondern etwas Nebensächliches, etwa, daß Ihnen ein Glas heruntergefallen ist und Sie sich nach zwei Stunden noch darüber ärgern. Wenn Sie diese Technik einige Male mit unbedeutenden Ereignissen eingeübt haben, können Sie sich langsam an etwas unangenehmere Erinnerungen herantasten. Bitte berücksichtigen Sie dies bei allen Übungen, die mit unangenehmen Gefühlen zu tun haben. So können Sie sicherstellen, daß Sie nicht in unangenehme Gefühle hineinkommen, falls etwas beim ersten Üben noch nicht richtig gelingt.

Für schwere Traumata, wie die Erinnerung an eine Vergewaltigung, oder Phobien ist diese Technik nicht geeignet. Dafür gibt es andere Techniken, die man am besten in der Einzelberatung anwendet.

Suchen Sie eine harmlose unangenehme Erinnerung aus, die ab und zu noch vor Ihrem inneren Auge auftaucht. Sie können sich den Film oder das Bild von diesem unangenehmen Erlebnis so anschauen, wie es manchmal vor Ihrem inneren Auge auftaucht.

Nun können Sie wie ein Filmregisseur den Film so verändern, daß Ihre emotionale Beteiligung geringer wird. Bei den meisten Menschen geschieht dies, indem sie das Bild schwarz/weiß machen, kleiner und weiter weg, von dreidimensional zu einem flachen Bild. Dies sind nur einige Möglichkeiten, machen Sie das, was bei *Ihnen* die Veränderung am leichtesten bewirkt. Bei dem einen wird das Gefühl schwächer, wenn er das Bild heller macht, bei dem anderen, wenn er es dunkler macht. Sie können damit experimentieren, welche Art der Betrachtung die unerwünschten Gefühle verringert. Und beobachten Sie, wie Sie mit wachsender innerer Distanz diesem Film zuschauen können. Um sich noch stärker von dem Film zu distanzieren, können Sie sich selbst von außen in diesem Film betrachten.

Es gibt grundsätzlich zwei Arten, wie man sich an etwas erinnern kann. Bei der ersten Art erlebt man das Ereignis von innen wieder, man sieht, hört und fühlt wieder, was man in der Situation erlebte. Wenn Sie sich später auf diese Art daran erinnern, wie Sie dieses Buch gelesen haben, sehen Sie etwa folgendes:

In der NLP-Fachsprache nennt man diese Art des Erinnerns *assoziiert*. Ich benutze in diesem Buch dafür den Ausdruck *„von innen erleben oder erinnern"*.

Bei der zweiten Art des Erinnerns sieht man sich selbst von außen zu, man sieht sein früheres Ich in dem Film. Wenn Sie die Situation, wie Sie dieses Buch lesen, später auf diese Art erinnern, sehen Sie etwa folgendes Bild:

Oder sitzen Sie vielleicht nicht so bequem? In der NLP-Fachsprache nennt man diese Art des Erinnerns *dissoziiert*. Ich benutze in diesem Buch den Ausdruck *„von außen betrachten oder erinnern"*.

Es ist meist günstiger, sich an unangenehme Erlebnisse von außen zu erinnern. Man ist gefühlsmäßig unbeteiligt, kann jedoch aus der Situation lernen. Sie können dies an einem kleinen Beispiel überprüfen. Erinnern Sie sich daran, wie es ist, mit einer Achterbahn zu fahren, wenn Sie ganz oben angekommen sind und der Wagen sich nach unten neigt. Erleben Sie dies von innen wieder, sehen, hören und fühlen Sie wieder dasselbe, wie in jenem Moment. Spüren Sie ein flaues Gefühl im Magen? Und nun können Sie sich selbst mit großem Abstand von außen sehen, wie Sie Achterbahn fahren. Spüren Sie die Veränderung im Erleben?

Es ist leichter, eine unangenehme Erinnerung auf diese Weise emotional zu neutralisieren, als sie ganz wegzuschieben, zu verdrängen. Druck führt oft zu Gegendruck. Wenn man krampfhaft versucht, eine Erinnerung zu verdrängen, taucht sie oft erst recht wieder auf. Es reicht aber, wenn man sich während der unangenehmen Situation selbst schlecht gefühlt hat. Es ist keinem gedient, das Erlebnis immer wieder mit all den schlechten Gefühlen neu zu erleben. Wenn Sie sich aus Versehen mit dem Hammer auf den Daumen geschlagen haben, wiederholen Sie das sofort nochmal? Einmal ist mehr als genug! Können Sie sich vorstellen, unangenehme Erinnerungen von außen, unbeteiligt wie ein neutraler Beobachter anzuschauen? Wenn Sie die Übung auf Seite 51 öfter durchgespielt haben, wird Ihr Unbewußtes dies automatisch für Sie tun.

Umgekehrt ist es günstiger, sich an angenehme Erlebnisse von innen zu erinnern, noch einmal zu sehen, zu hören und besonders zu fühlen wie in diesem Moment. Sie können Ihr Leben bedeutend lebendiger und angenehmer machen, wenn Sie angenehme Erinnerungen von innen wiedererleben.

Sie können eine Erfahrung nicht nur in der Vergangenheit von außen oder von innen erleben, sondern auch im Moment selbst, in der Gegenwart. Wer sich während des Liebesspiels selbst von außen betrachtet, bleibt meist emotional unbeteiligt, eiskalt. Der Ehepartner kann einem leid tun.

In anderen Situationen kann es angemessen sein, sich im Moment von außen zu betrachten. Wenn ein Lehrer seine Schüler kritisiert, kann es günstiger sein, wenn er sich selbst dabei von außen betrachtet und so sicherstellt, daß er gefühlsmäßig unbeteiligt bleibt. Er wird dann nur so laut, wie es in der gegebenen Situation angemessen ist. Wenn er dagegen die Situation von innen erlebt, kann er von seinen Emotionen mitgerissen werden und sich in Schreien und Toben hineinsteigern. Hinterher sind seine Schüler eingeschüchtert oder nehmen ihn nicht mehr ernst, und er selbst macht sich Vorwürfe.

Es gibt noch andere Möglichkeiten, unangenehme Erinnerungen gefühlsmäßig zu neutralisieren. Manchmal reicht es schon, wenn man sich vorstellt, das Ereignis mit großem zeitlichen oder räumlichen Abstand zu betrachten. Wird Ihnen das Erlebnis, das Sie im Moment noch geärgert hat, in dreißig Jahren nicht völlig nebensächlich oder sogar lächerlich erscheinen? Wird es nicht unbedeutend, wenn Sie es vom Mond aus betrachten?

Es ist auch günstig, über persönliche Schwächen in der Vergangenheitsform zu sprechen. Zum Beispiel: „Früher fiel es mir schwer, vor vielen Menschen zu sprechen." Damit halten Sie Schwächen nicht mehr fest, sondern lassen sie los. Sie signalisieren Ihrem Unterbewußtsein die Richtung, in die Sie sich bewegen wollen.

Man kann den Film mit der unangenehmen Erinnerung auch mit komischer Musik unterlegen und ihn so noch einmal anschauen. Meist können wir dann schon über das Erlebnis lachen. Viele im Moment dramatisch erscheinende Momente verlieren schnell ihren Ernst, wenn man sie mit Humor nimmt. Ich liebe die Szene in dem Film „Der Schatz der Sierra Madre", in dem die Goldgräber in ein grandioses Gelächter einstimmen, als sie feststellen, daß das Gold, das sie in monatelanger Arbeit aus dem Berg geholt hatten, in ein paar Minuten von einem Sturm weggetragen worden war. Am Ende des Films „Alexis Sorbas" gibt es eine ähnliche Szene. Wie heißt es so schön: „Die Situation ist hoffnungslos, aber nicht ernst."

Nachdem Sie den inneren Film der ursprünglich unangenehmen Erinnerung wie ein Regisseur verändert haben, können Sie sich noch einmal an die Situation erinnern, um zu testen, wie sich Ihre gefühlsmäßige Reaktion verändert hat.

Wenn Sie sich manchmal an Bilder einer unangenehmen Erfahrung erinnern und sich dabei schlecht fühlen, können Sie mit der folgenden Übung Ihre emotionale Reaktion verringern oder neutralisieren.

> **Übung: Umgang mit unangenehmen inneren Bildern (Erinnerungen oder Vorstellungen)**
>
> ▶ Nehmen Sie bitte zum Üben keine schmerzende Erinnerung, sondern etwas Nebensächliches.
>
> ▶ Wenn Sie wollen, können Sie diese Anweisungen auf Band sprechen und während des Übens anhören, oder sie sich von einer anderen Person vorlesen lassen.
>
> ▶ Nehmen Sie sich 20 Minuten Zeit, stellen Sie sicher, daß Sie ungestört bleiben und setzen Sie sich gemütlich hin.
>
> ▶ Suchen Sie eine harmlose unangenehme Erinnerung aus, die ab und zu noch vor Ihrem inneren Auge auftaucht.
>
> ▶ Schauen Sie sich den Film von dem unangenehmen Erlebnis an.

- Schauen Sie sich selbst von außen zu in diesem Film, wie Ihr früheres Ich in dieser Situation handelte. Sie können aus der Erfahrung von damals lernen und dabei ruhig bleiben.

- Nun können Sie wie ein Filmregisseur den Film so verändern, daß Ihre emotionale Beteiligung noch geringer wird. Bei den meisten Menschen geschieht dies, indem sie das Bild schwarz/weiß machen, kleiner und weiter weg, von dreidimensional zu einem flachen Bild. Sie können damit experimentieren, welche Art der Betrachtung die unerwünschten Gefühle verringert. Und beobachten Sie, wie Sie mit wachsender innerer Distanz diesem Film zuschauen können.

- Sie können den Film mit komischer Musik unterlegen, z.B. mit Musik aus Filmen von Dick und Doof.

- Oder Sie können dem Bild einen schönen Rahmen geben, es in ein Ölbild verwandeln und ins Museum hängen.

- Sie können nun ganz erfrischt und wach ins Hier und Jetzt zurückkommen.

- Wenn Sie sich an die ursprüngliche Situation erinnern, wie hat sich Ihr Gefühl verändert?

- Falls die Erinnerung in Ihnen immer noch unangenehme Gefühle weckt, prüfen Sie bitte, ob Sie wirklich eine nebensächliche Erinnerung genommen haben.

Umgang mit störenden inneren Stimmen

Manche Menschen werden nicht von unangenehmen Bildern, sondern von inneren Stimmen behindert. Sie hören im Geist Bemerkungen wie: „Du Versager, das schaffst du nie, das bringt ja sowieso nichts."

Viele versuchen diese negativen Stimmen mit positiven Suggestionen zu bekämpfen. Wenn eine innere Stimme ihnen sagt: „Das schaffst Du nie!", setzen sie die Suggestion dagegen: „Doch, ich schaffe es!" Dies führt oft zu einem genauso störenden inneren Dialog von zwei sich streitenden Stimmen. Ich habe neulich mit einem Studenten gearbeitet, der während seiner Prüfungen zwei streitenden inneren Stimmen zuhörte, die sich gegenseitig beschimpften. Die eine Stimme sagte: „Warum hast du nicht mehr gelernt?", worauf die andere Stimme antwortete: „Du Streber!" Man kann sich vorstellen, wie in einem solchen Fall die Unterstützung der „positiven" Stimme nur dazu führen würde, die andere um so lauter werden zu lassen. Was man bei einem solchen Streit von zwei inneren Stimmen machen kann, werde ich in Kapitel 13 über innere Konflikte behandeln.

Es gibt jedoch noch eine Methode, wie man mit einer störenden inneren Stimme umgehen kann. Wie bei den unangenehmen inneren Bilder verändert man nicht den Inhalt, sondern die Form. Man kann die Stimme, die „du bist ein Versager" sagt, leiser werden lassen, in eine schläfrige Singstimme umwandeln oder in die quakende Stimme von Donald Duck. Ich habe einmal mit einer Frau gearbeitet, der ihr Arzt gesagt hatte: „Sie werden Ihre Krankheit bis zu Ihrem Lebensende behalten!" Als die Frau diesen Satz, der ihr ständig im Kopf herumgeisterte, in eine Quakstimme umwandelte, waren die Veränderungen erstaunlich.

Den Satz: „Das schaffst du nicht!" kann man in die herausfordernde Frage umwandeln: „*Das* schaffst du nicht?" Die Veränderung des Tons verändert die Bedeutung des Satzes von einer Einschränkung in eine Herausforderung.

Wechsel des Wahrnehmungssystems

Wie ich schon in Kapitel 1 erwähnte, kann ein Umschalten auf ein anderes System der Wahrnehmung Schmerzen verringern.

Wenn sich ein Kind am Ellenbogen gestoßen hat und weint, hilft es oft, vom Fühlen zum Sehen oder Hören umzuschalten. Man kann das Kind fragen: „Wo ist der Schmerz genau?" Dann fängt man pantomimisch den Schmerz am Ellenbogen mit der Hand wie eine Fliege, öffnet die Hand und bläst den Schmerz mit einem lauten „HUIH" weg, wobei man mit den Augen dem imaginär wegfliegenden Schmerz folgt. Ein solches Umschalten auf einen anderen Sinneskanal ist wirksamer, als die Aufmerksamkeit auf etwas im gleichen Sinneskanal abzulenken. Oft stecken Menschen im Fühl-Kanal in Problemen fest. Hier kann es helfen, zum Seh-Kanal umzuschalten.

Was tun, wenn man von Sorgen überwältigt ist?

Was kann man tun, wenn man von Sorgen und Problemen gelähmt, überwältigt ist? Ein Mann hat nach der Scheidung finanzielle Probleme, das gemeinsame Haus muß verkauft werden, und er hat noch keinen Käufer gefunden. Gleichzeitig sollte er in seiner Arbeit als Verkäufer bei seinen Kunden gutgelaunt auftreten. Wenn er sich von seinen Sorgen überwältigen läßt, läuft er Gefahr, auch noch seine Arbeit zu verlieren.

Zu versuchen, nicht an seine Sorgen zu denken, ist oft genauso vergeblich wie der Versuch, nicht an ein rotes Känguruh zu denken. Manchmal kann man etwas leichter loswerden, wenn man es übertreibt.

Wenn man von Sorgen überwältigt ist, kann man sich eine Ecke in der Wohnung und eine bestimmte Zeit an jedem Tag aussuchen, die man ungeteilt seinen Sorgen widmen will. Fünf Minuten pro Tag reichen hier völlig. Man kann jeden Tag zu der festgesetzten Zeit in seine Sorgenecke gehen und sich ganz den Sorgen hingeben. Wichtig ist, daß man sich dabei nicht zu trösten versucht, sondern total in die Sorgen hineingeht. Man darf ruhig ein bißchen übertreiben: „Das ist furchtbar, ich komme nie wieder auf einen grünen Zweig, ich werde betteln gehen müssen. Ich suche mir einen Schlafplatz unter einer Brücke usw."

Nach fünf Minuten Jammern und Zähneklappern kann man alle Sorgen abschütteln und befreit in den Tag gehen. Falls doch einmal während des Tages ein Gedanke an die Sorgen auftauchen sollte, kann man sich sagen: „Ach toll, da habe ich gleich wieder neuen Stoff für morgen um sieben Uhr in meiner Sorgenecke, bitte erinnere mich dann daran!"

Das bedeutet nicht, daß man seine Probleme ignorieren sollte. Natürlich ist es sinnvoll, seine Probleme auch zu lösen. Wie man dies machen kann, werde ich im Kapitel 24 ausführlich behandeln. Aber es hilft keinem, wenn man sich von Problemen und Sorgen verzehren läßt. Da ist es besser, zwischendurch Ferien von seinen Problemen zu nehmen. Wenn das Haus abgebrannt ist, bringt es nichts, während der Arbeit daran zu denken. Sonst hat man schnell noch das weitere Problem, eine neue Arbeit suchen zu müssen.

Falls Sie einmal von Problemen überwältigt sind, kann Ihnen die folgende Übung helfen:

Übung: **Was kann man tun, wenn man von Sorgen überwältigt ist?**

▶ Notieren Sie das Thema Ihrer Sorgen in ein, zwei Stichpunkten auf einen Zettel.

▶ Überlegen Sie, wie oft Sie täglich an dieses Problem denken und wieviel Zeit Sie insgesamt jeden Tag dem Problem opfern, ohne etwas zu seiner Lösung zu tun.

▶ Ernennen Sie eine Ecke in Ihrer Wohnung zur Jammerecke und legen Sie eine bestimmte Zeit fest, die Sie jeden Tag ungeteilt diesen Sorgen widmen wollen. Fünf Minuten reichen dafür.

▶ Stellen Sie einen Wecker, um sich nach fünf Minuten aus dem Jammern herauszuholen.

- Denken Sie fünf Minuten lang nur an die Sorgen und jammern Sie laut vor sich hin!
- Sie können dann die Sorgen abschütteln und befreit in den Tag gehen.
- Wenn zu einer anderen Zeit des Tages ein Gedanke an das Problem auftauchen sollte, atmen Sie tief durch, sagen Sie zu sich: „Danke für die Idee, wunderbar, daran kann ich das nächste Mal in meiner Sorgenecke ausgiebig denken, bitte erinnere mich dann daran!" Nun können Sie den Gedanken getrost verabschieden.

4. Wie kann man seinen emotionalen Zustand verbessern

Nachdem ich behandelt habe, wie man aus einem schlechten emotionalen Zustand kommen kann, will ich untersuchen, wie man seinen emotionalen Zustand weiter verbessern kann.

Viele Menschen kennen nur wenige und oft untaugliche Wege, ihren emotionalen Zustand zu verbessern. Wenn sie sich besser fühlen wollen, essen sie zuviel, schlafen zu lange, verfallen in einen Kaufrausch, nehmen Medikamente oder Drogen, rauchen oder trinken Alkohol. Ich möchte hier andere Möglichkeiten untersuchen, in einen besseren inneren Zustand zu kommen.

Nehmen Sie sich zwei Minuten Zeit und notieren Sie sich möglichst viele verschiedene

Möglichkeiten, in einen besseren emotionalen Zustand zu kommen:

Vielleicht können Sie hier zusätzliche Anregungen bekommen.

Körper

Eine Möglichkeit, in einen besseren emotionalen Zustand zu kommen, ist, etwas mit seinem Körper zu tun.

Körperhaltung

Man kann seine Körperhaltung verändern, um seine Stimmung zu ändern. Ein Grundsatz von NLP lautet, daß sich Körper und Geist gegenseitig beeinflussen. Sie sind Teile eines Systems. Jede Veränderung im Geist führt zu einer Veränderung im Körper und umgekehrt. Sie können das mit einer kleinen Übung überprüfen.

Übung:
Setzen Sie sich für zehn Sekunden wie in Bild A hin, gebückt, mit hängenden Schultern und trübem Blick, und spüren Sie, wie sich das anfühlt.
Bild A

Nach zehn Sekunden können Sie in die Hände klatschen und sich aufrichten, als ob Sie gleich aufspringen wollten, wie in Bild B. Spüren Sie die Veränderung in Ihrem emotionalen Zustand?

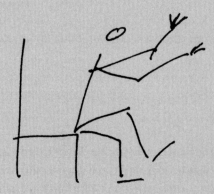

Bild B

Manche Menschen hängen den ganzen Tag in einer Haltung wie in Bild A im Sessel und wundern sich, daß sie keine Perspektive im Leben haben. Wenn man seinen Blick den ganzen Tag auf den Fußboden gerichtet hat, ist es kein Wunder, daß man keine Lebensperspektive hat.

Atem

Auch unser Atem beeinflußt unseren emotionalen Zustand. Man kann sogar sagen, unser Atem ist unser Leben. Es gibt viele verschiedene Atemtechniken. Hier möchte ich nur erwähnen, daß man sich zum Beispiel während einer Prüfung beruhigen kann, indem man ruhig und tief durchatmet und sich auf das Ausatmen konzentriert. Das Wort Angst kommt von eng. Meist spürt man bei Angst eine Enge im Hals oder Brustbereich. Manchmal kann man allein durch freies Atmen dieses Gefühl von Enge auflösen.

Man kann sich auch vorstellen, beim Ausatmen Ärger, Anspannung, Kopfschmerz oder ähnliches wie eine farbige Wolke auszuatmen, diese farbige Wolke zur Sonne schicken und dort verdampfen lassen.

Entspannen

Man kann seinen emotionalen Zustand verbessern, indem man lernt, seinen Körper zu entspannen. Verspannte Muskeln kosten Kraft und führen oft zu Schmerzen, etwa Kopf- und Rückenschmerzen. Für jede Körperbewegung ist ein gleichzeitiges An- und Entspannen von Muskeln nötig.

Wie kann man lernen, sich zu entspannen? Manche versuchen krampfhaft, sich zu entspannen. Sie sagen sich: „Ich muß jetzt sofort entspannen!" Ein solches Vorgehen führt oft zu noch stärkerer Verspannung. In diesem Fall kann man zuerst die Anspannung bewußt verstärken, fünf Sekunden lang alle Muskeln des Körpers anspannen und dann erleichtert entspannen. Wenn Sie wollen, können Sie dies kurz testen.

> ***Übung:* Muskeln entspannen**
> Spannen Sie für fünf Sekunden alle Muskeln Ihres Körpers an, und genießen Sie es, dann alle Muskeln erleichtert mit einem tiefen Ausatmen zu entspannen.

Wie hat Ihnen diese Übung gefallen? Gerade bei längerer Lektüre kann diese Übung angenehm sein. NLP benutzt oft die Methode, erst in die Gegenrichtung zu gehen, wenn man lange krampfhaft versucht hat, sich in eine Richtung zu bewegen und dabei festgefahren ist.

Es gibt eine schöne Geschichte von Milton Erickson, von dem die NLP-Gründer wohl am meisten gelernt haben. Erickson half als Junge seinem Vater auf dem elterlichen Bauernhof. Sein Vater versuchte vergeblich, ein störrisches Kalb in den Stall zu ziehen. Milton Erickson zog das Kalb am Schwanz, worauf sich das Kalb diesem Ziehen nach außen widersetzte und in den Stall rannte.

Außer der Methode, erst in die Anspannung zu gehen, bevor man entspannt, gibt es noch viele andere Methoden, sich zu entspannen, zum Beispiel das Autogene Training, Massage und das Anhören von meditativer Musik. Um es sich leichter zu machen, in einen Zustand der Entspannung oder der Meditation zu kommen, nimmt man am besten immer den selben Platz oder Sessel für die Entspannung. Dieser Sessel ist dann mit der Entspannung verknüpft, verankert. Sobald man sich in diesen Sessel setzt, kommt man leicht in einen Entspannungszustand. Manchmal kann auch ein kurzer Schlaf oder ein kurzer Tagtraum entspannend und erholsam wirken.

Lachen, gähnen, sich dehnen

Entspannend wirken auch lachen, gähnen, sich dehnen und Grimassen schneiden. Alle diese Übungen können unsere Muskeln, speziell die Gesichtsmuskeln entspannen und wieder mehr Bewegung und Gefühl in unser Leben bringen.

Wenn Sie vermeiden wollen, in die Psychiatrie eingewiesen zu werden, ist es vielleicht besser, diese Übungen allein zu Hause anzuwenden.

Bodenkontakt

Gerade bei Prüfungen oder wenn man eine Rede halten will, hilft es, sich seines Kontaktes mit dem Boden bewußt zu werden. Unsere Verbindung mit der Erde über einen festen Stand auf dem Boden kann uns Halt und Selbstvertrauen geben. Unsere Sprache hat ein tiefes Wissen über unsere Psyche. Es gibt viele Ausdrücke, die über die Kraft des Bodenkontaktes berichten: „Jemand hat den Boden unter den Füßen verloren", „Er steht mit beiden Beinen auf der Erde", „Er ist selbständig."

Aktiv

Eine weitere Möglichkeit, seine Stimmung zu verbessern, ist aktiv zu werden, etwas zu unternehmen.

Sport

Hier bieten sich die verschiedensten Arten von Sport an, etwa Radfahren, Schwimmen oder Laufen. Gerade bei Depressionen ist Bewegung eines der besten Heilmittel. Durch Bewegung kommt unser Kreislauf wieder in Schwung, es kommt wieder mehr Leben in unseren Körper und damit auch in unseren Geist.

Shiatsu, Aikido etc.

In letzter Zeit verbreiten sich bei uns eine Reihe von Körpertechniken, die meist aus dem fernen Osten stammen. Etwa Aikido, eine defensive Kampfsportart, und das Tai Chi. Diese Techniken können die innere Balance des Menschen stärken. Auch die Feldenkrais-Methode will über sanfte Körperübungen auf den Geist wirken. Ich möchte hier noch die Akupressur, das Shiatsu, nennen.

Etwas tun, das man gerne macht

Eines der besten Mittel, in einen besseren emotionalen Zustand zu kommen, ist, etwas zu tun, das man gerne macht. Nach meiner Erfahrung kennen Menschen mit wenig Lebensfreude kaum etwas, das sie gerne machen. Ob Sie gerne spielen, basteln oder spazierengehen ... wenn Sie etwas tun, das Sie gerne machen, kommen Sie schnell in eine gute Stimmung.

Ich möchte noch eine Geschichte von Milton Erickson erzählen. Eine 75jährige Frau kam zu Erickson zur Behandlung. Sie litt unter Einsamkeit, nachdem ihr Mann kurz zuvor gestorben war. Sie kannte niemanden in der Stadt, da sie erst kurz vor dem Tod ihres Mannes in diese Stadt gezogen war. Sie hatte nur einmal mit ihrem Mann einen Gottesdienst ihrer Kirchengemeinde besucht, dabei aber niemanden kennengelernt. Das einzige, was ein bißchen Freude in ihr Leben brachte, war ihre Sorge für ihre Pflanzen. Erickson gab ihr den Tip, sich ein Usambara-Veilchen zu besorgen und Ableger davon zu ziehen. Wenn in ihrer Kirchengemeinde eine Hochzeit oder eine Taufe gefeiert würde, könne sie dem Brautpaar oder den Eltern einen Blumenstock schenken. Zwei Jahre später las Erickson in der Zeitung einen Artikel über die Frau, die inzwischen als „Usambara-Veilchen-Königin" so etwas wie die Großmutter der ganzen Stadt geworden war.

Kreativer Selbstausdruck

Noch wirksamer ist es, wenn Sie sich bei dem, was Sie gerne tun, kreativ ausdrücken. Man kann sich in allen Wahrnehmungskanälen kreativ ausdrücken. Im visuellen Kanal über Malen und Fotografieren, im akustischen über Singen und Trommeln, im Fühl-Kanal über Töpfern und Tanzen, im Geschmacks-Kanal über Kochen. Man kann hier auch ohne Ausbildung spielerisch beginnen. Ich habe den Eindruck, daß sich viele Menschen durch zu hohe Ansprüche an sich selbst blockieren. Wie wäre es, wenn Sie spielerisch, ohne Anspruch an Perfektion, in verschiedenen neuen Bereichen mit kreativem Selbstausdruck experimentieren würden, wenn Sie mal wieder tanzen gehen, ein Bild malen, eine Trommel in die Hand nehmen würden?

Ich halte übrigens Lesen im Gegensatz zum Fernsehen für kreativ, da man sich beim Lesen eigene Bilder zu dem Gelesenen macht.

Etwas Gutes für sich selbst tun

Um in einen besseren Zustand zu kommen, kann man auch etwas Gutes für sich selbst tun. Man kann nach einem anstrengenden Tag ein warmes Bad nehmen oder sich die Fußsohlen massieren. Um wach zu werden, kann man eine Dusche nehmen. Man kann sich dabei vorstellen, Schmerzen, Ärger, Anspannungen und Probleme wegzuspülen, den Gully hinab damit, sich innerlich wie äußerlich zu reinigen.

Das Umfeld verändern

Manchmal kann es auch helfen, sein Umfeld schöner zu machen. Sie können Ihre Wohnung aufräumen, sie streichen, sie verschönern, indem Sie Pflanzen und Blumen hineinstellen, schöne Bilder aufhängen, mehr Luft und Licht hineinbringen. Sie können Gegenstände, die mit unangenehmen Erlebnissen verbunden sind, aus Ihrer Wohnung entfernen und Dinge hineinbringen, die Sie an etwas Angenehmes erinnern. Ich habe in meiner Wohnung Fotos von meinen Reisen hängen. In einem meiner Kurse haben mir Teilnehmer einen Kleiderbügel aus Acryl geschenkt, den sie selbst hergestellt haben. Jeden Morgen, wenn ich mein Jackett anziehe, bringt mich dieser Kleiderbügel wieder in diese schöne Erinnerung.

Wir werden auch von unserer Umwelt geprägt. Wir können etwas tun, sie schöner zu gestalten.

Das eigene Erscheinungsbild verändern

Es kann auch hilfreich sein, sein eigenes Erscheinungsbild zu verändern. Man kann sich fröhlicher, lockerer, farbenfroher, auch schicker und vornehmer kleiden und damit seine Stimmung beeinflussen. Oder man verändert seine Frisur, rasiert seinen Bart ab, *schneidet alte Zöpfe ab*. Ich persönlich stehe skeptisch zu Schönheitsoperationen. Ich denke, meistens ist es besser, zu seiner Person zu stehen, als zu versuchen, sich mit dem Operationsmesser zu verändern. Ich selbst habe wenig Haare. Es gibt mir Kraft, diesem scheinbaren Makel dadurch zu begegnen, daß ich meine Haare ganz kurz schneiden lasse und selbstbewußt meinen ausgeprägten Schädel zeige.

Unangenehme Gefühle ausdrücken

Manchmal kann es auch erleichternd wirken, seine „negativen" Gefühle wie Ärger, Frust usw. auszudrücken. Man kann seinen Ärger wegschütteln, auf ein Kissen boxen, weinen oder auch einen herzhaften Schrei loslassen. In unserem Kulturkreis ist das eigene Auto wohl der Ort, wo man am besten schreien kann, ohne andere zu stören.

Ich denke aber, daß der Ausdruck von „negativen" Gefühlen nur kurzfristig und bei geringfügigem Ärger oder Frust lösend wirkt.

Manche Therapieschulen, etwa die Primärtherapie, glauben, daß man traumatische Erinnerungen erneut schmerzhaft durchleben muß, bevor man sie loslassen kann. Ich habe früher viele Selbsterfahrungsgruppen, die mit solchen Methoden arbeiten, besucht. Ich habe mich nach dem Wiedererleben und Ausdrücken der traumatischen Schmerzen erst einmal erleichtert gefühlt, das Trauma selbst wurde damit aber nicht gelöst. Die Erinnerung und der Schmerz kamen immer wieder hoch. Mit NLP habe ich Methoden kennengelernt, mit denen man traumatische Erinnerungen lösen kann, ohne noch einmal den Schmerz erleben zu müssen. In Kapitel 20 werde ich darauf eingehen.

Konsum

Auch wenn hier viele Menschen ins Extrem fallen, Konsum kann ein Mittel sein, seine Stimmung zu verbessern. Ein Glas Wein trinken, in ein Restaurant gehen, eine Pfeife rauchen oder sich selbst ein kleines Geschenk machen – all das kann die Stimmung verbessern.

Wir können uns in den verschiedenen Wahrnehmungskanälen etwas Gutes zukommen lassen: Wir können Bilder oder einen Film anschauen, Musik hören, eine Skulptur oder einen Baum mit unseren Händen abtasten, etwas Gutes essen oder trinken, eine Blume riechen. Und man kann sich in die Natur setzen und den Sonnenschein genießen.

Es gibt in der Programmierer-Szene den Spruch: „Garbage in, garbage out." Auf Deutsch bedeutet das etwa: „Wenn man Mist in seinen Computer eingibt, muß man sich nicht wundern, wenn er Mist von sich gibt." Wer den ganzen Tag Horrorvideos anschaut und dabei süßes und fettes „Zeugs" in sich hineinstopft, braucht sich nicht zu wundern, wenn sein emotionaler Zustand nicht besonders rosig ist.

Mir ist aufgefallen, daß Menschen, die sich über die *Sinn*losigkeit ihres Lebens beklagen, meist kein Lebensziel und damit keinen *Sinn* in ihrem Leben haben. Zudem sind diese Menschen oft in ihrer *sinnlichen* Wahrnehmung abgestumpft. Sie sind wenig sensibel und offen für die kleinen Schönheiten des Augenblicks.

Sie können Ihrem Leben mehr Sinn geben, wenn Sie sich Ziele setzen und lernen, die kleinen Freuden des Lebens zu genießen.

Kontakt

Der Mensch ist ein soziales Wesen. Kontakt mit anderen Menschen kann unsere Stimmung verbessern. Wir können Freunde und Bekannte treffen, sie besuchen oder anrufen, ihnen schreiben, etwas mit ihnen unternehmen. Ich werde in Kapitel 16 behandeln, wie man leichter Kontakt zu seinen Mitmenschen finden kann. Auch der Kontakt zu Tieren, Pflanzen und zur Natur überhaupt kann unsere Stimmung heben. Gerade kranken oder einsamen Menschen kann der Kontakt zu einem Haustier helfen. Viele Menschen bekommen auch dadurch Kraft, daß sie ihre Verbindung zu einer höheren Macht oder zu Gott spüren. Die ursprüngliche Bedeutung des Wortes Religion ist *sich Zurückbesinnen auf seine Wurzeln*. Wer sich seiner Wurzeln bewußt ist, kann daraus Kraft schöpfen.

Am besten Überschneidungen

Viele Tätigkeiten geben besonders viel Kraft, weil sie mehrere der eben erwähnten Kategorien befriedigen. Wenn Sie mit Freunden zum Tanzen gehen, tun Sie etwas für Ihren Körper, drücken sich kreativ aus, sind mit Menschen zusammen, die Sie mögen, können neue Menschen kennenlernen und Musik hören, die Ihnen gefällt. Auch wenn Sie mit Freunden einen Waldlauf machen, decken Sie mehrere dieser Kategorien ab.

Meditation

Eine weitere Methode, seinen Zustand zu verbessern, ist die Meditation. Durch Meditieren kann man Zugang zu seinem inneren Kern bekommen, zur Ruhe kommen.

Haben, Tun oder Sein

Es gibt verschiedene Grundhaltungen im Leben: Die einen erwarten Glück von außen, durch Konsum, Besitz, Ruhm, Bestätigung von anderen. Alle diese Dinge sind wertvoll und erstrebenswert, sie können dem Leben mehr Farbe und Tiefe geben. Wer sie ganz ablehnt, lebt oft ein freudloses, asketisches Leben, paradoxerweise mit der Hoffnung auf Belohnung in einem Leben nach dem Tod. Hinter der Askese steht so oft eine versteckte Gier nach Genuß im Leben nach dem Tode.

Wenn Konsum allerdings als einzige Quelle zum Glück angesehen wird, ist oft eine passive Konsumhaltung die Folge, die zu Übergewicht, Medikamentenmißbrauch, Kaufsucht, allen möglichen Arten von Drogenkonsum, geistiger und körperlicher Abstumpfung führen kann.

Eine andere Grundhaltung ist, seine Erfüllung in kreativen Tätigkeiten zu finden. Sei es durch Sport, Tanz, Spazierengehen, Musik machen, Malen und andere Arten der künstlerischen Betätigung, durch Gespräche, Massage, ein Hobby, Bergsteigen, auch Lesen oder Musikhören. Vor allem aber durch eine erfüllende Arbeit. Alle diese Aktivitäten bringen mehr Lebensenergie, mehr Lebensfreude und Selbstbestätigung. Und meist haben wir damit noch eine belebende Wirkung auf unsere Umwelt.

Wir können aufmerksamer werden für die kleinen Freuden, die uns jeder Moment des Lebens geben kann: das Lächeln eines Kindes oder das verschmitzte Grinsen eines Passanten, dem man in einem Regenschauer begegnet, und der auch durchnäßt ist. Oder wir können einfach nur da sein, unter einem schönen Sternenhimmel am Meer sitzen, uns selbst und die Natur spüren. Oder wir können es genießen, unseren Träumen nachzugehen. Kurz gesagt besteht die Kunst des Lebens darin, zu leben.

Für mich ist die folgende kleine Szene ein Symbol für Lebenskunst: Auf einem Schrottplatz sah ich einmal eine junge Frau, die im Bikini auf dem Deck eines alten Segelbootes ein Sonnenbad nahm.

Unser Leben besteht aus vielen kleinen Dingen, wer glaubt, erst mit dem Leben beginnen zu können, wenn er Millionär ist, ein Haus gebaut hat, *Erfolg* hat, läuft Gefahr, sein Leben immer wieder zu verschieben und so zu verpassen.

Geistig

Man kann auch über sein Denken seinen emotionalen Zustand verbessern.

So tun als ob

Manchmal kann es helfen, so zu tun, als ob es einem gut ginge. Ich hatte einmal in München bei Föhn Kopfschmerzen. Ich fühlte mich miserabel und haderte mit mir selbst. Dann hatte ich die Idee, daß ich den Tag trotz meines Kopfwehs genießen könnte, daß ich so tun könnte, als wäre ich schmerzfrei. So komisch es klingen mag, es hat funktioniert. Ich habe den schönen Sommertag genossen und den Kopfschmerz immer weniger beachtet und am Ende vergessen.

Die *So tun als ob*-Methode verwendet man oft im NLP. Wenn jemand auf die Frage, was er gerne machen würde, antwortet, er wisse es nicht, frage ich: „Was wäre es denn, wenn Sie es wüßten? Tun Sie einfach so, als ob Sie es wüßten!" In neun von zehn Fällen kommt darauf eine klare Antwort. Viele Menschen fühlen sich durch direkte Fragen bedrängt und blockiert. Die *So tun als ob*-Frage nimmt den Druck von ihnen und regt ihre Phantasie an. Ich selbst überwinde meine Schreibblockaden, indem ich nur so tue, als würde ich ein Buch schreiben. Vielleicht wollen Sie ja so tun, als ob Sie hier etwas über NLP und die Kunst des Lebens lernen würden.

Sich an ein angenehmes Erlebnis erinnern

Die wahrscheinlich effektivste Methode, seinen emotionalen Zustand zu verbessern, ist, sich an ein angenehmes Erlebnis zu erinnern. Wenn Sie wollen, können Sie dies gleich in einer Übung überprüfen.

Übung: Sich an ein angenehmes Erlebnis erinnern

Sie können es sich bequem machen und sich an ein besonders schönes Erlebnis aus Ihrem Leben erinnern. Vielleicht etwas, worauf Sie stolz sind, als Sie etwas Besonderes geleistet haben. Oder denken Sie an etwas, das Sie gerne machen. Sie können auch an einen Ort denken, an dem Sie sich wohl fühlen, oder an eine Begegnung mit einem Menschen, die sehr angenehm war. Wenn Sie ein schönes Erlebnis gefunden haben, können sie es im Geist noch einmal von innen erleben, das heißt, Sie können wieder dasselbe sehen, hören und fühlen, wie in dieser Situation. Wie war Ihre Körperhaltung, Ihre Atmung, Ihr Blick. Sie können es genießen, diese schöne Erinnerung erneut zu erleben. Wenn Sie dieses schöne Erlebnis genug ausgekostet haben, können Sie mit dem Wissen, sich diese Erfahrung jederzeit wieder zugänglich machen zu können, ganz entspannt und erfrischt in diesen Raum und in diese Zeit zurückkehren.

Wie hat Ihnen diese Übung gefallen? Ich wundere mich immer wieder, wie stark diese Übung wirkt. Ich habe einmal in einem Kurs mit Langzeitarbeitslosen die Teilnehmer gebeten, einen Partner zu fragen, was er gerne macht. Eine Teilnehmerin, die vorher zwei Stunden lang völlig in sich gesunken, mit trübem Blick und grauem Gesicht dagesessen hatte, war nach dieser Übung nicht wiederzuerkennen. Sie saß aufgerichtet und mit strahlenden Augen da. Natürlich waren damit nicht alle ihre Probleme gelöst, aber sie hat einen Eindruck davon bekommen, welche Veränderungen in ihrem Leben möglich sind.

Diese Übung ist die Basis fast aller NLP-Techniken. Wir bekommen Zugang zu unseren Fähigkeiten, wenn wir uns an Momente in unserem Leben erinnern, als wir über diese Fähigkeiten verfügten. Und die Kraft, die wir durch diese Übung bekommen, kommt von innen, bringt uns auf natürliche Art in Kontakt mit unseren Fähigkeiten und Stärken.

Beobachten Sie einmal, wie viele Menschen den ganzen Tag über Katastrophen und Krankheiten reden und sich dann wundern, daß es ihnen schlecht geht. Sie können solche Menschen meist schnell aus diesem Zustand herausholen, wenn Sie sie nach etwas fragen, das sie gerne machen. Vielleicht wollen Sie sich mit Freunden und Bekannten, mit Kollegen und Kunden öfter über angenehme Erinnerungen unterhalten, über etwas, das Sie selbst und die anderen gerne machen.

Wenn jemand seinen Schwächen und Fehlern zu viel Aufmerksamkeit widmet, werden diese wachsen. Wenn Sie dagegen Ihren Erfolgen, Fähigkeiten und angenehmen Erinnerungen mehr Aufmerksamkeit schenken, werden diese wachsen. Das heißt nicht, daß man mit einer rosaroten Brille herumlaufen und Schwierigkeiten ignorieren sollte. Probleme verschwinden nicht, wenn man sie ignoriert, aber auch nicht, wenn man sich in ihnen verliert, sich immer mehr in sie vertieft. Probleme verschwinden, wenn man sie löst. Wie man das macht, werde ich in Kapitel 24 behandeln.

Feinunterschiede der Wahrnehmungssysteme

Wir können das gute Gefühl, das wir bekommen, wenn wir uns an ein angenehmes Erlebnis erinnern, sogar noch verstärken. Genauso, wie wir unangenehme Erinnerungen emotional neutralisieren können, indem wir den inneren Bildschirm verkleinern und ihn weiter weg stellen, den Film schwarz/weiß und zweidimensional machen, so können wir angenehme Erinnerungen oft noch verstärken, indem wie sie näher heranholen, größer werden lassen, uns ganz von ihnen umgeben lassen, sie bunter und plastischer werden lassen.

Unser emotionales Erleben wird erstaunlicherweise nicht nur von dem Inhalt, sondern auch von der Form und Struktur der Erfahrung beeinflußt. Der Inhalt einer Erfahrung ist, was wir erlebt haben. Zum Beispiel: Ich bin im letzten Winter mit Freunden Ski gefahren. Die Intensität und emotionale Färbung einer Erfahrung wird nicht nur von ihrem Inhalt bestimmt, sondern auch von ihrer Form, ihrer Struktur. Mit Form oder Struktur ist hier gemeint, in welchem Wahrnehmungssystem man es erlebt, ob man es sieht, hört oder fühlt. Und mit welchen Feinunterscheidungen man es innerhalb eines Wahrnehmungssystems erlebt. Mit den Feinunterscheidungen des Sehkanals zum Beispiel ist gemeint, wie genau Sie etwas sehen: Ist es bunt oder schwarz/weiß, ist es ein Film oder ein Bild, ist es zwei- oder dreidimensional. Wenn ich mich an das Skifahren ganz bunt und plastisch erinnere, wird das Erleben noch angenehmer. Die Feinunterscheidungen der Wahrnehmungssysteme haben einen großen Einfluß auf die emotionale Beteiligung. In der NLP-Literatur werden die Feinunterscheidungen der Wahrnehmungssysteme gewöhnlich als Submodalitäten bezeichnet. In Kapitel 26 habe ich die wichtigsten Feinunterscheidungen aufgeführt. Wenn Sie wollen, können Sie damit experimentieren, welche Feinunterscheidungen ein angenehmes Erlebnis bei Ihnen noch verstärken.

Übung: Angenehme Erinnerungen verstärken

▶ Blättern Sie vor zu den Feinunterscheidungen in Kapitel 26 auf Seite 273.

▶ Erinnern Sie sich an ein angenehmes Erlebnis, vielleicht dasselbe wie in der letzten Übung.

▶ Schauen Sie sich einen Film davon an.

▶ Experimentieren Sie mit den einzelnen Feinunterscheidungen. Verändern Sie den Film Ihrer Erinnerung und finden Sie heraus, welche Feinunterscheidungen das Erlebnis noch angenehmer werden lassen.

Bei den meisten Menschen wird das Gefühl verstärkt, wenn sie die Bilder bunter, heller, klarer, näher heran, größer und plastischer machen und wenn sie den Film von innen erleben.

Innerhalb des Hörkanals kann man die Töne und Stimmen klingender, voller, harmonischer machen, mehr Rhythmus und Schwung hineinbringen, das Erlebnis mit Musik unterlegen.

Im Gefühlskanal kann man das Gefühl wärmer machen, in den ganzen Körper fließen lassen, in alle Zellen des Körpers.

Entscheidend ist nicht das, was bei den meisten Menschen wirkt, sondern was bei Ihnen persönlich das Erleben verstärkt.

▶ Wenn Sie herausgefunden haben, welche Feinunterscheidungen Ihre Erinnerung noch schöner und angenehmer werden lassen, können Sie den Film noch einmal mit allen diesen Feinunterscheidungen anschauen. Genießen Sie dieses Erlebnis so lange und so intensiv, wie Sie wollen. Sie können mit dem Wissen, daß Sie sich dieses schöne Erleben jederzeit wieder zugänglich machen können, erfrischt und wach ins Hier und Jetzt zurückkommen.

Eine Veränderung dieser Feinunterscheidungen verändert das emotionale Erleben einer Erfahrung, sei es im Moment, bei einer Erinnerung oder in der Zukunft, bei einer Phantasie oder einer Zielvorstellung.

Unsere Wahrnehmungskanäle und ihre innere Repräsentation, also Sehen, Hören, Fühlen, Schmecken und Riechen, sind das Material, die Bausteine, mit denen man im NLP arbeitet. Während ein Koch mit Fleisch, Fisch, Obst, Gemüse und Getreideprodukten arbeitet, arbeitet man im NLP mit dem Sehen, Hören und Fühlen, seltener mit dem Riechen und Schmecken. Nun arbeitet ein Koch ja nicht mit Gemüse allgemein, sondern mit Kartoffeln, Tomaten, Paprika oder Karotten. Genauso arbeitet man im NLP nicht mit dem Sehen allgemein, sondern mit seinen Feinunterscheidungen, ob man etwas bunt oder schwarz/weiß sieht, in einem Bild oder einem Film usw. Erstaunlicherweise beeinflußt die Art der Feinunterscheidungen die gefühlsmäßige Beteiligung, ja sogar den Inhalt.

Allgemein kann man sagen, daß man sich im NLP mehr mit der Struktur als mit dem Inhalt einer Erfahrung beschäftigt. Unsere Erfahrung, unser Denken, die Art und Weise, wie wir uns motivieren, woran wir glauben, woran wir zweifeln, wie wir uns entscheiden, hat eine innere Struktur. NLP untersucht die Struktur des Denkens von Menschen, die etwas besonders gut beherrschen. Und dabei spielen die Feinunterscheidungen eine entscheidende Rolle. Wir werden ihnen in diesem Buch immer wieder begegnen.

Eine Veränderung der Form ist oft leichter als eine Veränderung des Inhalts. Und die Veränderung der Form führt zu einer Veränderung der emotionalen Beteiligung, sogar zu einer Veränderung des Inhalts. Wie wir schon gesehen haben, kann man eine unangenehme Erinnerung oder eine hemmende innere Stimme durch die Veränderung ihrer Form neutralisieren, indem man das Bild kleiner werden läßt und es von außen anschaut, indem man die hemmende innere Stimme in eine Quakstimme verwandelt.

Die Tatsache, daß NLP mehr mit der Form als mit dem Inhalt einer Erfahrung arbeitet, hat einige Vorteile: Es ist möglich, an einem Problem zu arbeiten, ohne den Inhalt zu kennen. Wenn es einem Klienten peinlich ist, über sein Problem zu sprechen, kann man ihn bei der Überwindung seines Problems unterstützen, ohne zu wissen, wovon die Rede ist. Der erste Klient, mit dem ich gearbeitet habe, war ein Mann, der vor etwas so starke Angst hatte, daß er nicht fähig war, darüber zu sprechen. Er zitterte, wenn er nur daran dachte. Ich wußte nicht, ob er vor Aufzügen oder vor Schlangen Angst hatte. Ich arbeitete mit ihm zwei Stunden, bis er die Angst überwunden hatte. Erst dann konnte er mir sagen, was ihm so Angst gemacht hatte. Witzigerweise war es eine Frau.

Die Möglichkeit, ohne Kenntnis des Inhalts mit jemandem zu arbeiten, schützt nicht nur den Klienten, sondern auch den Therapeuten. Andere Therapeuten hören sich stundenlang die Probleme ihrer Klienten an und sind am Abend ganz erschlagen und beladen von all den Problemen. Mit NLP bleibt man meist nur kurz bei dem Problem und sucht dann nach Wegen zur Lösung. Dadurch, daß man mehr mit der Form als mit dem Inhalt arbeitet, kann der Therapeut auch leichter vermeiden, eigene Probleme mit den Problemen des Klienten zu vermischen.

Fragen, die Kraft geben

Ich möchte noch einige Fragen vorstellen, die Ihnen innere Kraft geben können. Natürlich kann man diese Fragen auch mit Respekt und Feingefühl anderen stellen, seiner Familie, seinen Freunden und Kollegen.

Sie können zu jeder Frage etwa zwei Minuten lang Antworten suchen. Falls unangenehme Gedanken auftauchen sollten, können Sie diese loslassen, wie Wolken vorbeiziehen lassen und wieder angenehme und stärkende Antworten suchen.

Wenn Sie bei einer dieser Fragen glauben, keine positive Antwort zu kennen, fragen Sie sich: „Wie wäre es, wenn ich eine positive Antwort hätte, wie würde es sich anfühlen?"

Finden Sie möglichst *konkrete* Antworten. Bei der Frage: „Mit welchen Menschen sind Sie gerne zusammen?" wird Sie die Antwort: „Mit sympathischen Menschen" kaum in eine angenehme Stimmung bringen. Wenn Sie sich dagegen erinnern, daß Sie gerne mit Maria und Wolfgang zusammen sind, kommen Sie in eine angenehme Erinnerung.

Fragen, die Kraft geben können

Wann haben Sie sich besonders gut gefühlt?

Wie haben Sie sich da gefühlt?

Was macht Sie im Moment besonders glücklich?

Was in Ihrem Leben ist aufregend, stimulierend, eine Herausforderung?

An welchen Orten fühlen Sie sich wohl?

Mit welchen Menschen sind Sie gerne zusammen?

Wen mögen Sie besonders?

In welcher Gruppe haben Sie sich wohl gefühlt?

Welche Menschen sind gerne mit Ihnen zusammen?

Welche Menschen mögen Sie und von welchen Menschen werden Sie gemocht?

Was können Sie anderen geben?

Was können Sie von anderen annehmen?

Was können Sie alles?

Was machen Sie gerne?

Was sind Ihre Stärken?

Wann fiel es Ihnen einmal leicht, eine schwierige Aufgabe erfolgreich zu meistern?

Was war Ihr größter Erfolg?

Worauf sind Sie stolz?

Wann waren Sie einmal besonders ausgelassen und locker?

Eine angenehme erotische oder sexuelle Erinnerung?

Wann waren Sie einmal besonders spielerisch?

Wann waren Sie einmal besonders lustig?

Wann waren Sie einmal besonders mutig?

Wann waren Sie einmal besonders glücklich?

Wann konnten Sie sich selbst so annehmen und akzeptieren, wie Sie sind, mit Ihren kleinen Schwächen? (Ich hoffe, Sie haben noch ein paar Schwächen. Heilige sind so schrecklich langweilig.)

Wie sorgt die Natur, die Existenz für Sie?

Wann haben Sie sich einmal im Einklang mit der ganzen Existenz gefühlt?

Kennen Sie einen inneren Zufluchtsort, an dem Sie sich sicher und geborgen fühlen?

Haben Sie Kontakt zu einem inneren Beschützer oder Ratgeber?

Möglichkeiten, seinen emotionalen Zustand zu verbessern

Körper

- Körperhaltung verändern (Körper und Geist bilden eine Einheit)
- Tief durchatmen, sich auf das Ausatmen konzentrieren, Ärger und Anspannung ausatmen
- Sich entspannen, eventuell vorher anspannen
- Sich bewegen
- Lachen, sich dehnen, gähnen, Grimassen schneiden

Aktiv

- Etwas Angenehmes tun, tanzen, singen, spazierengehen, spielen, basteln
- Sich selbst etwas Gutes tun, sich massieren, ein warmes Bad nehmen
- Künstlerisch kreativ werden (ohne Anspruch an Perfektion)
- „Negative" Gefühle ausdrücken, ausschütteln, boxen, schreien (im Auto), weinen
- Sich duschen, auch in der Vorstellung
- Die Wohnung und den Arbeitsplatz aufräumen, streichen, schöner machen
- Sich fröhlicher kleiden, neuen Haarschnitt zulegen

Konsum

- Seinen Sinnen etwas Schönes zuführen, schöne Bilder, Farben, Filme, Töne, Musik, Gerüche, ein Glas Wein usw.
- Sich selbst beschenken, zum Beispiel Blumen

Kontakt

- Freunde und Bekannte treffen, anrufen oder ihnen schreiben
- Ein Haustier besorgen oder Pflanzen

Geistig

- Unangenehme innere Bilder kleiner, weiter weg, schwarz/weiß, von außen anschauen, mit Zirkusmusik unterlegen
- Negative innere Stimme leiser werden lassen, verändern, sich selbst ermutigen

Martin R. Mayer: *Neue Lebens Perspektiven*. Paderborn: Junfermann 1999 (mit diesem Zusatz ist das Kopieren dieser Seite erlaubt).

- An etwas Angenehmes denken, eine schöne Erinnerung, sich möglichst genau erinnern
- So tun, als ob es einem gut ginge
- Sich vorstellen, in der Sonne zu sitzen
- Die Verbindung mit der Natur, eventuell mit einer höheren Macht, spüren
- Träumen, meditieren

Martin R. Mayer: *Neue Lebens Perspektiven*. Paderborn: Junfermann 1999 (mit diesem Zusatz ist das Kopieren dieser Seite erlaubt).

5. Jederzeit in einen guten emotionalen Zustand kommen

Wäre es nicht schön, wenn man sich den Zustand der inneren Stärke, in den man kommt, wenn man sich an ein angenehmes Erlebnis erinnert, jederzeit zugänglich machen könnte? Besonders, wenn man es dringend braucht, etwa bei Bewerbungsgesprächen oder bei Kundenanrufen. Sie werden es vielleicht nicht für möglich halten, es gibt eine solche Möglichkeit, das sogenannte Ankern, und diese Methode funktioniert verhältnismäßig einfach.

Ankern

Nehmen wir an, Peter hat Angst vor Prüfungen. Sobald er in einer Prüfung ist, fällt ihm das Herz in die Hosentasche, er ist blockiert und kann sich an nichts mehr von dem Lernstoff erinnern. Um seine Prüfungsangst zu überwinden, überlegt er sich zuerst, welche Fähigkeit er während der Prüfung besonders brauchen könnte. Vor allem würde er sich gerne sicherer fühlen. Er fragt sich, ob er sich schon einmal in seinem Leben sicher gefühlt hat. Er erinnert sich, daß er sich beim Baden im Meer sicher fühlt.

Während
Baden ⟶ Sicher

Wenn er sich an ein konkretes Erlebnis mit Baden im Meer erinnert, es wieder von innen erlebt, das heißt, wieder dasselbe sieht, hört und fühlt wie damals, kommt er wieder in einen Zustand, in dem er sich sicher fühlt

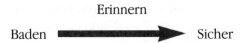

Wichtig ist, daß die Erinnerung nur mit angenehmen Gefühlen verbunden ist. Es ist dabei nicht nötig, das Datum zu wissen. Aber es ist besser, nicht nur ans Baden allgemein zu denken, sondern an ein konkretes Erlebnis.

Diesen Zustand von Sicherheit kann er mit einem äußeren Auslöser verbinden, um ihn sich jederzeit wieder zugänglich machen zu können. Er kann zum Beispiel, wenn er sich ans Baden im Meer erinnert und so wieder in den Zustand von Sicherheit gekommen ist, Daumen, Zeigefinger und Mittelfinger der linken Hand zusammendrücken.

Wenn er das einige Male wiederholt, sind schließlich der Zustand von Sicherheit und der Auslöser Fingerdruck miteinander verbunden, verschweißt. Im NLP nennt man einen solchen Auslöser einen Anker. Das Gefühl von Sicherheit wird mit dem Fingerdruck verankert.

Sobald er den Auslöser aktiviert, indem er die drei Finger zusammendrückt, kommt er automatisch in den Zustand von Sicherheit.

Das bewußte Auslösen eines Ankers nennt man im NLP *einen Anker feuern*. Er kann in der Prüfung den Anker feuern, indem er die Finger zusammendrückt, und fühlt sich dann automatisch sicher.

Früher habe ich mich manchmal beim Telefonieren unsicher gefühlt. Ich habe jetzt das Gefühl von Sicherheit mit dem Halten des Telefonhörers verbunden. Sobald ich den Telefonhörer in der Hand halte, komme ich in einen selbstsicheren Zustand.

Ankern ist eine altbekannte Technik, die oft benutzt wird. Eine Reaktion wird dabei mit einem Auslöser verbunden. Diese Methode ist auch als Konditionieren bekannt.

Ich möchte Ihnen einige Beispiele für Anker aus dem Alltag geben. Wenn meine Mutter eine Fabriksirene hört, bekommt sie Todesangst, weil der Klang der Sirene sie an den Fliegeralarm im Krieg erinnert. Ein Arbeiter in dieser Fabrik verbindet den Ton der Sirene mit seinem Feierabend und angenehmen Gefühlen. Wenn man einen alten Schlager aus seiner Jugend hört, kann man schnell zu den Erinnerungen und Gefühlen von damals Kontakt bekommen. Fotos aus der Kindheit können Erinnerungen zugänglich machen. Besonders Gerüche sind starke Anker. Ein Parfum kann an eine Jugendliebe erinnern. In dem Buch „Eine Liebe von Swann" wird Marcel Proust durch den Geschmack eines Gebäcks in seine Jugend versetzt. Gute Schriftsteller und Regisseure verstehen es, den Leser beziehungsweise Kinobesucher durch geschickte Anker in intensives Erleben zu führen.

Selbst sprechen lernen wir durch Ankern. Wenn unsere Mutter oft genug beim Anblick eines Balls das Wort Ball sagt, verbinden wir schließlich den Klang des Wortes Ball automatisch mit dem Gegenstand Ball.

Beim Ankern geht es nicht um den Zusammenhang von Ursache und Wirkung, wie beispielsweise, daß ein Glas zerbricht, weil es heruntergefallen ist. Beim Ankern geht es um die Auslösung eines Zustandes durch einen Reiz, der nicht ursächlich mit der Reaktion verbunden ist. Beim Ankern wird durch *einen* Anteil des Erlebens das ganze Erlebnis wieder zugänglich. Durch *einen* Teil des Erlebnisses, zum Beispiel einen Geruch, kommt man wieder in das ganze Erleben, man sieht, hört, fühlt, riecht und schmeckt wieder alles, wie in der ursprünglichen Situation. Allein der Geruch des Parfums bringt einen wieder zurück in die Erinnerung mit der Jugendliebe.

Man kann in allen Sinneskanälen ankern. Am leichtesten kann man das Ankern durch Berührung lernen. Man kann jedoch auch mit seiner Stimme ankern, etwa durch eine tiefere Stimmlage.

Anker sind vielseitig einsetzbar. Ankern ist die Basis jeder Werbung. Man versetzt den Zuschauer eines Werbespots in eine angenehme Stimmung und verbindet diese Stimmung mit einem Produkt: Etwa das Gefühl von Freiheit und Abenteuer mit einer bestimmtem Zigarettenmarke. Im Grunde haben die Zigaretten überhaupt nichts mit Freiheit und Abenteuer zu tun. Aber die Werbung hat diesen Zusammenhang so oft gezeigt, daß viele ihn unbewußt übernehmen.

Tennisspieler benutzen das Auftippen des Balles vor dem Aufschlag als Anker für einen Zustand von höchster Konzentration und Siegeswillen. Journalisten lächeln oft über den „Aberglauben" von Spitzensportlern, wenn sie das Trikot, das sie bei ihrem größten Triumph trugen, immer wieder tragen wollen. Dabei nutzen die Sportler damit nur die Kraft der Anker.

Die Sinneskanäle und ihre Feinunterscheidungen sind das Material, der Rohstoff, mit dem NLP arbeitet. Das Ankern ist das Hauptwerkzeug, um mit diesem Material arbeiten zu können, Ankern ist der Klebstoff des NLP, sind die Schrauben, mit denen man Fähigkeiten mit bestimmten Situationen verbinden kann. Ankern kann uns Fähigkeiten wie Selbstvertrauen, Lockerheit, Intelligenz, Humor, die wir in *einer* Situation zur Verfügung haben, zum Beispiel im Sport, auch für andere Lebenssituationen, zum Beispiel Bewerbungsgespräche, zugänglich machen. Diese Fähigkeiten nennt man im NLP normalerweise Ressourcen.

Es ist sogar möglich, mehrere Fähigkeiten mit *einem* Anker zugänglich zu machen. Dazu verbindet man mehrere Fähigkeiten eine nach der anderen mit dem selben Anker, man *stapelt* sie auf einen Anker.

Wenn Peter in der Prüfungssituation nicht nur ein Gefühl von Sicherheit, sondern auch Lockerheit und Intelligenz braucht, verbindet er diese Fähigkeiten – eine nach der anderen – mit dem Druck seiner Finger.

Anker stapeln:

Erinnern

Baden   Sicher
Tanzen   Locker   Fingerdruck
Schach   Intelligent

Wenn Peter eine Fähigkeit noch nie in seinem Leben zur Verfügung hatte, kann er eine Person, die über diese Fähigkeit verfügt, als Modell nehmen. Er kann in diese Person hineinschlüpfen und sich so in den Fähigkeiten-Zustand begeben. Im nächsten Kapitel werde ich diese Methode ausführlicher behandeln.

Nun kann es manchmal, etwa während einer Fahrprüfung, stören, die Finger der linken Hand zusammengedrückt zu halten, um in einem selbstsicheren Zustand zu bleiben. Deshalb gibt es eine weitere Möglichkeit, die Fähigkeiten in der Prüfung zugänglich zu machen.

Peter kann die Prüfung mit gedrücktem Anker vorher im Geist erfolgreich durchspielen. Er nimmt sich ein paar Minuten Zeit, macht es sich in einem Sessel bequem, feuert den Anker, indem er die drei Finger zusammendrückt, sie gedrückt hält und sich dabei vorstellt, wie er die Prüfung leicht und erfolgreich mit Lockerheit, Intelligenz und einem Gefühl von Sicherheit besteht.

Prüfung im Geist durchspielen

Fingerdruck ➡ Sicher

Wenn jemand in Gefahrensituationen, etwa wenn er mit dem Fahrrad in eine Straßenbahnschiene gerät, innerlich wie gelähmt ist, ist nicht genug Zeit, einen Anker zu drücken oder sich positive Suggestionen zu geben. Hier ist es günstig, wenn man vorher im Geist die Gefahrensituation mit den notwendigen Fähigkeiten verbunden hat, und diese im Moment der Gefahr sofort automatisch zur Verfügung stehen.

Wenn man etwas im Geist erfolgreich durchgespielt hat, ist diese Erfahrung fast so wirksam, als hätte man es schon einmal in der Realität getan. Ich habe in einem meiner Rhetorikkurse eine Frau gefragt, ob sie nach vorne kommen möchte, um vor der Videokamera zu sprechen. Die Frau wurde bleich und rief in panischer Angst: „Ich kann das nicht, ich kann das nicht!" Haben Sie eine Idee, was man in einer solchen Situation machen kann? Ich habe die Frau gefragt: „Wie wäre es, wenn Sie frei vor der Videokamera reden könnten?" Die Frau richtete sich auf, schlug mit der Faust auf den Tisch und rief: „Dann würde ich auf den Tisch hauen, nach vorne gehen und allen hier zeigen, was in mir steckt!" Und schon lief sie nach vorne, um vor der Kamera zu sprechen.

Wie kam dieser fast magisch wirkende Wandel zustande? Um die Frage „Wie wäre es, wenn Sie frei vor der Videokamera sprechen könnten" zu verstehen, mußte die Frau sich vorstellen, eben dies zu tun. Und nachdem sie so in der Vorstellung eine Erfahrung mit Reden vor der Kamera geschaffen hatte, konnte sie auf diese Erfahrung zurückgreifen und sie in der Realität nachvollziehen.

Spitzensportler nutzen die Kraft der Vorstellung, indem sie schwierige Übungsabfolgen oder ganze Rennen vorher im Kopf durchspielen. Dies ist so effektiv, weil Vorstellungen und Erinnerungen parallele Nervenbahnen benutzen.

Wer noch nie vor einer größeren Gruppe von Menschen gesprochen hat, glaubt oft, er könne das nicht. Ihm fehlt meist nur die Erfahrung, einmal vor vielen Menschen gesprochen zu haben. Man kann sich mühsam in der Realität hocharbeiten und vor 3, 5, 10, 15, 25, 45, 100 Leuten sprechen. Das kostet Zeit und ist nicht immer möglich. Man kann diese Erfahrung schneller und eleganter in der Vorstellung gewinnen. Wenn Sie lernen wollen, vor größeren Gruppen zu sprechen, kann Ihnen die folgende Übung nützlich sein.

Übung: Lernen, selbstsicher vor vielen Menschen zu sprechen

▶ Wenn Sie wollen, können Sie diese Anweisungen auf Band sprechen und sie während des Übens anhören oder sich von einer anderen Person vorlesen lassen.

▶ Nehmen Sie sich 15 Minuten Zeit, stellen Sie sicher, daß Sie ungestört bleiben und setzen Sie sich gemütlich hin.

▶ Erinnern Sie sich an einen Moment in Ihrem Leben, in dem Sie sich selbstsicher und locker gefühlt haben. Machen Sie sich diesen Zustand ganz zugänglich.

▶ Stellen Sie sich vor, daß Sie in einem größeren Raum mit einem guten Freund oder einer guten Freundin zusammensitzen. Sie fühlen sich weiterhin selbstsicher und locker und erklären Ihrer Freundin etwas über ein Thema, über das Sie gut Bescheid wissen, oder erzählen der Freundin etwas über ein interessantes Erlebnis. Ihre Freundin hört Ihnen interessiert zu und kann alles, was Sie sagen, gut nachvollziehen. Und nun können Sie in Ihrer Vorstellung noch eine zweite Freundin interessiert zuhören lassen. Behalten Sie immer das Gefühl von Selbstsicherheit und Lockerheit und lassen langsam in Ihrer Vorstellung mehr und mehr Menschen interessiert zuhören. Vielleicht kommt erst noch ein Bekannter hinzu, oder ein Freund bringt eine Bekannte mit. Lassen Sie in Ihrer Vorstellung neue Zuhörer langsam einen nach dem anderen dazukommen und behalten Sie dabei Ihre Sicherheit und Ihre Lockerheit. Nehmen Sie sich für diese Übung die Zeit, die Sie brauchen, und kommen Sie dann wieder ganz erfrischt und wach zurück in diese Zeit und an diesen Ort.

Wie war diese Erfahrung für Sie? Ich wundere mich immer wieder, wie wirksam solche Vorstellungsübungen sind. Viele Rhetoriktrainer lassen die Teilnehmer ihrer Gruppen völlig unvorbereitet vor größeren Gruppen auftreten und kritisieren sie dann, wenn sie ins Stottern kommen. Manche sind beeindruckt, wenn jemand viel Geld verlangt und sie wegen ihrer Schwächen kritisiert. Ich denke, daß solche Trainings die Teilnehmer nur noch mehr verunsichern. Für mich zählt als Qualitätskriterium nur, ob ein Trainer die Teilnehmer darin unterstützt, selbständiger zu werden.

Doch ich will noch einmal zurückkommen auf Peters geistiges Durchspielen der Prüfung. Damit die Veränderung noch wirksamer wird, kann er in seiner Vorstellung ähnliche künftige Problemsituationen mit gedrücktem Anker – und damit mit den neuen Fähigkeiten – durchspielen. Je schneller er das in seiner Vorstellung durchspielt, desto eher und leichter wird die Lernerfahrung automatisiert.

Peter kann unterschiedliche Prüfungen an verschiedenen Orten, mit verschiedenen Prüfern, zu verschiedenen Themen, mündlich, schriftlich und in der Praxis erfolgreich und locker im Geist durchspielen. Dadurch werden die frühere Problemsituation und die erwünschten Fähigkeiten im Geist miteinander verschweißt. Die ehemalige Problemsituation wird damit sogar zum Auslöser für die erwünschten Fähigkeiten.

Ankern:

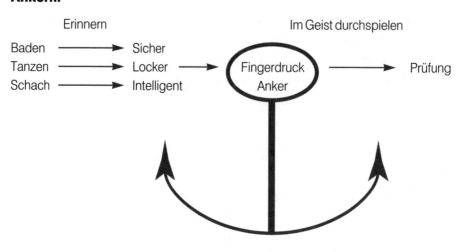

Martin R. Mayer: *Neue Lebens Perspektiven*. Paderborn: Junfermann 1999 (mit diesem Zusatz ist das Kopieren dieser Seite erlaubt).

80

Das erfolgreiche Durchspielen einer neuen Lernerfahrung in der Zukunft ist ein wichtiger Bestandteil jeder Veränderungsarbeit mit NLP. Durch dieses Überbrücken in die Zukunft, auch *Future Pace* genannt, wird sichergestellt, daß das neue, erwünschte Verhalten in der Zukunft automatisch in den Situationen eintritt, in denen es erwünscht und angebracht ist. Am sinnvollsten ist es, den Auslöser, der früher zu dem unerwünschten Verhalten führte, zum Auslöser des neuen erwünschten Verhaltens zu machen. Wer Angst hat, vor vielen Menschen zu sprechen, kann das Bild, wie er die Zuhörer vor sich sitzen sieht, als Auslöser für Selbstsicherheit und Lockerheit nehmen.

Mit dem Überbrücken in die Zukunft vermeidet NLP die Schwäche vieler Therapien, bei denen die Veränderungen mit dem Therapeuten oder der Gruppe verbunden bleiben und nur dort wirken. In der Gruppe fühlen sich die Teilnehmer sicher, sie werden locker und offen, bleiben aber im normalen Leben verspannt und verschlossen. Dadurch können die Gruppen zu einer Ersatzwirklichkeit werden. Wie in manchen Sekten bleiben die Teilnehmer in dem geschützten Rahmen der Gruppe hängen. Im Gegensatz dazu wird im NLP durch das Überbrücken in die Zukunft sichergestellt, daß die Lernerfahrungen der Therapie ins normale Leben hinübergebracht werden.

Zum Abschluß überprüft man die Wirksamkeit der Veränderungsarbeit, indem man noch einmal an die Situation denkt, in der man mehr Fähigkeiten zur Verfügung haben wollte. Wie hat sich das Gefühl dazu verändert? Braucht man eventuell noch weitere Fähigkeiten? Auch dieser Test zum Abschluß ist ein wichtiger Bestandteil jeder Veränderungsarbeit mit NLP. Mit dem Test kann man sofort überprüfen, ob die Arbeit erfolgreich war, oder ob noch weitere Schritte notwendig sind. Ich will noch etwas ausführlicher auf das Ankern eingehen.

Um das Ankern möglichst elegant und effektiv zu gestalten, sollte man folgende Punkte berücksichtigen:

▶ die Intensität des Zustandes

Machen Sie das Erleben des Fähigkeiten-Zustandes möglichst intensiv, in möglichst allen Wahrnehmungskanälen, mit anziehenden Feinunterscheidungen, zum Beispiel bunt, groß, nah, dreidimensional. Das Erlebnis darf nur mit angenehmen Gefühlen verbunden sein. Und die Fähigkeit sollte von Ihnen selbst kommen. Also nicht Mut, weil Sie die Unterstützung einer Gruppe hinter sich hatten. Erleben Sie das Erlebnis wieder genauso von innen wie damals.

▶ die Unverwechselbarkeit des Reizes

Am besten ankert man an möglichst genau der selben Stelle mit dem gleichen Druck. Wenn Sie noch nicht so geübt sind, können Sie zur Sicherheit öfters ankern. Es ist günstig, mit der Auflage der ganzen Hand zu ankern, da der Anker so auch wirkt, wenn man später beim Feuern des Ankers nicht mehr genau die gleiche Stelle trifft.

▶ Wiederholbarkeit

Wählen Sie einen Anker aus, den Sie jederzeit wieder feuern können.

▶ der richtige Zeitpunkt, das Timing

Ankern Sie kurz vor Erreichen des Höhepunktes des Fähigkeiten-Zustandes. Wenn Sie zu spät ankern, ankern Sie die Abnahme des Zustandes.

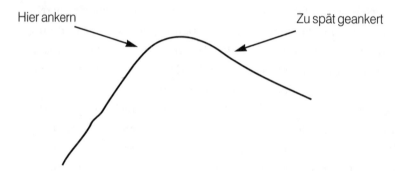

Hier ankern

Zu spät geankert

▶ sich nach dem Ankern ablenken

Wenn Sie mehrmals ankern oder mehrere Anker aufeinander stapeln, lenken Sie sich nach jedem Ankern kurz ab, zum Beispiel indem Sie um sich blicken. Dadurch wird es Ihnen erleichtert, beim nächsten Ankern wieder das ansteigende Gefühl zu ankern.

Statt Kampf gegen Schwächen mehr Fähigkeiten zugänglich machen

Mit dem Ankern ist es möglich, unerwünschte Zustände wie Unsicherheit, Prüfungsangst, Lampenfieber zu überwinden, indem man Zugang zu mehr Fähigkeiten in dieser Situation bekommt. Anstatt gegen „Schwächen" anzukämpfen, macht man sich mehr Fähigkeiten zugänglich. Abgesehen davon, daß ein solches Vorgehen effektiver ist, birgt es auch weniger Risiken in sich, als wenn man gegen Schwächen vorgeht. Das Schlimmste, was normalerweise passieren kann, wenn man das Ankern noch nicht richtig beherrscht, ist, daß es nicht funktioniert. Da man nicht lange in dem Problem herumwühlt, kann man es auch nicht verstärken. Ich habe mit Ankern schon am Beginn meiner Ausbildung Erfolge erzielen können. Außerdem ist die Arbeit mit Fähigkeiten beim Ankern für den Therapeuten und den Klienten viel angenehmer als das Herumwühlen in Problemen. Wenn ich einen Klienten mit Prüfungsangst frage, welche zusätzlichen Fähigkeiten er gerne in der Prüfung zur Verfügung hätte und wann in seinem Leben er über diese Fähigkeiten verfügte, kommt der Klient schnell in einen Zustand von Stärke. Er übernimmt damit Verantwortung für den Verlauf des therapeutischen Gesprächs. Jede Suche nach einer Situation, in der er eine Fähigkeit zur Verfügung hatte, ist ein wichtiger Veränderungsschritt.

Im NLP gibt es die Vorannahme, daß jeder Mensch die Fähigkeit besitzt, seine Probleme zu lösen. Die Vorannahmen des NLP erheben nicht den Anspruch, wahr zu sein. Es ist nur günstiger, davon auszugehen, daß sie gelten. Wenn jemand bezweifelt, daß er die Kraft hat, sein Leben zum Besseren zu wenden, macht er es sich unnötig schwer. Wenn Sie voraussetzen, daß Sie alle Probleme lösen können, gibt Ihnen diese Überzeugung Kraft und Selbstvertrauen. In Kapitel 25 werde ich ausführlicher auf die NLP-Vorannahmen eingehen.

Nebenwirkungen beachten

Es ist vorteilhaft, sich vor jeder Veränderung zu fragen, welche unerwünschten Nebenwirkungen die Veränderung mit sich bringen könnte. Fragen Sie sich, ob Sie das neue Verhalten beziehungsweise die neue Fähigkeit wirklich immer besitzen wollen, ob es irgendwelche unerwünschten Nebenwirkungen auf Ihr Leben, das Leben Ihrer Familie oder das Leben der anderen Beteiligten geben könnte. Achten Sie auf innere Einwände, ein warnendes Gefühl, ein Bild oder eine innere Stimme. Vertrauen Sie Ihrem Unbewußten, Wege zu finden, Ihnen Einwände mitzuteilen.

Die Frage nach möglichen Nebenwirkungen, in der NLP-Literatur normalerweise Ökologie-Frage oder Öko-Check genannt, ist ein wesentlicher Bestandteil jeder Veränderung im NLP. In Einzelberatungen nimmt sie schon allein zeitlich einen großen Raum ein.

Man kann sich kaum vorstellen, wie viele Einwände selbst bei scheinbar klaren Veränderungswünschen auftauchen. Ich habe letztens mit einer Klientin gearbeitet, die eine chronische Krankheit loswerden wollte. Als ich fragte, ob sie Einwände dagegen habe, wieder gesund zu werden, kamen zehn verschiedene massive Einwände. So hatte sie Angst, daß ihre Frühpensionierung wieder rückgängig gemacht wird und ihr Mann sie nicht mehr so umsorge wie bisher. Wenn man sicherstellt, daß diese Einwände bei der Veränderung berücksichtigt werden, verwandelt man die Einwände in Bündnisgenossen. Wenn man diesen Schritt ausläßt, können die inneren Einwände die Veränderung sabotieren.

Es gibt viele Märchen, die auf die Bedeutung hinweisen, seine Wünsche genau zu hinterfragen. Wer sich wie König Midas wünscht, daß alles, was er anfaßt, zu Gold wird, wird nichts mehr essen und trinken können, niemanden berühren dürfen.

Noch ein Beispiel für die Bedeutung der Frage nach möglichen Nebenwirkungen. Eine Frau kam zu mir zur Beratung, die seit Jahren von Sozialhilfe lebte. Sie wollte mehr Selbstvertrauen für Bewerbungsgespräche haben. Ich fragte zur Sicherheit nach, wie sich ihr Leben verändern könnte, wenn sie eine Arbeit gefunden hätte. Es stellte sich heraus, daß sie sich bei ihrer letzten Arbeitsstelle mit Überstunden überfordert hatte und in der Psychiatrie gelandet war. Der Anteil von ihr, der sie bei Bewerbungsgesprächen unsicher machte, wollte sie davor schützen, noch einmal in die Psychiatrie zu kommen. Erst nachdem sichergestellt war, daß sie sich vor erneuter Überarbeitung schützen konnte, unterstützte ich sie mit Hilfe der Ankertechnik darin, Zugang zu den nötigen Fähigkeiten für die Bewerbungsgespräche zu bekommen.

Positive Suggestionen wie: „Das schaffen Sie schon" oder Visualisierungs-Übungen mit dem Vorstellen eines erfolgreichen Bewerbungsgespräches wären in diesem Fall gefährlich gewesen.

Es ist nicht sinnvoll, sich in einem Selbstsicherheitstraining so aufzuputschen, daß man am nächsten Tag gegenüber seinem Chef eine kesse Lippe riskiert und entlassen wird. Wir werden der Frage nach den möglichen Nebenwirkungen einer Veränderung in diesem Buch immer wieder begegnen. Wenn Sie möchten, können Sie jetzt üben, sich für eine bestimmte Situation zusätzliche Fähigkeiten zugänglich zu machen.

Übung: Fähigkeiten zugänglich machen

▶ Sie können diese Anweisungen auf Band sprechen und während des Übens anhören oder sich von einer anderen Person vorlesen lassen.

- Nehmen Sie sich 20 Minuten Zeit, stellen Sie sicher, daß Sie ungestört bleiben und setzen Sie sich gemütlich hin.

- Suchen Sie eine Problemsituation aus, in der Sie gerne mehr Fähigkeiten zur Verfügung hätten. Zum Beispiel vor mehreren Leuten eine Rede halten. Nehmen Sie bitte zum Üben etwas Nebensächliches. Bitte wenden Sie diese Technik nicht bei Phobien oder schweren Angstzuständen an, dafür gibt es andere Techniken. Diese sollte man aber nicht bei sich selbst anwenden, sondern zu einem erfahrenen NLP-Master gehen.

- Wählen Sie einen Anker, zum Beispiel Daumen, Mittel- und Zeigefinger zusammendrücken. Testen Sie, ob der Anker mit einem unangenehmen Gefühl verbunden ist. Wenn ja, nehmen Sie einen anderen Anker.

- Um das Ankern möglichst intensiv zu machen, beachten Sie folgende Gesichtspunkte:

   1. Die Intensität des Zustandes. Machen Sie das Erleben des Fähigkeiten-Zustandes möglichst intensiv, in allen Wahrnehmungskanälen, mit möglichst anziehenden Feinunterscheidungen, zum Beispiel bunt, groß, nah, dreidimensional. Das Erlebnis darf nur mit angenehmen Gefühlen verbunden sein. Und die Fähigkeit darf nur von Ihnen selbst kommen. Also nicht Mut, weil Sie die Unterstützung einer Gruppe hinter sich haben.

   2. Die Unverwechselbarkeit des Reizes. Am besten ankern Sie möglichst genau an der selben Stelle mit dem gleichen Druck. Wenn Sie noch nicht so geübt sind, können Sie zur Sicherheit öfters ankern.

   3. Wiederholbarkeit. Wählen Sie einen Anker aus, den Sie jederzeit wieder drücken können.

   4. Der richtige Zeitpunkt, das Timing. Ankern Sie kurz vor Erreichen des Höhepunktes des Fähigkeiten-Zustandes. Wenn Sie zu spät ankern, ankern Sie die Abnahme des Zustandes.

- Überlegen Sie, welche Fähigkeiten Sie gerne in der Problemsituation zusätzlich zur Verfügung hätten. Machen Sie eine Liste aller erwünschten Fähigkeiten, normalerweise reichen drei bis fünf Fähigkeiten. Formulieren Sie die Fähigkeiten positiv, also statt angstfrei sicher.

- Fragen Sie sich: Könnte es irgendwelche unerwünschten Nebenwirkungen geben, wenn Sie in der früheren Problemsituation über diese Fähigkeiten verfügen.

- Gehen Sie dann folgende Punkte für eine Fähigkeit Schritt für Schritt durch:

   1. Wann in Ihrem Leben verfügten Sie schon einmal über diese Fähigkeit? Nehmen Sie eine konkrete Situation.

2. Erleben Sie diese Situation noch einmal von innen, was sehen, hören und fühlen Sie in dieser Situation. Wie ist Ihre Körperhaltung, Ihr Blick, Ihre Atmung. Machen Sie die Erinnerung so stark, so realistisch und positiv wie möglich.

3. Kurz bevor das Gefühl am stärksten ist, drücken Sie den Anker.

4. Lenken Sie sich ab, schauen Sie um sich.

5. Schritte 2-4 mehrmals (dreimal reicht meist).

▶ Ankern Sie alle erwünschten Fähigkeiten genauso eine nach der anderen an der selben Stelle.

▶ Sie können nun die Augen schließen und, während Sie den Anker drücken und halten, an die frühere Problemsituation denken. Sie können sich vorstellen, wie Sie mit den zusätzlichen Fähigkeiten die Situation leicht und erfolgreich meistern.

▶ Wenn das Erleben noch nicht positiv und intensiv genug ist, können Sie noch weitere erwünschte Fähigkeiten ankern.

▶ Denken Sie an mehrere Situationen in der Zukunft, in denen Sie das neue Verhalten erfolgreich meistern.

▶ Spielen Sie das neue Verhalten in verschiedenen Kontexten im Geist durch, in Beruf, Familie, Freizeit usw..

▶ Sie können wieder die Augen öffnen und ganz erfrischt und wach in diesen Augenblick und an diesen Ort zurückkommen.

▶ Wenn Sie jetzt an die frühere Problemsituation denken, wie hat sich Ihr Erleben verändert?

6. Neues Verhalten lernen

Nachdem Sie gelernt haben, wie Sie sich in Situationen, die früher für Sie problematisch waren, neue Fähigkeiten zugänglich machen können, möchte ich jetzt darlegen, wie Sie ein neues Verhalten lernen können. Zuerst will ich hier untersuchen, wie Sie aus Fehlern lernen können.

Aus Fehlern lernen

Wenn etwas nicht optimal gelaufen ist, hilft es nicht, sich in Schuldgefühlen aufzureiben und mit sich selbst zu hadern. Auch ein guter Vorsatz, es das nächste Mal besser zu machen, ist oft schnell vergessen.

Sinnvoller ist, sich zu fragen, was man aus dieser Erfahrung lernen kann, welche Vorgehensweise angemessener gewesen wäre, und sich vorzustellen, so zu handeln. Sie können jeden Abend die Erlebnisse des Tages durchgehen. Womit sind Sie unzufrieden, was hätten Sie besser machen können, worauf hätten Sie mehr achten können, was hätten Sie sagen können und auf welche Art, welche Einstellung wäre angemessen gewesen, wen hätten Sie um Unterstützung bitten können? Sie können einen Film von dem erwünschten Verhalten machen. Sind Sie wirklich zufrieden mit dem neuen Verhalten, wenn Sie diesen Film betrachten? Könnte es unerwünschte Nebenwirkungen geben? Wenn ja, können Sie den Film verbessern.

Dann können Sie in den Film hineinspringen, ihn von innen erleben. Sie können so tun, als würden Sie jetzt das neue Verhalten anwenden. Sie können erleben, was genau Sie sehen, hören und fühlen würden. Sie können den Film mehrmals hintereinander von innen erleben, ihn immer schneller ablaufen lassen. Sie können sich vorstellen, in verschiedenen ähnlichen Situationen in der Zukunft so zu handeln, wie Sie es für angemessen halten.

Am Schluß können Sie Ihre Arbeit testen, indem Sie sich noch einmal an die ursprüngliche Situation, mit der Sie unzufrieden waren, erinnern. Wie hat sich jetzt Ihr Gefühl dazu verändert?

So wird ein neues Verhaltensmuster geprägt. Je öfter und schneller man es im Geist durchspielt, desto leichter und automatischer erfolgt das erwünschte Verhalten in der Realität. Statt sich wegen Fehlern, die man in der Vergangenheit gemacht hat, schlecht zu fühlen, können Sie Fehler als Gelegenheiten, als Chancen zum Lernen nehmen. Im NLP gilt die Vorannahme, daß es keine Fehler gibt, nur Lernerfahrungen. Wenn man so denkt, schöpft man selbst aus Fehlern Kraft. Wenn Sie wollen, können Sie gleich einüben, wie man aus seinen Fehlern lernen kann.

Übung: **Aus Fehlern lernen**

Zusammenfassung:

Sie können jeden Abend die Ereignisse des Tages durchgehen und sich fragen, wann Sie lieber anders gehandelt hätten. Sie können das ungewollte Verhalten von außen betrachten. Wie hätten Sie angemessener reagieren können? Sie können verschiedene Alternativen von außen betrachten, die beste auswählen und sie mehrmals von innen betrachten.

Ausführlich:

▶ Nehmen Sie sich 15 Minuten Zeit und Ruhe. Sorgen Sie dafür, daß Sie ungestört bleiben.

▶ Nehmen Sie etwas, das Sie getan haben und mit dem Sie unzufrieden sind, zum Beispiel: Ein Kollege hat Sie kritisiert, Sie fühlten sich verletzt und haben ihn daraufhin scharf angegriffen. Nehmen Sie bitte zum Üben etwas Nebensächliches.

▶ Sehen Sie ein anderes zukünftiges Selbst, das die neue Fähigkeit oder das neue Verhalten lernen wird. Sie können sich selbst in der Zukunft von außen sehen, wie Sie das neue Verhalten lernen.

▶ Überlegen Sie, wie Sie in dieser Situation besser reagieren oder handeln können. Betrachten Sie von außen einen Film, wie Ihr anderes Selbst das neue, erwünschte Verhalten leicht und erfolgreich durchführt.

▶ Falls Sie das neue, erwünschte Verhalten noch nie selbst beherrschten und es sich auch nicht vorstellen können, es zu tun, können Sie im nächsten Abschnitt erfahren, wie Sie jemand als Modell für neues Verhalten nehmen können.

- Überprüfen Sie, ob Sie mit dem neuen Verhalten ganz zufrieden sind. Könnte das neue Verhalten unerwünschte Nebenwirkungen auf Ihr Leben oder auf das Leben Ihres Umfeldes haben?

- Verbessern Sie in diesem Fall den Film des neuen, erwünschten Verhaltens. Sie können noch einmal von außen den Film betrachten, wie das andere Selbst das neue Verhalten leicht und erfolgreich ausführt.

- Machen Sie sich die Vorteile des neuen Verhaltens bewußt, mit all seinen positiven Folgen. Dazu können Sie eine innere, ermutigende Stimme hören. Sie können wahrnehmen, wie das andere Selbst zufrieden ist über die positiven Folgen des neuen, erwünschten Verhaltens.

- Finden Sie den Auslöser, der das alte, unerwünschte, beziehungsweise das neue, erwünschte Verhalten auslöst.

- Schlüpfen Sie in die Rolle des anderen Selbst hinein. Sie können auch das andere Selbst in sich hineinnehmen, es integrieren.

- Jetzt können Sie den Film von innen betrachten, wie Sie nach dem Auslöser, der früher zu dem unerwünschten Verhalten führte, nun das neue Verhalten leicht und erfolgreich ausführen. Sehen, hören und fühlen Sie das, was Sie erleben, wenn Sie das neue Verhalten anwenden. Wiederholen Sie dies mehrmals und immer schneller. Wenn nötig, können Sie den Film noch besser Ihren Anforderungen anpassen.

- Stellen Sie sich vor, wie Sie in Zukunft das neue Verhalten anwenden. Wenn möglich in verschiedenen Kontexten, bei der Arbeit, zu Hause, in der Freizeit.

- Test: Denken Sie noch einmal an das ursprüngliche Erlebnis, wie hat es sich verändert?

Diese Technik wird in deutschen NLP-Büchern normalerweise als New Behaviour Generator bezeichnet. Wenn Sie diese Übung öfters gemacht haben, können Sie sie jeden Abend kurz vor dem Einschlafen in zwei, drei Minuten durchspielen. Sie werden es vielleicht nicht für möglich halten, welche Veränderungen dies in Ihr Leben bringen kann.

Jemanden als Modell nehmen

Vielleicht sind Sie nicht deshalb mit sich unzufrieden, weil Sie einen Fehler gemacht haben, sondern weil Sie ein bestimmtes Verhalten noch nie beherrscht haben, etwa einen unbekannten Kunden anzurufen oder vor einer Videokamera zu sprechen. Überlegen Sie, ob es irgendein neues Verhalten gibt, das Sie gerne lernen würden. Nehmen Sie bitte zum Üben etwas Nebensächliches. Wenn Sie ein neues, erwünschtes Verhalten noch nie selbst beherrscht haben und sich auch nicht vorstellen können, es zu tun, können Sie jemanden, der dieses Verhalten gut beherrscht, als Modell nehmen. Weniger geeignet ist diese Technik für Fertigkeiten, die man besser gründlich lernen sollte, etwa ein Flugzeug zu steuern. Aber viele Fähigkeiten, etwa vor vielen Menschen sprechen, singen, tanzen, auch viele Sportarten, selbst NLP, kann man weitgehend erlernen, indem man die Vorgehensweise bei jemand abschaut, der sie gut beherrscht. Handwerker nennen dies „mit den Augen klauen". Man kann sich von Könnern *eine Scheibe abschneiden*.

Übung: Jemanden als Modell nehmen

▶ Finden Sie ein Verhalten, das Sie gerne beherrschen würden, von dem Sie sich aber nicht vorstellen können, es zu beherrschen. Oder nehmen Sie ein Verhalten, von dem Sie nicht wissen, wie man es am besten ausführt. Nehmen Sie zum Üben etwas Nebensächliches.

▶ Finden Sie als Modell eine Person, die dieses erwünschte Verhalten leicht und gut beherrscht. Am besten nehmen Sie als Modell für das erwünschte Verhalten jemanden, der Ihnen sympathisch ist und das gleiche Geschlecht hat wie Sie. Sie können als Modell für das erwünschte Verhalten sogar fiktive Personen wie Romanhelden oder Comicfiguren nehmen.

▶ Wenn Sie ein Modell gefunden haben, das das erwünschte Verhalten gut beherrscht, schauen Sie im Geist einen Film an, wie das Modell handelt, während es das Verhalten erfolgreich und leicht meistert. Sie können das Modell aus verschiedenen Perspektiven betrachten.

▶ Überlegen Sie, ob Ihnen alles an diesem Film gefällt, ob Sie genauso handeln wollen oder ob Sie irgendwelche Veränderungen an diesem Film vornehmen wollen, um das Verhalten besser Ihrer Person, Ihren Bedürfnissen und Vorstellungen anzugleichen.

▶ Überlegen Sie, ob das neue, erwünschte Verhalten irgendwelche unerwünschte Nebenwirkungen auf Ihr Leben oder auf das Leben Ihres Umfeldes haben könnte. Wenn ja, verändern Sie den Film, bis die Interessen von allen Beteiligten berücksichtigt sind.

▶ Wenn Sie ganz zufrieden sind mit dem Film des neuen Verhaltens, können Sie an Stelle des Gesichtes und des Körpers des Modells Ihr eigenes Gesicht und Ihren eigenen Körper in den Film hineinprojizieren.

▶ Sehen Sie sich nun von außen selbst zu, wie Sie das neue, erwünschte Verhalten leicht und erfolgreich meistern. Sind Sie ganz zufrieden mit dem Film oder wollen Sie noch weitere Anpassungen vornehmen?

▶ Wenn Sie zufrieden mit diesem Film sind, können Sie in den Film hineinspringen und ihn von innen erleben, das heißt, alles so sehen, hören und fühlen, als ob Sie jetzt das neue, erwünschte Verhalten ausführen würden. Sehen Sie von innen, wie Sie in verschiedenen Situationen in der Zukunft das neue Verhalten erfolgreich und leicht meistern. Nehmen Sie Situationen aus möglichst vielen verschiedenen Lebensbereichen, wie Arbeit, Familie, Freizeit.

▶ Sie können ganz erfrischt ins Hier und Jetzt zurückkommen.

NLP entstand, indem Richard Bandler und John Grinder die erfolgreichsten Psychotherapeuten der USA als Modell nahmen. Jemanden als Modell nehmen wird im NLP auch als *Modellieren* bezeichnet. Die Methode, jemanden als Modell zu nehmen, übernahmen Bandler und Grinder von einigen Großunternehmen in den USA, die die Vorgehensweise ihrer Top-Verkäufer als Modell nahmen, um deren Können allen ihren Verkäufern zur Verfügung zu stellen.

NLP hat die Vorannahme, daß man jedes Verhalten als Modell nehmen kann. Das heißt auch, wenn *ein* Mensch etwas beherrscht, kann man dieses Verhalten im Prinzip jedem beibringen. Wie schon erwähnt, erheben die Vorannahmen des NLP nicht den Anspruch von Wahrheit. Es ist nur günstiger, wenn man davon ausgeht, daß sie gelten. Während viele Methoden sich hauptsächlich mit den Grenzen menschlicher Leistungsfähigkeit beschäftigen und untersuchen, warum jemand etwas nie lernen wird, untersucht NLP Möglichkeiten, wie man etwas lernen kann. Wenn Sie voraussetzen, daß Sie alles lernen können, sind Ihre Chancen größer, etwas zu lernen, als wenn Sie es von vornherein für unmöglich halten.

Man kann nicht nur das äußere Verhalten einer Person als Modell nehmen, sondern auch deren Einstellungen und deren Denkprozesse. Jemand als Modell zu nehmen bedeutet etwas anderes, als jemanden als Vorbild zu nehmen. Ein Vorbild wird oft auf ein Podest gestellt, man fühlt sich ihm unterlegen. Ein Modell ist neutraler als ein Vorbild. Als Modell kann man im Prinzip alles nehmen. Man kann auch von Tieren oder Pflanzen lernen. Flugzeugbauer können Vögel als Modell nehmen, Statiker Pflanzen wie Bambus.

Sie können auch mehrere Personen gleichzeitig für ein Verhalten als Modell nehmen und aus deren Vorgehensweise einen Film des erwünschten Verhaltens zusammenstellen. Ideal ist es hier, drei Personen als Modell zu nehmen.

7. Thema Kritisieren

Nachdem ich bisher darauf eingegangen bin, wie man in einen guten emotionalen Zustand kommen und ein neues Verhalten lernen kann, will ich nun zum Thema Kommunikation übergehen. Daß man sich selbst gut fühlt, halte ich für die beste Voraussetzung für jede Kommunikation. Wenn Sie sich gut fühlen, geht Ihre gute Stimmung auf die Menschen über, die um Sie herum sind.

Die Bedeutung einer guten Kommunikation mit sich selbst und anderen kann man nicht überbewerten. Schwierigkeiten und Mißverständnisse in der Kommunikation können zu erheblichen Problemen führen. Im Geschäftsleben führen Kommunikationsprobleme zu immensen Kosten.

Als Einstieg in das weite Thema Kommunikation will ich mit einem Bereich beginnen, der für viele Menschen problematisch ist, mit dem Thema *Kritisieren*.

Konstruktives Kritisieren

Viele Menschen wollen am liebsten ganz vermeiden, andere zu kritisieren. Sie fressen alles in sich hinein. Abgesehen davon, daß dies auf Dauer ungesund ist, bricht der Ärger irgendwann doch aus ihnen heraus. Wenn sie dann explodieren, trifft es oft den Falschen oder die Kritik ist unangemessen heftig. Deshalb halte ich es für sinnvoll, zu lernen, konstruktiv zu kritisieren. Kritisieren gehört auch zu den wichtigsten Aufgaben jedes Managers.

Auch wenn es manchmal so klingen mag, ich will hier keine Ratschläge geben, sondern nur aufzeigen, welche Konsequenzen die verschiedenen Arten zu kritisieren haben können. Manchmal kann es auch angemessen sein, jemanden zu provozieren. Wenn Sie aber Konfrontationen vermeiden wollen, können Ihnen die folgenden Hinweise einigen Ärger ersparen.

Nicht gegen Person („Sie Idiot!")

Greifen Sie möglichst nicht die Person selbst an. Sagen Sie keine Sätze wie: „Sie Idiot, Sie Faschist, Sie sind ein Lügner, ein Versager." Sie wollen doch, daß der Kritisierte die Kritik annimmt, daß er sein Verhalten ändert. Wie soll er hier die Kritik annehmen? Wer so kritisiert, verfestigt das unerwünschte Verhalten des anderen und macht sich nur einen Feind. Eltern, die ihr Kind als Versager bezeichnen, erreichen das Gegenteil von dem, was sie beabsichtigen. Das Kind verändert sein Verhalten nicht – die Bemerkung kann vielmehr wie eine hypnotische Suggestion wirken.

Gegen Handlung („Ihr Rauchen stört mich!")

Kritisieren Sie am besten nur das Verhalten des anderen, zum Beispiel: „Es stört mich, daß Sie rauchen, während ich esse." Hier wird dem Kritisierten die Möglichkeit gegeben, sein Verhalten zu ändern, ohne sein Gesicht zu verlieren.

Positiv formulieren („Können Sie die Musik bitte leiser stellen?")

Sie können es dem anderen noch einfacher machen, sein Verhalten zu ändern, indem Sie ihn nicht kritisieren, sondern sagen, was Sie von ihm wollen. Anstatt den Nachbarn zu beschimpfen, weil er seine Stereoanlage zu laut aufgedreht hat, können Sie ihn bitten, die Musik leiser zu stellen.

Ich wartete einmal am Münchner Hauptbahnhof auf meinen Zug. Ein Mann setzte sich neben mich und zündete sich eine Zigarette an. Der Rauch blies mir durch den Luftzug ins Gesicht. Erst wollte ich ihn wegen seiner Rücksichtslosigkeit beschimpfen, dann sagte ich nur zu ihm: „Entschuldigen Sie, können wir vielleicht die Plätze wechseln, der Wind bläst mir den Rauch ins Gesicht." Wir wechselten die Plätze und haben uns noch gut unterhalten. Ohne den anderen zu verletzen, erreichte ich, was ich wollte.

Keine Fronten („Das meinen alle.")

Vermeiden Sie, Fronten aufzubauen. Wenn Sie sagen: „Das haben die anderen Kollegen auch schon gesagt", drängen Sie den Kritisierten in die Ecke, Sie greifen damit seine Person an. Wer so massiv bedrängt wird, reagiert oft mit einem vehementen Gegenangriff.

Keine Pauschalkritik („Typisch deutsch", „Typisch Frau", „Immer", „Schon wieder")

Ähnlich wirkt eine Pauschalkritik. Wenn jemand sagt: „Das ist typisch Mann", „Das ist typisch deutsch" oder: „Das machen Sie immer", greift er auch die Person als solche an. Wie soll ein Mann sein Verhalten ändern, wenn sein Verhalten als typisch männlich bezeichnet wurde. Er würde seine Männlichkeit verleugnen.

Keine Vergleiche („Die Nachbarin kocht besser.")

Auch Vergleiche mit anderen werden leicht als Angriff gegen die Person empfunden. Welche Frau hört schon gern, daß die Nachbarin besser kocht. Spätestens wenn ihr Gatte sagt, daß die Nachbarin besser küßt, gibt es ein blaues Auge. Wenn man jemanden mit anderen vergleicht, stellt man die anderen eine Stufe höher. Jeder Mensch hat seine eigene wertvolle Identität. Eine Distel hat ihre eigene Schönheit und Existenzberechtigung wie eine Rose.

Von sich sprechen („Ich denke ...")

Sprechen Sie am besten von sich selbst; statt zu sagen: „Die Musik, die Sie hören, taugt nichts" kann man, wenn überhaupt nötig, sagen: „Ich höre lieber klassische Musik." Wozu sich unnötig Feinde schaffen? Viele formulieren ihre Kritik oder auch ihre Gefühle und Ansichten in der Form: „Man weiß ja, daß ... schlecht ist." Gerade Vorurteile werden oft so geäußert. Hinter dem Wort „man" kann *man* sich leicht verstecken. *Man* übernimmt damit nicht die Verantwortung für das, was *man* sagt. Gleichzeitig verliert das Gesagte an Kraft. Was wird eine Frau fühlen, wenn ihr Freund sagt: „Nachdem man so lange zusammenlebt, könnte man eigentlich überlegen, ob es nicht günstiger wäre, zu heiraten." Klingt es nicht anders, wenn er sagt: „Ich liebe dich, ich möchte mein Leben mit dir zusammen verbringen und Kinder mit dir haben. Ich will dich heiraten."

Wie das Wort *man* dient das Wort *eigentlich* oft dazu, sich dahinter zu verstecken. Was empfinden Sie, wenn jemand zu Ihnen sagt: „*Eigentlich* mag ich Sie." Dahinter versteckt sich ein dickes, schweres ABER, das nicht ausgesprochen wird. Eine offene Kritik ist meist leichter zu ertragen als eine so in Schokolade verpackte Kritik.

Den anderen ansprechen („Du" oder „Sie", nicht „Er" oder „Der")

Verletzend wirkt auch, wenn man über einen Anwesenden etwas sagt wie: „Was hat denn *der* schon wieder falsch gemacht!" Wenn Sie sich mit jemandem unterhalten, können Sie ihn mit *Du* oder mit *Sie* ansprechen. Über Nichtanwesende spricht man in der Form *er* oder *sie* (Eva bzw. die Leute). Wenn man so über einen Anwesenden spricht, behandelt man ihn wie eine Nichtperson. Er ist nicht wert, angesprochen zu werden. Man behandelt ihn wie einen Stuhl. Noch verletzender ist die Form *der* oder *die*. Man zeigt quasi mit dem Finger auf ihn und stellt ihn damit an den Pranger.

Nicht über Boten, sondern direkt

In manchen Familien streiten sich die Eltern nicht direkt miteinander, sondern mißbrauchen ihre Kinder als Boten ihres Streits. Da sagt etwa der Vater zu seiner Tochter: „Sag deiner Mutter, daß die Suppe nicht genug gewürzt ist." Eine solche Art der Kommunikation ist für alle verletzend. Ein Kind fühlt sich da wie ein Pingpong-Ball.

Keine Drohungen

Vermeiden Sie Drohungen. Die Situation kann leicht eskalieren. Oder Sie werden nicht für voll genommen, wenn Sie die Drohung nicht umsetzen. Wobei ich unterscheiden will zwischen einer Drohung und einer Konsequenz. Eine Drohung ist, wenn jemand sagt: „Wenn Sie das nicht machen, zünde ich Ihr Auto an". Dagegen ist es ein berechtigter Hinweis auf Konsequenzen, wenn man sagt: „Wenn Sie bis zum Ende des Jahres nicht bezahlt haben, übergebe ich die Angelegenheit meinem Anwalt."

Wählen Sie den richtigen Ort und die richtige Zeit

Wählen Sie, wenn möglich, einen günstigen Ort und Moment für die Kritik. Am besten kritisieren Sie jemanden unter vier Augen. Damit vermeiden Sie, den Kritisierten vor anderen bloßzustellen. Vor allem ist es besser, jemanden nicht zu kritisieren, wenn gerade schon andere auf ihm herumhacken. Warten Sie lieber einen ruhigen Moment ab.

Andererseits ist es meist angebracht, möglichst bald zu kritisieren, nicht erst Wochen später. Die Sache ist dann schneller bereinigt und der Lerneffekt größer. Eine Mutter hatte zwei Kinder, einen sechs Monate alten Jungen und eine dreijährige Tochter. Die Dreijährige biß dem Baby öfters in den Finger. Eines Abends ertappte die Mutter die Dreijährige, wie sie gerade ihrem Bruder in den Finger biß. Die Mutter griff sich sofort eine Hand der Tochter und biß ihr ebenfalls kräftig in den Finger. Diese Reaktion war viel effektiver als eine Strafpredigt eine Stunde später.

Den anderen nicht lächerlich machen

Machen Sie sich nicht lustig über den Kritisierten, machen Sie ihn nicht vor anderen lächerlich. Damit schaffen Sie sich unnötig Feinde.

Nicht persönliche Schwächen angreifen

Greifen Sie möglichst nicht die verwundbaren Stellen des anderen an. Machen Sie besser keine abfälligen Bemerkungen über eine Glatze, einen Bauch, ein Stottern, einen angeblich zu kleinen oder zu großen Busen. Wenn Sie jemand so angreifen, können Sie sich schnell einen Feind schaffen.

Nicht Geheimnisse, die von der Person vertraulich mitgeteilt wurden, weitertragen

Wenn Sie jemanden vor anderen kritisieren, geben Sie dabei keine vertraulichen Informationen, die Ihnen der Kritisierte anvertraut hat, nach außen weiter.

Achten Sie auf Ihren Ton und Ihre Körperhaltung

Achten Sie beim Kritisieren nicht nur auf Ihre Worte, sondern auch auf Ihre Stimme und Ihre Körperhaltung. In Kapitel 17 werde ich ausführlicher auf die Bedeutung unserer nonverbalen Kommunikation eingehen.

Achten und respektieren Sie den Raum um die Person herum. Kritisieren Sie nicht von hinten. Manche Chefs kommen von hinten und tätscheln ihren Mitarbeitern auf die Schulter. Sie denken, das sei freundlich gemeint. Wenn der Mitarbeiter das gleiche mit dem Chef machen würde, würde schnell klar, worum es sich dabei in Wirklichkeit handelt. Der Chef setzt so ein Zeichen der Überlegenheit, der Rangordnung.

Nicht über Nichtanwesende schimpfen

Schimpfen Sie nicht über Nichtanwesende. Wenn Sie dies tun, denkt jeder, daß Sie auch über ihn herziehen werden, kaum daß er den Raum verlassen hat.

Kritik in Metapher oder Zitat kleiden

Es gibt eine elegante Methode, Kritik in eine unverfängliche Form zu verpacken. Man kann die Kritik in eine Geschichte, eine Metapher einbetten.

Ein NLP-Berater wurde von einer großen Firma um Hilfe gebeten. Der Berater merkte schnell, daß die Schwierigkeiten der Firma entstanden, weil sich die Mitglieder der Firmenleitung gegenseitig bekämpften, einer am Stuhlbein des anderen sägte. Wenn der Berater dies den Managern direkt gesagt hätte, hätten sie wahrscheinlich alles geleugnet und wären nur auf ihn wütend geworden. Also sagte der Berater nebenbei während des Mittagessens zu den Mitgliedern der Firmenleitung: „Ich habe da gestern eine lustige Geschichte gelesen von einem Hasen, der im Wald ein Munitionsdepot aus dem Ersten Weltkrieg gefunden hat. Der Hase hat die Gewehre an seine Hasenfreunde verteilt und sie haben mit dem lustigen Spiel begonnen, sich gegenseitig abzuschießen. Der Hase, der das Depot gefunden hatte, blieb schließlich allein übrig. Seine Freunde hatten sich gegenseitig erschossen. Schließlich erwischte ihn der Fuchs und trug ihn fort. Der Hase jammerte: »Warum trifft es immer mich?«" Am nächsten Tag war die Firmenleitung wie ausgewechselt. Gegen eine Kritik kann man sich leicht wehren, kann seine Augen und Ohren verschließen. Gegen einen geschickt in einer Metapher versteckten Hinweis kann man sich schlecht verschließen. Der Mensch nimmt hier unbewußt auf, was er aus der Geschichte lernen kann. Im NLP nutzt man oft die Kraft der Metaphern.

Viele Menschen, besonders Chefs, wehren bereits wohlgemeinte Tips als Kritik ab. Anstatt seinem Chef direkt zu sagen, ich würde X machen, kann man den Vorschlag elegant in ein Zitat verpacken: „Ich habe gehört, daß die bei BMW in München in einer ähnlichen Situation X gemacht haben, aber ich denke, bei uns wird das kaum funktionieren." Ich wette mit Ihnen, daß der Chef dann sagen wird: „Na ja, das wollen wir erst mal sehen, das kommt auf einen Versuch an!"

Nicht mehr nachhaken, sondern Kritik abschließen

Wenn Sie jemanden kritisiert haben, haken Sie nicht noch öfter nach, schließen Sie die Kritik ab.

Klar sprechen, keine nebulösen Andeutungen

Wenn Sie kritisieren, sprechen Sie das zu kritisierende Verhalten klar an, machen Sie keine nebulösen Andeutungen wie: „Ich will ja nichts sagen, ich will ja nicht persönlich werden, ich habe da so Dinge gehört."

Dem anderen die Möglichkeit geben, seine Sichtweise darzustellen

Geben Sie dem Kritisierten die Möglichkeit, seine Sicht der Dinge darzustellen und hören Sie ihm dabei aufmerksam zu. Manchmal braucht man nicht zu kritisieren, es genügt, den Betreffenden zu fragen, wie er selbst sein Verhalten beurteilt. Viele Menschen sind sich selbst gegenüber viel kritischer als anderen gegenüber.

Erst Kritik an Handlung, dann eventuell Lob zur Person

Ich höre oft in meinen Gruppen den Tip, erst zu loben und dann zu kritisieren. Ich halte dies für bedenklich. Wenn Sie das öfter machen, wird der Kritisierte, wenn Sie ihn später einmal nur loben wollen, Angst bekommen und in eine Verteidigungshaltung gehen. Denn das Lob wird als Anzeichen erlebt, daß gleich eine Kritik folgt.

Es ist sinnvoller, erst das konkrete Verhalten des Mitarbeiters zu kritisieren und dann ein allgemeines Lob zu seiner Person auszusprechen. Ich würde dies jedoch auch nicht mechanisch anwenden.

Am besten überhaupt weniger kritisieren und mehr loben

Am besten ist, überhaupt weniger zu kritisieren und mehr zu loben. Egal ob ein Chef seine Mitarbeiter oder ein Lehrer seine Schüler zu viel kritisiert, die Kritisierten werden sich schlecht fühlen und ihre Arbeitsleistung wird sinken. Menschen arbeiten besser, wenn sie sich gut fühlen. Wenn Menschen merken, daß ihre Person und ihre Arbeitsleistung geachtet und honoriert werden, fühlen sie sich besser und bringen bessere Leistung.

Kritik an die richtige Adresse schicken

Auch wenn es selbstverständlich klingt: Schicken Sie die Kritik an die richtige Adresse. Leider wird oft eine Person kritisiert, die überhaupt nicht zuständig ist. Weil man keinen Zugang findet zu den wirklich Verantwortlichen oder weil man vor ihnen Respekt hat, wird schließlich der Hausmeister für die Firmenpolitik beschimpft.

Sich beim Kritisieren von außen beobachten

Wie ich schon erwähnt habe, ist es oft günstiger, wenn ein Lehrer sich selbst von außen betrachtet, während er seine Schüler kritisiert. Er kann so sicherstellen, daß er unbeteiligt bleibt. Er wird dann nur so laut, wie es in der gegebenen Situation angemessen ist. Wenn er dagegen die Situation von innen erlebt, kann er von seinen Emotionen mitgerissen werden. Hinterher sind die Kritisierten eingeschüchtert oder nehmen ihn nicht mehr ernst, und er selbst macht sich Vorwürfe.

Die logischen Ebenen beachten

Ich werde im nächsten Kapitel noch einmal auf das Thema Kritik zurückkommen und behandeln, auf welcher logischen Ebene man am effektivsten eine Kritik anbringt.

Selbstkritik

Auch wenn Sie sich selbst kritisieren, können Sie genauso rücksichtsvoll wie mit anderen sein. Sie können sich weniger kritisieren und mehr loben. Wenn Sie schon etwas an sich zu kritisieren haben, dann nicht sich selbst als Person, sondern nur Ihr Verhalten. Sind Sie etwa weniger wert als andere, daß Sie mit sich selbst so hart ins Gericht gehen müssen? Sie können Ihr Verhalten kritisieren und sich selbst achten.

Wie Sie am besten Kritik üben

▶ Nicht gegen Person (du Idiot)

▶ Sondern gegen Handlung (zu laut)

▶ Positiv formulieren, sagen, was Sie von dem anderen wollen (etwas leiser)

▶ Keine Fronten (das sagen alle)

▶ Keine Pauschalkritik (typisch deutsch, Mann, immer)

▶ Keine Vergleiche (die Nachbarin kocht besser)

▶ Von sich sprechen (ich statt man)

▶ Den anderen ansprechen (Du oder Sie, nicht er oder der)

▶ Nicht über einen Boten, sondern direkt kritisieren (sag deiner Mutter, daß ...)

▶ Keine Drohungen

▶ Richtiger Ort und Zeit, möglichst bald, möglichst nicht vor anderen

▶ Den anderen nicht lächerlich machen

▶ Nicht persönliche Schwächen angreifen

▶ Nicht Geheimnisse, die von der Person vertraulich mitgeteilt wurden, weitertragen

▶ Auf Ton und Körperhaltung achten

▶ Den persönlichen Raum um die Person herum achten, nicht von hinten

▶ Nicht über Nichtanwesende schimpfen

▶ Kritik in Metapher oder Zitat kleiden

▶ Nicht mehr nachhaken, sondern Kritik abschließen

▶ Keine nebulösen Andeutungen, sondern klar sprechen

▶ Den anderen bitten, sein Verhalten selbst zu beurteilen

▶ Dem anderen die Möglichkeit geben, seine Sichtweise darzustellen; dabei zuhören

▶ Erst Kritik an Handlung, dann eventuell Lob zu Person

▶ Weniger kritisieren und mehr loben

▶ Kritik an die richtige Adresse richten

▶ Sich während des Kritisierens von außen zusehen

▶ Auf möglichst niedriger logischer Ebene kritisieren

▶ Auch sich selbst konstruktiv kritisieren

Martin R. Mayer: *Neue Lebens Perspekti. en*. Paderborn: Junfermann 1999 (mit diesem Zusatz ist das Kopieren dieser Seite erlaubt).

8. Die logischen Ebenen, auf denen sich ein Problem befindet

Wie wir im letzten Kapitel gesehen haben, ist es sinnvoll, nur das Verhalten einer Person zu kritisieren, nicht die Person selbst. Wenn man die Person kritisiert, greift man jemanden auf einer unnötig hohen logischen Ebene an. Was bedeutet der Ausdruck logische Ebene?

Wenn man an die Lösung eines Problems geht, ist es zunächst einmal sinnvoll zu untersuchen, auf welcher logischen Ebene sich das Problem befindet. Man sollte das Problem auf der richtigen logischen Ebene behandeln. Die logischen Ebenen sind die Ebenen der Umwelt, der Fähigkeiten, des Glaubens über sich und die Welt, der Identität und der Spiritualität.

Die logischen Ebenen

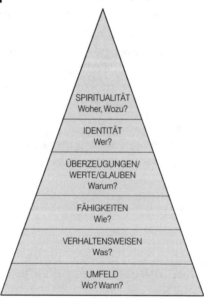

Umfeld

Ein Problem auf der untersten Ebene, der Ebene des Umfeldes, ist zum Beispiel, wenn man in einer Wohnung lebt, die zu laut ist. Hier kann ein Umzug das Problem lösen. Bei vielen Menschen, die sich über ihr Umfeld beschweren, liegt das Problem jedoch auf einer höheren logischen Ebene. Das Problem liegt bei ihnen selbst. Wenn sie in eine andere Stadt ziehen, sind sie bald wieder mit den gleichen Problemen konfrontiert. Viele Menschen flüchten so ständig vor sich selbst in andere Städte, Jobs oder Beziehungen und können sich selbst doch nicht entkommen. Veränderungen auf den höheren Ebenen beeinflussen immer die darunterliegenden Ebenen. Tiefere Ebenen haben jedoch wenig Einfluß auf die höheren Ebenen. Wenn das Problem auf einer höheren Ebene liegt, wird sich eine Veränderung auf einer darunterliegenden Ebene nicht lange halten. Ein Wechsel der Umgebung löst kein Problem, das in der Person liegt.

Verhalten

Über der Ebene der Umwelt liegt die Ebene des Verhaltens. Ein Beispiel: Ein Angestellter hat Probleme in seinem Büro, weil er als einziger in seiner Abteilung keinen Anzug trägt. Wenn das Problem wirklich nur auf dieser Ebene liegt, kann er es lösen, indem er sein Verhalten ändert und im Anzug ins Büro kommt.

Fähigkeiten

Die nächsthöhere Ebene ist die Ebene der Fähigkeiten. Ein Beispiel: Ein Angestellter kann nicht vor größeren Gruppen frei sprechen. Wenn das Problem auf dieser Ebene liegt, kann er das Sprechen vor Gruppen in einem traditionellen Rhetoriktraining lernen und einüben. Wenn der Angestellte jedoch die Überzeugung hat, daß er ein Versager ist, liegt das Problem auf der Ebene der Einstellung über sich und der Identität. Er kann noch so lange trainieren, im Ernstfall wird ihn seine Überzeugung, ein Versager zu sein, ein Bein stellen. Er sollte auf der Ebene der Identität und auf der Ebene des Glaubens über sich arbeiten, um wirklich dauerhafte Veränderungen zu bewirken.

Glauben

Die Ebene des Glaubens ist hier nicht religiös gemeint. Es geht hier um Einstellungen, die uns bestärken oder einschränken, um Glaubenssätze über die Möglichkeiten, die wir haben und die die Welt bietet und über die Grenzen, die von der eigenen Persönlichkeit oder von der Welt gesetzt werden.

Beispiele für begrenzende, einschränkende Glaubenssätze über sich und die Welt: „Ich bin zu alt, um noch etwas Neues zu lernen." „Als Frau hat man sowieso keine Chance, eine Führungsposition zu erreichen." „Verkaufen ist unmoralisch." „Geld ist schmutzig." „Ich bin ein Versager." „Ich habe immer Pech."

Beispiele für motivierende und Kraft gebende Glaubenssätze über sich und die Welt: „Ich kann eine mich erfüllende Arbeit finden." „Ich bin ein liebenswerter Mensch." „Das Leben bietet immer wieder neue Chancen." „Alle Probleme können gelöst werden." „Ich bin erfolgreich." „Ich kann gesund werden." „Das Leben ist schön." „Ich kann immer wieder neue Freunde kennenlernen."

Mit NLP kann man auch einschränkende Glaubenssätze verändern. Oft werden die Grenzen der Möglichkeiten einer Person nicht so sehr von der Realität gesetzt, sondern von den Vorstellungen der Person über die Welt. In Kapitel 20 werde ich ausführlich auf einschränkende und motivierende Glaubenssätze eingehen.

Identität

Die Ebene der Identität beinhaltet einen Glauben über sich als Person, wie: „Ich bin ein Versager", oder: „Ich bin ein Siegertyp."

Selbst Firmen haben eine Identität. Es ist wichtig, daß sich Firmen über ihre Identität im klaren sind und nichts unternehmen, was ihrer Firmenidentität widerspricht. In dem lesenswerten Buch „Auf der Suche nach Spitzenleistungen" haben Peters und Waterman die erfolgreichsten Firmen der USA unter die Lupe genommen. Sie haben dabei festgestellt, daß sich diese Firmen nicht die Mehrung ihres Profits als Hauptziel gesetzt haben, sondern sich höhere Werte als Firmenziel und als Firmenidentität gesetzt haben. Sie folgten Werten wie: „Das sicherste Auto", „Die gesündeste Nahrung", „Die beste Dienstleistung anbieten".

Spiritualität

Die höchste logische Ebene ist die Ebene der Spiritualität. Wie ich schon erwähnte, haben die höheren Ebenen immer Einfluß auf die tieferen logischen Ebenen, umgekehrt jedoch selten. Insofern ist jede Arbeit mit Mitgliedern von Religionsgemeinschaften, die lebensfeindliche oder menschenverachtende Überzeugungen haben, schwierig. Die höhere Ebene der Spiritualität wird die

Veränderung in Richtung mehr Lebensfreude und Erfolg erschweren oder sogar verhindern.

Die logischen Ebenen beim Kritisieren

Am erfolgsversprechendsten kritisiert man auf einer möglichst tiefen logischen Ebene. Also auf der Ebene des Umfeldes, des Verhaltens, höchstens auf der Ebene der Fähigkeiten. Wenn man jemanden auf einer zu hohen Ebene kritisiert, macht man sich Feinde. Als ich den Sitznachbarn, dessen Rauch mir ins Gesicht blies, bat, die Plätze zu wechseln, habe ich die Kritik auf der Ebene des Umfeldes behandelt. Meistens ist es angebracht, auf der Ebene des Verhaltens zu kritisieren. Einem Handwerker, mit dessen Arbeit ich unzufrieden bin, brauche ich nur zu sagen, was mir an seiner Arbeit nicht gefällt. Damit kritisiere ich sein Verhalten. Es ist unnötig zu sagen, er beherrsche sein Handwerk nicht. Damit greift man seine Fähigkeiten an. Noch ungünstiger ist, wenn man jemanden auf der Ebene der Identität kritisiert, ihm sagt, er sei ein Versager oder Nichtsnutz.

Eltern kritisieren oft Fehlverhalten ihrer Kinder mit Sätzen über deren Identität. Das Kind läßt etwas fallen und die Mutter sagt: „Du bist ein Versager." Die Mutter meint es gut und ist sich nicht bewußt, wie prägend solche Sätze sich in einem Kind festsetzen und sein ganzes Leben bestimmen können. Das Kind sagt sich dann, ich bin halt ein Versager, da kann ich sowieso nichts ändern!

Man kritisiert andere und auch sich selbst möglichst nicht auf einer höheren Ebene, am besten nur auf der Ebene des Verhaltens.

Die logischen Ebenen beim Problemlösen

Beim Lösen von Problemen ist es wichtig, zu erkennen, auf welcher logischen Ebene man sich bewegt.

Traditionelle Rhetorik- und Verkaufstrainings berühren meist nur die Verhaltens- und Fähigkeitenebene. Oft liegt das Problem auf einer höheren Ebene, der Ebene des Glaubens. Ein angehender Verkäufer, der glaubt, Verkaufen sei unmoralisch, kann jahrelang traditionelle Verkaufstrainings besuchen, die die Fähigkeit des Verkaufens trainieren. Er wird weiter schlecht verkaufen, weil eine höhere Ebene seiner Persönlichkeit, sein einschränkender Glaubenssatz, dagegenspricht. Mit NLP kann man auch auf dieser Ebene Veränderungen bewirken.

Wie schon erwähnt, werde ich in Kapitel 20 ausführlicher auf dieses Thema eingehen.

Viele Menschen haben Probleme, weil sie die logischen Ebenen verwechseln. Ein Beispiel: Ein arbeitsloser Ingenieur bekommt auf eine Bewerbung eine Absage. Wenn er diese Absage als Beweis dafür betrachtet, daß er ein Versager ist, sieht er es auf der logischen Ebene seiner Identität. In Wirklichkeit hatte die Firma nur im Moment keinen Bedarf an einem Ingenieur mit seinen Kenntnissen und Erfahrungen. Das Problem lag auf der niedrigsten logischen Ebene, der des Umfeldes.

9. Auf Kritik reagieren

Nachdem wir betrachtet haben, wie man am besten kritisiert, will ich nun untersuchen, wie man auf Kritik reagieren kann. Besonders, wenn einem die Kritik ungerechtfertigt erscheint.

Möglichkeiten, auf Kritik zu antworten

Überlegen Sie einmal, wie Sie reagieren können, wenn jemand zu Ihnen sagt: „Sie sind so aggressiv" und Sie der Ansicht sind, daß dies nicht stimmt. Nehmen Sie sich eine Minute Zeit und überlegen Sie sich verschiedene Möglichkeiten, wie Sie in dieser Situation reagieren können.

Möglichkeiten, auf Kritik zu antworten:

Nicht so vorteilhaft ist, auf die Kritik mit einem vehementen Gegenangriff zu reagieren. Die Situation könnte leicht eskalieren, sich hochschaukeln. Wenig hilfreich ist auch, wenn Sie die Kritik zurückweisen, indem Sie sagen: „Nein, ich bin nicht aggressiv." So entsteht schnell eine unergiebige Diskussion: „Doch, Sie sind aggressiv!" – „Nein, ich bin es nicht."

Ich habe kürzlich in einem Restaurant den Streit eines Paares beobachtet. Er rief: „Das ist ein intellektuelles Problem!" Sie antwortete: „Nein, das ist ein emotionales Problem!" Dann wieder er: „Aber ich sage dir doch, das ist ein intellektuelles Problem!" So ging es wie in einem absurden Theaterstück zehn Minuten hin und her.

Den Vorwurf an den Kritisierenden zurückzugeben und zu sagen: „Sie sind ja selbst aggressiv", bringt meist auch wenig. Oft werden Sie mit dieser Behauptung richtig liegen. Viele Menschen sind blind für eigene Schwächen, sie bemerken sie nur bei anderen. Sie sehen den Splitter im Auge das anderen, den Balken im eigenen Auge nicht. In der Psychologie nennt man das eine Projektion. Aber gerade diese Menschen werden dies mit aller Macht von sich weisen, wenn man sie darauf hinweist. Eleganter ist es, in einem solchen Fall zu fragen: „Sind Sie *nie* aggressiv?" Gegen eine Behauptung kann man sich leicht wehren, sie abschmettern lassen. Eine Frage ist viel schwerer zu umgehen. Wer mit der Frage konfrontiert wird, ob er selbst nie aggressiv sei, wird, um die Frage zu verstehen, in seinem Gedächtnis nach Momenten in seinem Leben suchen, in denen er selbst aggressiv war. Und meist wird er bei dieser Suche fündig. Auf diese Weise schlägt sich der Angreifer mit seinen eigenen Waffen. Die allgemeine Strategie für den Umgang mit Vorwürfen ist:

Vorwurf:
„Sie sind X!"
„Sie sind aggressiv!"

Reaktion:
„Sind Sie *nie* X?"
„Sind Sie *nie* aggressiv?"

Natürlich ist es angebracht, mit dieser Technik vorsichtig umzugehen. Einem Polizisten, der einen gerade ertappt hat, wie man zu schnell gefahren ist, antwortet man besser nicht auf diese Art.

Ich habe mit dieser Technik auch in normalen Gesprächssituationen beeindruckende Ergebnisse erzielt. Eine Bekannte beschwerte sich einmal über die Männer: „Also *diese* Typen, immer wenn ich mich in einen Mann verliebe, hat der kein Interesse an mir!" Ich fragte sie: „Und wie ist es, wenn sich ein Mann in dich verliebt?" Sie meinte: „Dann ist *der* mir egal", und auf einmal wurde sie ganz nachdenklich.

Eine weitere Möglichkeit, auf die Kritik „Sie sind aggressiv" zu reagieren, ist nachzufragen, wann genau und wie genau Sie aggressiv waren. Damit führen Sie die allgemein formulierte Kritik auf die Ebene der Erfahrung zurück. Am konkreten Fall kann man meist leicht zu einer Klärung kommen. Entweder, Sie erkennen, daß Sie wirklich etwas aggressiv waren oder Sie können erklären, was in dieser Situation Ihre Absicht war. So kann man vermeiden, stundenlang über Worte zu streiten.

Man kann die Kritik auch verstärken und so ad absurdum führen, sie ins Lächerliche führen. In unserem Beispiel kann man antworten: „Genau, und ich fresse kleine Kinder!" Mit dieser Methode würde ich besonders vorsichtig umgehen, gegenüber Kunden ist sie nicht so angebracht.

Eine elegante Methode ist auch, dem Kritisierenden zu antworten: „Ja, ich bin es, ein bißchen." Diese Methode erinnert mich an Aikido, bei dem man den Angreifenden ins Leere laufen läßt. Man kann natürlich auch einer Kritik zustimmen, wenn man erkannt hat, daß etwas Wahres daran ist. Noch einmal die verschiedenen Möglichkeiten, auf Kritik zu antworten:

Möglichkeiten, auf Kritik zu reagieren

Zum Beispiel auf: „Sie sind aggressiv!"

▶ Spiegeln: „Sind Sie *nie* aggressiv?"

▶ Nachfragen: „Wann genau war ich aggressiv?"

▶ Verstärken (Vorsicht!): „Genau, und ich fresse kleine Kinder!"

▶ Ins Leere laufen lassen: „Ja, ich bin es, ein bißchen."

▶ Keine Gegenkritik, die Situation kann eskalieren

▶ Gegebenenfalls auch zustimmen

Wie kann man sich davor schützen, von Kritik überwältigt zu werden

Viele Menschen reagieren zu stark auf Kritik. Selbst wenn die Kritik nicht verletzend gemeint war, fühlen sie sich am Boden zerstört. Wie ich schon erwähnt habe, ist es besser, Kritik nicht auf der persönlichen Ebene, auf der Ebene seiner Identität anzunehmen, sondern als eine Aussage über sein Verhalten, höchstens über seine Fähigkeiten anzusehen. Besonders wichtig ist dies für Verkäufer, die Absagen besser nicht persönlich nehmen, wenn sie ihre Motivation behalten wollen.

Für Menschen, die überaus sensibel auf Kritik reagieren, kann es gut sein, einen inneren Schutz um sich herum aufzubauen. Wenn Sie manchmal auf Kritik überreagieren, können Sie sich vorstellen, von einer schützenden Aura umgeben zu sein, an der jede Kritik erst einmal abprallt. Diese Aura läßt alle angenehmen Energien zu Ihnen durchdringen, schädliche Energien werden abgehalten. Eine solche Aura sollten aber nur Menschen, die auf Kritik überreagieren und nur in dieser Situation um sich schaffen. Sonst wird man leicht arrogant und gefühlskalt. Vielleicht wollen Sie sich zusätzlich in eine schützende Wolke aus weißem oder gelbem Licht hüllen. Oder Sie wollen sich von inneren Stimmen umgeben und durchdringen lassen, die Ihnen sagen: „Ich fühle mich gut mit mir, ich bin o.k." Vielleicht wollen Sie sich auch zusätzlich einige der folgenden Fähigkeiten mit Hilfe des Ankerns zugänglich machen: Selbstvertrauen; Vertrauen in die Existenz; zu sich selbst stehen können; sich selbst annehmen können; Wissen, daß das Verhalten von anderen oft nur mit ihnen selbst etwas zu tun hat; Grenzen setzen können; flexibel reagieren können.

Sie können die Kritik bis an die schützende Aura herankommen lassen, vielleicht können Sie die Kritik dort auf einem Schild geschrieben sehen. Sie können in aller Ruhe entscheiden, was von dieser Kritik Sie annehmen wollen und was Sie abprallen lassen wollen, weil es nichts mit Ihnen zu tun hat. Ich empfehle Ihnen, selbst bei überzogener Kritik zu überlegen, ob nicht ein Körnchen Wahrheit in der Kritik steckt, von dem Sie etwas lernen können. Dieses Körnchen können Sie annehmen und sich dabei als Person gut und selbstbewußt fühlen.

Oft erleben Menschen, die sich Kritik zu sehr zu Herzen nehmen, den Kritisierenden größer und näher bei sich stehend als in der Realität.

Hier kann es helfen, den Kritisierenden in seiner Vorstellung ein bißchen schrumpfen zu lassen und ihn etwas weiter weg zu stellen, zum Beispiel auf die andere Straßenseite. Vielleicht wollen Sie ihm in Ihrer Vorstellung einen gestreiften Pyjama anziehen, um sich noch besser zu schützen. Es ist nicht so günstig, hier zu übertreiben und den Kritisierenden auszulachen. Das könnte sich rächen.

Auch Menschen, die auf Schreien oder sonstige Angriffe überreagieren, können diese Methoden helfen. Oder wenn man das Gefühl hat, von einem übereifrigen Vertreter oder einem religiösen Fanatiker überrannt zu werden. Man kann in diesem Fall freundlich sagen: „Ich verstehe und achte Ihre Argumente und ich will bei meiner Einstellung bleiben." Diese Techniken können auch helfen, wenn jemand das Gefühl hat, Opfer von Mobbing zu sein. Wer sich stark fühlt, wird seltener das Ziel von Angriffen. Menschen, die sich als Opfer von Mobbing fühlen, kann besonders das Kapitel 11 über die Lösung von Konflikten hilfreich sein.

Wie können Sie sich davor schützen, von Kritik überwältigt zu werden?

▶ Die Kritik nicht persönlich nehmen

▶ Inneren Schutz, eine schützende Aura um sich herum aufbauen. Nur die Kritik aufnehmen, die man annehmen will

▶ Den Kritisierenden in der Vorstellung kleiner werden lassen und weiter entfernt wahrnehmen

10. Verhandlungen

Um das Thema Kommunikation zu vertiefen, möchte ich Sie bitten, sich zwei Minuten Zeit für eine kleine Übung zu nehmen.

Übung

Stellen Sie sich vor, Sie haben die ideale Arbeit in einer deutschen Großstadt gefunden. Sie suchen deshalb eine geeignete Mietwohnung oder ein Haus zur Miete (nicht zum Kauf) für sich und Ihre Familie. Formulieren Sie bitte ein Wohnungsinserat.

Text Inserat:

Welche Fragen haben Sie sich gestellt, bevor Sie das Inserat formuliert haben? Wenn Sie sich vorher keine Fragen gestellt haben, von welchen grundsätzlichen Erwägungen sind Sie bei der Formulierung Ihres Textes ausgegangen?

Es ist vorteilhaft, wenn man sich vor der Formulierung einer solchen Annonce klar darüber ist, was man sucht. Das klingt selbstverständlich. Wenn Sie jedoch Anzeigen in der Zeitung anschauen, werden Sie feststellen, daß viele Menschen überhaupt nicht wissen, was sie wollen. Da schreibt jemand: „Suche Appartement oder Zimmer in Wohngemeinschaft." Wer sich nicht klar ist, was er will, hat wenig Chancen, zu bekommen, was er will. Das ist so, als ob ein Mann zu einer Gruppe von Frauen geht und eine nach der anderen fragt: „Ich möchte gerne irgendeine Frau heiraten, wollen Sie mich heiraten?" Eine Wohngemeinschaft sucht Mieter, die gern in einer Wohngemeinschaft wohnen und nicht Mitbewohner, die ein Appartement suchen, aber notfalls auch in eine Wohngemeinschaft ziehen. Glauben Sie, ein Schreinermeister würde jemanden einstellen, der meint: „Ich suche irgendeine Arbeit, ich kann eigentlich alles, Schreinern, Schlossern, Buchhaltung, ich brauche halt Geld."

Zuerst sollte man sich also darüber klar werden, was man will. Hat man nun mehr Chancen, wenn man genau angibt, was man will, oder ist es günstiger, allgemein zu bleiben, um mehr Angebote zu bekommen?

Nach meiner Erfahrung ist es sinnvoll, seine Wünsche möglichst genau anzugeben. Ich habe vor Jahren in München ein Appartement gesucht. Ich habe in meinem Inserat geschrieben, daß ich ein ruhiges, helles Appartement im U-Bahnbereich suche. In der Zeitung standen Dutzende von Inseraten, die auch ein Appartement suchten. Die meisten waren viel allgemeiner formuliert, sie schrieben nur: „Suche Appartement". Ein Vermieter, der eine Wohnung hat, wie ich sie suchte, wird mein Inserat auswählen, weil ich das suche, was er anzubieten hat. Bei mir kann er davon ausgehen, daß ich die Wohnung in Ordnung halte und längere Zeit bleibe. Wenn der Vermieter jemanden anruft, der seine Wünsche allgemein formuliert hat, muß er befürchten, daß der neue Mieter nach einigen Monaten wieder auszieht, weil er etwas gefunden hat, was ihm besser gefällt. Dann hat der Vermieter wieder die Mühe und Arbeit mit der Wohnungsabnahme und der Suche nach einem neuen Mieter. Ich habe die Erfahrung gemacht, daß ich bei einem Inserat, in dem ich meine Wünsche detailliert beschreibe, nicht nur qualitativ bessere, sondern auch mehr Angebote bekomme. Ich habe zu einer Zeit, als es schwierig war, in München eine Wohnung zu finden und andere mindestens ein Jahr lang suchten, drei Appartements angeschaut und ein sehr günstiges und schönes Appartement bekommen.

Bei einem solchen Inserat ist es sinnvoll, sich jedes Wort genau zu überlegen. Bekannte von mir haben inseriert, daß sie eine Wohnung zu einem „angemessenen Preis" suchen. Diese Formulierung ist zu ungenau. Es schwingt der Vorwurf mit, daß sowieso alle Mieten zu hoch sind. Wieso sollte da ein Vermieter anrufen und das Risiko eingehen, als Ausbeuter beschimpft zu werden? Ich habe übrigens in meiner Anzeige auch angegeben, wieviel ich zu zahlen bereit bin.

Haben Sie sich neben der Frage, was Sie wollen, noch andere grundsätzliche Fragen gestellt, bevor Sie Ihr Inserat formuliert haben?

In meinen Gruppen höre ich oft, besonders von Trainern, die meine Kurse besuchen, die Frage: „Was will der Vermieter hören?" Ich mag diese Frage nicht; ich frage lieber: „Was will der Vermieter?" Spüren Sie den Unterschied zwischen diesen beiden Fragen? Die Frage: „Was will der Vermieter hören" läßt mitschwingen, daß man den Vermieter nicht ernst nimmt, daß man ihn über den Tisch ziehen will. Die Frage: „Was will der Vermieter" setzt voraus, daß man den Vermieter als gleichberechtigten Verhandlungspartner akzeptiert, daß man seine Interessen genauso ernst nimmt wie die eigenen. Menschen merken, spätestens am nonverbalen Verhalten, ob man sie achtet oder übervorteilen will.

Was sind die Interessen eines Vermieters, was will und erwartet er? Will er die schnelle Mark machen, möglichst viel aus seinem Mieter herausholen?

Wohnungsbesitzer haben in ihr Haus oder ihre Wohnung Geld investiert. Zudem haben sie oft von der Bank einen Kredit aufgenommen. Wenn die Mieteinnahmen ausbleiben, kann es passieren, daß der Vermieter bei der Rückzahlung des Kredits an die Bank in Schwierigkeiten kommt und das Haus zu einem Bruchteil seines Wertes zwangsversteigert wird. Das gesparte Geld ist verloren, oft verliert der Vermieter sein eigenes Heim, manchmal bleiben ihm noch Schulden bei der Bank. Somit ist ein Hauptinteresse des Vermieters, einen Mieter zu finden, der über lange Zeit regelmäßig seine Miete zahlt. Einem Vermieter ist eine regelmäßige und sichere Mieteinnahme lieber als ein kurzfristiger unsicherer Gewinn. Ein Bekannter von mir hat als Student eine Million geerbt. Er hatte Schwierigkeiten, in München eine Mietwohnung zu finden. Die Vermieter meinten, ein junger Mann könne schnell eine Million verpulvern, da nähmen sie lieber einen Postboten mit regelmäßigem und sicherem Einkommen.

Darüber hinaus sucht der Vermieter einen Mieter, der die Wohnung gut behandelt, sie möglichst in dem Zustand übergibt, in dem er sie bekommen hat. Und der Vermieter will jemanden, der ihm keine zusätzliche Arbeit macht, der gut mit den anderen Mietern auskommt, bei dem es keinen Ärger mit der Polizei gibt. Und der Vermieter will jemanden, der möglichst lange in der Wohnung bleibt, weil jeder Wohnungswechsel für ihn unnötige Arbeit bedeutet und Ärger bringen kann.

Nun stellt sich für mich die Frage, wie ich dem Vermieter schon in meinem Inserat deutlich machen kann, daß ich seine Wünsche erfüllen kann und will.

Zum einen signalisiere ich das dadurch, daß ich meine Vorstellungen genau angebe. Wenn seine Wohnung meinen Wünschen entspricht, kann der Vermieter davon ausgehen, daß ich die Wohnung gut behandeln werde und auch längere Zeit dort wohnen bleibe.

Durch die Angabe meines Berufes kann ich andeuten, daß ich bereit und fähig bin, die Miete regelmäßig zu zahlen. Ich würde den Beruf an den Anfang des Inserats stellen, also: Beamter, Angestellter, Handwerker sucht Wohnung usw. Wenn Sie bei einer angesehenen Firma wie Siemens arbeiten, können Sie dies angeben. So kann ein Vermieter davon ausgehen, einen seriösen Mieter zu bekommen.

Viele schreiben ihr Wohnungsinserat wie eine Kontaktannonce. Sie wollen sich als lustigen, geselligen, energiegeladenen Typen anpreisen. Für einen Vermieter ist das nicht wichtig, es macht ihn eher skeptisch. Wenn jemand lustig und gesellig ist, kann das bedeuten, daß er jede Nacht laute Partys feiert. Lockere Sprüche sind in einem Wohnungsinserat nicht angebracht.

Ich würde nicht empfehlen, zu schreiben: „Suche dringend Wohnung." Kein Vermieter läßt sich gern unter Druck setzen, er möchte sich lieber in Ruhe entscheiden.

Ich habe in meinem Inserat durch die Formulierung: „Suche ruhige und helle Wohnung" signalisiert, daß ich selbst ein ruhiger Mensch bin, daß ich keine „dunkle Type, kein Dunkelmann" bin. Bei einem solchen Inserat sollte man wie in der Werbung jedes Wort auf die Goldwaage legen; besser benutzt man Worte, die angenehme Assoziationen wecken.

Ich wollte an diesem Beispiel zeigen, daß es bei Verhandlungen günstig ist, sich die Interessen der anderen Seite klarzumachen, einmal in die Haut des anderen zu schlüpfen. Die Indianer sagen, man sollte eine Meile in den Mokassins des anderen laufen, bevor man etwas über ihn sagt.

Als ich noch mit Langzeit-Arbeitslosen arbeitete, habe ich bemerkt, daß die wenigsten wußten, was ein Arbeitgeber von einem Arbeitnehmer erwartet. Bei Verhandlungen ist es vorteilhaft, die eigenen Interessen und die des Verhandlungspartners zu kennen.

Ich möchte nun noch etwas ausführlicher auf die einzelnen Schritte einer effektiven Verhandlungsstrategie eingehen.

Es ist sinnvoll, sich schon vor der Verhandlung über seine Wünsche und sein Verhandlungsziel klar zu sein. Man kann sich ein Minimal- und ein Maximalziel setzen, d.h. wieviel man mindestens bekommen will und wieviel man maximal fordern will. Wenn man sich darüber erst während der Verhandlung Gedanken macht, schwächt man seine Verhandlungsposition. Man kann seine Aufmerksamkeit nicht mehr auf die Verhandlung selbst konzentrieren.

Manche Menschen befürchten, es sei egoistisch, seine Wünsche zu äußern. Ich denke, es ist auch im Interesse des Verhandlungspartners, wenn Sie Ihre Interessen kennen und artikulieren können. Dann weiß der Verhandlungspartner, woran er ist und kann sich darauf einstellen. Mit Menschen, die nie ihre Wünsche und Bedürfnisse äußern, ist schwer auszukommen. Man ist immer versucht, auf ihre Bedürfnisse Rücksicht zu nehmen, die man aber gar nicht genau kennt.

Bei wichtigen Verhandlungen ist es angebracht, schon vorab möglichst viele Informationen über den Verhandlungspartner zu sammeln. Es ist günstig, wenn man sich vor einem Bewerbungsgespräch über die Firma informiert. Damit kann man seine Präsentation auf die Erwartungen der Firma abstimmen, man kann gezielte Fragen vorbereiten und damit sein Interesse an der Firma und der Tätigkeit signalisieren.

Stellen Sie möglichst schon vor der Verhandlung sicher, daß Sie wirklich mit der zuständigen Person verhandeln, der Person, die die Entscheidung treffen wird.

Direkt vor der Verhandlung können Sie dafür sorgen, in einen selbstsicheren und lockeren Zustand zu kommen. Wie man das macht, haben wir schon behandelt.

Als nächstes können Sie sicherstellen, einen guten Kontakt zu dem Verhandlungspartner zu gewinnen. Die Zeit und die Energie, die Sie dafür aufwenden, wird sich auszahlen. Die Verhandlung wird leichter und problemloser ablaufen. Wie man einen guten Kontakt herstellen kann, werde ich in Kapitel 17 behandeln.

Dann können Sie sich mit Ihrem Verhandlungspartner darüber einigen, was Sie beide als gemeinsames Ziel der Verhandlung sehen. Zum Beispiel: „Wir wollen uns über den Preis für das Haus einigen." Damit haben Sie eine gemeinsame Basis geschaffen, von der aus Sie verhandeln können. Dieser Schritt ist bedeutend. Es stehen nicht mehr zwei Kontrahenten gegenüber, sondern zwei Verhandlungspartner arbeiten zusammen, um zu einem Ergebnis zu kommen. Die Einigung auf ein Verhandlungsziel fokussiert die Energie und die Aufmerksamkeit auf das Ziel. Man kann bei Abschweifungen vom Thema auf das gemeinsame Ziel hinweisen. Vielleicht kennen Sie auch Konferenzen, bei denen end- und ergebnislos über irgend etwas debattiert wird, weil vorher nicht geklärt wurde, was man erreichen will. Wenn man sich am Anfang einer Konferenz darauf einigt, was das Verhandlungsziel ist, und der Diskussionsleiter darauf achtet, daß die Teilnehmer beim Thema bleiben, steigt erfahrungsgemäß die Effektivität der Konferenz um ein Drittel, während man ein Drittel der Zeit einspart. Das Verhandlungsziel sollte möglichst klar und konkret definiert sein. Damit kann man erkennen, wann das Ziel erreicht ist und man die Verhandlung abschließen kann.

Nachdem so eine solide Basis für die Verhandlung geschaffen ist, können Sie den Verhandlungspartner bitten, seine Ziele und seine Interessen zu nennen. Nehmen Sie sich die Zeit, die Ziele der anderen Partei zu erkunden. Wenn jemand beispielsweise sagt, er wünsche eine angenehme Arbeit, so ist das nicht genau genug. Fragen Sie, was für ihn eine angenehme Arbeit bedeutet. Ihr eigenes Ziel und das Ziel Ihres Verhandlungspartners sollten möglichst genau definiert sein. Ein Ziel ist exakt formuliert, wenn man es sehen, hören oder fühlen, es messen kann. Wenn Sie hier keine Klarheit schaffen, kann es passieren, daß der andere unzufrieden bleibt, obwohl Sie denken, seine Interessen erfüllt zu haben.

Wenn Sie sich Klarheit über die Ziele des anderen verschafft haben, können Sie Ihre Interessen darstellen und überlegen, wo sich Ihre Interessen und die Interessen des anderen überschneiden. Sie machen es allen Beteiligten leichter, wenn Sie nicht von den Unterschieden und Differenzen ausgehen, sondern von den Gemeinsamkeiten und diese ausbauen und vertiefen.

Wenn Sie keine Übereinstimmungen finden, können Sie die Ziele hinterfragen, sich fragen, welches Ziel hinter dem Ziel steht. So ist Geld meist kein Ziel für sich, sondern ein Mittel, um ein anderes, wichtigeres Ziel zu erreichen. Wenn Sie die Ziele hinterfragen, werden Sie oft doch noch gemeinsame Ziele finden.

Wenn Sie Übereinstimmungen, Überschneidungen zwischen Ihren Zielen und den Zielen der anderen Partei gefunden haben, können Sie dies der anderen Seite deutlich machen und dies schriftlich festhalten. Sie können die Übereinstimmungen ausweiten, bis Sie zu einer Übereinkunft kommen.

Wie Sie mit Einwänden und Blockaden umgehen können, werde ich in den Kapiteln 14 und 18 behandeln. Falls Sie, etwa in einem Verkaufsgespräch, zu keiner Übereinstimmung kommen, können Sie höflich sagen: „Ich habe das Gefühl, daß wir im Moment zu keiner Übereinkunft kommen" und in aller Freundschaft die Verhandlung beenden.

Tips für Verhandlungen:

1. Was wollen Sie – möglichst genau! Was ist Ihr minimales Ziel und was Ihr maximales?
2. Was können und wollen Sie bieten? Minimal und maximal?
3. Was will der Verhandlungspartner? Was sind seine Interessen?
4. Wo überschneiden sich die Interessen? Wie können Sie diese Überschneidung erweitern?
5. Wie können Sie dem anderen zeigen, daß sich die Interessen überschneiden?

Ausführlich:

Vorbereitung:

▶ Was wollen Sie auf alle Fälle vermeiden?

▶ Eigenes Ziel festlegen, Minimalziel und Maximalziel?

▶ Was sind Sie bereit zu geben, minimal und maximal?

▶ Informationen sammeln über die andere Partei, ihre Ziele, Werte und Entscheidungsstrategien

▶ Selbst in einen guten inneren Zustand kommen: selbstsicher, mit Einfühlungsvermögen, flexibel, redegewandt, mit Überblick und Distanz, gelassen

Während der Verhandlung selbst:

▶ Kontakt herstellen zur anderen Partei (siehe Kapitel 16)

▶ Sich auf ein gemeinsames Verhandlungsziel einigen

▶ Interessen der anderen Partei herausfinden

▶ Ziele hinter dem Ziel finden

▶ Übereinstimmungen finden

▶ Dem anderen die Überschneidungen der Interessen deutlich machen, sie notieren

▶ Einwände umdeuten (siehe Kapitel 14) oder hinterfragen (siehe Kapitel 18)

▶ Zu einer Übereinkunft kommen

▶ Bei Nichtübereinkunft höflich verabschieden

Martin R. Mayer: *Neue Lebens Perspektiven*. Paderborn: Junfermann 1999 (mit diesem Zusatz ist das Kopieren dieser Seite erlaubt).

11. Konflikte lösen

ch möchte nun einen oft problematischen Bereich des Themas Kommunikation behandeln, den Bereich Konfliktlösung.

Als Einstieg möchte ich einen konkreten Fall schildern. In einer Beratungssendung im Radio war ein Türke am Telefon, der mit einer deutschen Frau verheiratet war. Der Türke wollte in seine Heimat zurückkehren, seine Frau wollte in Deutschland bleiben. Der Psychologe am Beratungstelefon gab dem Türken mit salbungsvoller Stimme den Rat: „Dann müssen Sie sich halt trennen!" Schon zu Beginn des Buches habe ich angedeutet, daß Ratschläge auch Schläge sein können. Was würden Sie in diesem Fall tun, was würden Sie als Berater zu einem Ehepaar sagen, das mit diesem Problem zu Ihnen kommt?

In meinen Gruppen höre ich oft den Vorschlag: „Ich würde dem Ehepaar raten, einen Kompromiß zu schließen, zum Beispiel sechs Monate in Deutschland zu leben und sechs Monate in der Türkei oder sich in der Mitte zu treffen, etwa in Sizilien."

Ich werde gleich auf diesen Lösungsvorschlag eingehen. Zunächst möchte ich jedoch darstellen, was ich tun würde: Ich würde in diesem Fall beide Seiten fragen, was sie wollen. Ich würde den Türken fragen, was ihn in Deutschland stört und was er in der Türkei will. Und ich würde seine Frau fragen, was sie am Leben in der Türkei stört und was sie in Deutschland will. Es kann sich zum Beispiel ergeben, daß er gerne türkische Kultur, Geschäfte, Restaurants, Freunde und Bekannte um sich haben will, während sie deutsche Kultur um sich haben will und in der Rechtssicherheit der Bundesrepublik leben möchte. Dann frage ich, ob es eine Möglichkeit gibt, die Interessen von beiden zu erfüllen. In diesem konkreten Fall wäre das zum Beispiel in Berlin-Kreuzberg gegeben. Da gibt es Straßen, in denen fast nur Türken wohnen und der Ehemann seine Wünsche nach türkischer Kultur erfüllen kann, während die Ehefrau in der Rechtssicherheit der Bundesrepublik lebt und die deutsche Kultur „um die Ecke" hat.

Kompromiß

Der Kompromiß sechs Monate Türkei und sechs Monate Deutschland wäre nur ein fauler Kompromiß. Auf die Befürchtungen der Frau wäre damit keine Rücksicht genommen worden. Natürlich ist es günstig, wenn man auch kompromißbereit ist. Ich finde es jedoch wichtig, zuerst festzustellen, was die Beteiligten wünschen, und nach Möglichkeiten zu suchen, die Interessen aller Beteiligten zu befriedigen. Wenn man sofort einen Kompromiß sucht, stellt sich am Ende oft heraus, daß alle Beteiligten unzufrieden sind. Ein Beispiel: Beide Partner wollen eigentlich ins Kino gehen, nehmen aber an, der andere möchte ins Theater. Also gehen beide aus Rücksicht auf den vermeintlichen Wunsch des anderen ins Theater. Beide fühlen sich schlecht, weil sie nicht das tun, was sie eigentlich wollten. Problematisch dabei ist, daß oft beide Groll gegen den anderen ansammeln, weil sie aus Rücksicht auf den Partner ihre Wünsche zurückstellen. Es kommt vor, daß Paare nach 20 Jahren Ehe feststellen, daß beide keinen Spinat mögen und sich nur aus Rücksicht auf den vermeintlichen Wunsch des Partners dazu gezwungen haben, jeden Tag Spinat zu essen.

Ziele klären und Überschneidung suchen

Konflikte löst man am besten auf die gleiche Art, wie man Verhandlungen führt. Man klärt die Wünsche aller Beteiligten und sucht nach Wegen, die Interessen von allen zu erfüllen. Man sucht nach einer Möglichkeit, bei der beide Seiten gewinnen. Man nennt diese Methode das Win/Win- oder Gewinner/Gewinner-Modell.

Ich suche nach einer Lösung, bei der alle Beteiligten gewinnen. Eine solche Lösung ist von Dauer. Wenn sich einer der Beteiligten benachteiligt fühlt, wird er Wege finden, die Vereinbarung zu sabotieren.

Schuld

Manche glauben, daß man bei einem Konflikt zuerst klären sollte, wer Schuld hat. Ich denke, daß die Frage nach der Schuld oder nach einem Schuldigen die Lösung eines Konfliktes erschwert.

Manche meinen, daß bei einem Konflikt einer gewinnen muß, während der andere verliert. Es gibt Spiele, etwa Tennis, bei denen immer einer gewinnt, während der andere verliert. Bei anderen Spielen, etwa Schach, gibt es zusätzlich die Möglichkeit eines Remis, eines Unentschieden. Und es gibt Spiele wie im Schnee herumtoben, bei denen es viele Möglichkeiten gibt. Alle können verlieren oder gewinnen. Wer glaubt, eine Ehe sei ein Spiel wie Tennis, bei dem immer einer verlieren muß, ist auf einem gefährlichen Irrweg. In einer Ehe oder Partnerschaft können nur beide verlieren oder beide gewinnen. Wenn einer auf Kosten des anderen gewinnen will, leidet die Partnerschaft. Wer nach einem Schuldigen sucht, will einen der beiden Partner zum Gewinner und den anderen zum Verlierer machen. Nach einem Schuldigen zu suchen, hilft wenig bei der Lösung von Konflikten.

Wer hat recht?

Auch danach zu fragen, wer in einem Konflikt recht hat, trägt nicht zur Lösung bei. Im Grunde ist es das gleiche, wie nach einem Schuldigen zu suchen. Es ist die andere Seite der selben Medaille. Man kann der einen Seite nur recht geben, wenn man die andere Seite ins Unrecht setzt.

Wahrheit

Menschen, die sich gerne darauf berufen, im Recht zu sein, haben oft einen hohen Wahrheitsanspruch. Ich bezweifle, ob es im zwischenmenschlichen Bereich eine objektive Wahrheit gibt. Jeder Mensch hat seine subjektive Sicht der Dinge. Menschen nehmen die Welt mit verschiedenen Augen wahr. Wenn Sie glauben, daß eine objektive Sicht der Realität möglich ist, kann ich Ihnen folgendes Experiment empfehlen: Nehmen Sie einen Eimer mit Wasser von ca. 15 Grad und einen Eimer mit Wasser von ca. 25 Grad. Sie können einem Freund die Augen verbinden und seine Hände drei Minuten in die Eimer tauchen.

Anschließend tauchen Sie die Hände des Freundes in einen großen Behälter mit Wasser von ca. 20 Grad. Ihr Freund wird schwören, daß seine Hände in zwei Eimer mit Wasser von völlig verschiedener Temperatur getaucht sind.

Wenn ich sage, daß ich skeptisch bin, ob es eine objektive Wahrheit gibt, will ich nicht sagen, daß man es mit der Wahrheit nicht so genau nehmen sollte. Ich denke nur, daß die Suche nach der Wahrheit bei der Lösung eines Konfliktes meist nicht weiterhilft. Wenn man in einem Konflikt der einen Partei zuspricht, die Wahrheit zu sagen, schafft man einen Gewinner und einen Verlierer. Und da eine Partnerschaft nur bestehen kann, wenn beide gewinnen, schafft man letztlich nur Verlierer. Außerdem ist es problematisch, sich bei einem Konflikt auf die Seite einer Partei zu schlagen. Man macht sich die andere Seite zum Feind, oft bringt man beide Seiten gegen sich auf.

Toleranz

Viele Berater fordern bei Konflikten zu Toleranz auf. Ich halte nicht viel von Toleranz. Nun lesen Sie bitte erst einmal weiter, bevor Sie das Buch vor Empörung zum Fenster herauswerfen. Stellen Sie sich vor, ein Angestellter sagt, er toleriere seinen türkischen Kollegen. Nur ein Rassist kann so etwas sagen. Tolerieren bedeutet etwas ertragen. Wie kommt jemand zu dem Hochmut und der Arroganz, einen Mitmenschen ertragen zu müssen, ihn zu tolerieren? Woher nimmt sich jemand das Recht, einen anderen Menschen zu verurteilen, weil er eine andere Hautfarbe hat, ein anderes Geschlecht, ein anderes Lebensalter, einen anderen Glauben? Deshalb halte ich Toleranz für intolerant.

Ich habe gelernt, zu unterscheiden zwischen dem, was mich betrifft, was mein Leben ist und dem Leben und der Verantwortung von anderen. In einem meiner Kurse war ein alter Mann, der in einem asiatischen Land sehr moralisch erzogen worden ist. Er lebt jetzt in Deutschland und verurteilt alle Deutschen wegen ihrer Unmoral. Schon eine Frau, die im Bikini am Strand liegt, ist für ihn des Teufels. Ich habe diesem Mann gesagt, daß er das Recht hat, bei seinen Moralvorstellungen zu bleiben und daß sie für ihn wahrscheinlich richtig sind, daß er jedoch Schwierigkeiten bekommen könne, wenn er weiter seine Moralvorstellungen anderen aufdrängt.

Ich akzeptiere Menschen wie sie sind. Etwas anderes ist es, wenn jemand meine Grenzen verletzt, mir auf den Fuß steigt, mir seine Religion aufzwingen will. Dann habe ich das Recht, mich zu wehren. Toleranz halte ich in diesem Fall auch nicht immer für angebracht. Anstatt mich zu Toleranz zu zwingen, anstatt ertragen zu müssen, daß manche Menschen anders aussehen, anders handeln und denken als ich, nehme ich die Menschen wie sie sind. Ich finde es angenehm und interessant, daß Menschen verschieden sind. Das gibt dem Leben mehr Farbe und Abwechslung. Ich akzeptiere jeden Menschen als einzigartiges Individuum.

Wie bringt man Kontrahenten an einen Tisch?

Bei manchen Konflikten ist es erst einmal nötig, die zerstrittenen Parteien an einen Tisch zu bringen. Das erreicht man am ehesten, indem man einen gemeinsamen Rahmen schafft oder an eine Zeit erinnert, als ein solcher gemeinsamer Rahmen noch vorhanden war.

Ein verfeindetes Ehepaar kann man beispielsweise fragen: „Erinnern Sie sich noch an die Zeit, als Sie sich kennenlernten?" Wenn man das Paar so dazu gebracht hat, überhaupt wieder miteinander zu reden, kann man sie dabei unterstützen, ihren Konflikt zu lösen. Wenn man das Ehepaar an die gemeinsamen Kinder erinnern würde, könnte es passieren, daß sich die Eltern aus Rücksicht auf ihre Kinder dazu zwingen, zusammenzubleiben. Oft werden sie dann einen Groll gegen die Kinder entwickeln, die sie scheinbar daran hindern, ihr eigenes Leben zu führen. Es ist sinnvoller, zuerst eine gemeinsame Basis bzw. einen größeren gemeinsamen Rahmen zu finden, in dem sich die Beteiligten treffen können.

Ein weiteres Beispiel: Zwei Brüder besaßen zusammen eine Firma. Einer der Brüder wollte die Firma expandieren, der andere nicht. Die Brüder waren schon total verfeindet, als sie einen Berater zu einem letzten Schlichtungsversuch um Unterstützung baten. Was kann man in diesem Fall tun? Der Berater fragte die Brüder: „Sie wollen doch beide, daß es der Firma gut geht?" Damit hat der Berater die Brüder daran erinnert, daß sie in *einem* Boot sitzen, er hat einen größeren gemeinsamen Rahmen geschaffen, in dem sich die Brüder begegnen können. Der Berater hat den gemeinsamen Rahmen vergrößert, indem er fragte: „Sie sind doch beide daran interessiert, daß die Firma im gesunden Maße wächst?" Wieder stimmten beide zu. Dann fragte der Berater: „Woran genau erkennen Sie, daß der Zeitpunkt zu einer Expansion gekommen ist?" Diese Frage ist geschickt. Mit dieser Frage wird das scheinbare Dilemma eines entweder/oder verwandelt in eine Wahl zwischen einer Vielzahl von Möglichkeiten.

Scheinbares entweder/oder-Dilemma auflösen

Von:

▶ Expandieren oder Nicht expandieren
▶ Ja oder Nein

- Richtig oder Falsch
- Gewinner oder Verlierer
- Schuldig oder Unschuldig

zu:

- Wahl zwischen unendlich vielen verschiedenen Möglichkeiten
- Suche nach dem günstigsten Zeitpunkt für die Expansion

Wenn man das scheinbare Dilemma von entweder/oder so umformuliert, wird die Schärfe aus der Verhandlung genommen. Und selbst wenn die Brüder sich entscheiden, in einem Monat mit der Expansion zu beginnen, hat der Bruder, der vorher gegen die Expansion war, nicht sein Gesicht verloren. Er kann sich sagen: „Ich wußte ja gleich, daß es im Juni zu früh ist für die Expansion, im Juli ist das natürlich etwas ganz anderes."

Interessen verbinden

Wie ich oben schon sagte, ist die beste Art, Konflikte zu lösen, einen Weg zu suchen, die Interessen aller Beteiligten zu erfüllen. Wenn man Konflikte auf diese Weise löst, fühlen sich beide Seiten besser. Sieg und Niederlage dagegen vergiften jede Beziehung. Anstatt die Energie und Zeit beider Seiten im Kampf gegeneinander zu vergeuden, kann man einen Verbündeten finden und gemeinsam Ziele erreichen.

Rücksichtsloser Ergoismus

Wer nur an sein eigenes Ziel denkt, es ohne Rücksicht auf die Interessen der anderen Beteiligten durchzusetzen sucht, macht sich selbst und anderen das Leben unnötig schwer. Wer glaubt, nur auf Kosten von anderen zum Erfolg zu kommen, ist im Grunde zu bedauern. Auf lange Sicht gesehen ist sein Scheitern vorprogrammiert. Er ist ein einsamer Mensch, der praktisch die ganze Welt gegen sich hat. Ein Geschäftsmann, der über Leichen geht, kann im Geschäftsleben kurzfristige Erfolge erzielen, langfristig halten wird er sich kaum.

Eine solche Haltung erinnert mich an eine Krebszelle, die sich in den Kopf gesetzt hat, auf Kosten der anderen Zellen nur noch ihr Wachstum und ihre Fortpflanzung durchzusetzen. Sie wuchert immer weiter und erdrückt alles andere Leben. Letzten Endes stirbt die Krebszelle mit dem Tode des gesamten Organismus.

Was man anderen gibt, kommt früher oder später zum Ursprung zurück. Vielleicht kennen Sie die Geschichte von dem König, der sich über eine Bemerkung seines Hofnarren ärgerte und ihm eine Ohrfeige verpaßte. Der Hofnarr lachte und sagte: „Da hat sich der König ein schönes Spiel einfallen lassen, jeder der die Ohrfeige bekommt, soll sie gleich weitergeben!" Und damit gab der Narr die Ohrfeige an einen Diener, der neben ihm stand, weiter. Als der König am Abend nach Hause kam, empfing ihn seine Gattin mit einer Ohrfeige. Die Ohrfeige hatte die Runde gemacht und war zu ihrem Urheber zurückgekehrt ...

Andere Möglichkeiten der Konfliktlösung

Ich möchte nun noch weitere Möglichkeiten zur Lösung von Konflikten betrachten.

Position des anderen darstellen

Man kann die Kontrahenten bitten, die Meinung des anderen wiederzugeben, bis dieser seine Position richtig dargestellt findet. Bei einem Ehestreit stellt der Mann die Meinung seiner Frau dar, bis sie sagt: „Ja, genau das meine ich." Die Frau gibt die Meinung ihres Mannes wieder, bis der bestätigt, daß sie ihn richtig verstanden hat. Erfahrungsgemäß läßt sich jeder dritte Konflikt allein mit dieser Methode lösen. Oft beruht der Streit nur auf einem Mißverständnis oder darauf, daß die Kontrahenten dem anderen nicht richtig zuhören. Mit Hilfe dieser Methode erhält man mehr Verständnis für den anderen, für dessen Sicht der Welt.

Wahrnehmungssystem wechseln

Manchmal hilft es bei einem Konflikt, das Wahrnehmungssystem zu wechseln. Oft sind Menschen im Gefühlskanal blockiert, festgefahren. Hier ist es oft sinnvoll, den Wahrnehmungskanal zu wechseln, zum Beispiel in den Sehkanal. Wenn wir uns zu einem Konflikt oder einem Problem ein Bild machen, bekommen wir leichter Abstand und Überblick. Ich möchte ein Beispiel geben:

Eine Frau beschuldigte in der Eheberatung ihren Mann, sich zu wenig um sie und ihre Kinder zu kümmern. Nach einigen Sitzungen bat die Beraterin die

Ehefrau, ihre Familiensituation bildlich darzustellen. Die Frau zeichnete folgendes Bild:

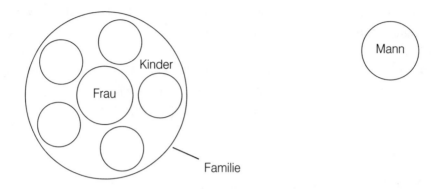

Die Frau schaute sich ihre Zeichnung an und rief: „Mein Gott, da ist ja gar kein Platz für meinen Mann in der Familie! Habe ich das wirklich so gezeichnet?"

Wenn man eine Situation von außen anschaut, ist man nicht so stark emotional beteiligt, man bekommt mehr Abstand, einen größeren Überblick und kann klarer sehen.

Manchmal entstehen auch Konflikte, weil die Beteiligten ein anderes Wahrnehmungssystem bevorzugen. Eine Ehefrau bevorzugt den Hörkanal, ihr Mann den Sehkanal. Sie ist erst sicher, daß er sie liebt, wenn er es ihr jeden Tag von neuem sagt. Er denkt, daß er dies schon deutlich zeigt, indem er ihr jeden Tag Blumen mitbringt. In diesem Fall kann es helfen, den Beteiligten die Botschaft des Partners in seine Sprache zu übersetzen. Man kann der Frau erklären, daß Blumen zu schenken, seine Art ist, ihr mitzuteilen, daß er sie liebt. Und man kann dem Mann erklären, daß seine Frau seine Botschaft besser versteht, wenn er es ihr auch sagt.

Rollenspiel mit drei Personen

Bei einem Streit kann man auch für sich allein mehr Klarheit gewinnen, indem man drei Stühle im Raum aufstellt, zuerst auf dem ersten Stuhl sitzend seine eigene Position darlegt, dann in den zweiten Stuhl wechselt und die Angelegenheit aus der Sicht des anderen darstellt, schließlich auf den dritten Stuhl wechselt und die Angelegenheit aus der Sicht eines unbeteiligten Beobachters betrachtet.

1. Position: die eigene Sicht

2. Position: die Sicht des anderen   3. Position: Beobachter

Nehmen wir an, ein Paar, Eva und Adam, haben sich gestritten. Adam hat die
Flucht ergriffen, und Eva möchte nun für sich mehr Klarheit über ihre Beziehung
zu Adam gewinnen. Eva kann drei Stühle in ein Zimmer stellen. Sie setzt sich in
den ersten Stuhl, in die Position ihrer eigenen Sicht der Dinge. Sie stellt sich vor,
daß Adam in dem zweiten Stuhl sitzt und sie sagt Adam alles, was sie ihm schon
immer sagen wollte, sich aber nie so richtig getraut hat. Sie sagt ihm alles, was sie
an ihm stört und alles, was sie sich von ihm wünscht.

Dann wechselt sie in den zweiten Stuhl, in die Position von Adam. Sie fühlt
sich ein in Adams Position und stellt sich vor, daß sie Eva, also sich selbst, im ersten Stuhl gegenübersitzen sieht. Sie antwortet dann aus der Sicht von Adam. Sie
sagt zu Eva aus Adams Sicht alles, was er ihr schon immer sagen wollte, was ihn an
ihr stört und was er von ihr wünscht.

Dann wechselt sie in den dritten Stuhl, in die Position einer unbeteiligten Be-
obachterin, die beiden freundlich gesonnen ist. Sie fühlt sich in diese Position
ein, rekapituliert kurz, was sie von beiden gehört und gesehen hat und schildert
die Sicht der Dinge aus der Perspektive einer unbeteiligten Dritten. Sie kann zum
Beispiel Eva sagen, daß sie nur gesagt habe, was sie an Adam stört, aber nicht,
was sie sich von ihm wünsche. Zu Adam sagt sie zum Beispiel, daß sie das Gefühl
habe, daß er zu wenig auf das eingegangen sei, was Eva ihm gesagt habe.

Das klingt komplizierter, als es in Wirklichkeit ist. Sie können spielerisch anfangen, mit der Zeit werden Sie immer leichter in die Rollen hineinfinden.

Alle drei Positionen bieten wichtige Informationen. Keine dieser Positionen
bietet die Wahrheit. Es ist vorteilhaft, wenn man eine Situation aus verschiedenen Perspektiven betrachten kann. Ich habe diese Übung einmal mit einer Frau
durchgespielt, die nach zehn Jahren von ihrem Freund verlassen wurde. Sie war
überrascht über das, was sie in der Position ihres ehemaligen Freundes über seine Gründe, sie zu verlassen, gesagt hatte. Sie meinte: „Ich wäre nie auf die Idee
gekommen, daß er mich deswegen verlassen hat."

Ideal ist, wenn man je nach Bedarf die Position wechseln kann. Viele Menschen sehen die Welt nur aus ihrer eigenen Sicht, aus der ersten Position. Diese
Menschen können sich schlecht in andere einfühlen, sie sind meist keine guten

Verkäufer. Andere sehen die Welt meist aus den Augen der anderen, aus der zweiten Position. Das ist typisch für Menschen in sozialen Berufen. Sie machen sich zu viel Sorgen um andere und denken dabei zu wenig an sich selbst. Wieder andere betrachten die Welt meist aus den distanzierten Augen eines unbeteiligten Zuschauers, aus der dritten Position. Solche Menschen sind oft gefühlskalt, das Leben geht an ihnen vorbei, ohne sie tiefer zu berühren. Am Besten ist, wenn man sich frei und spielerisch in allen drei Positionen bewegen kann. Während ich dieses Buch schreibe, begebe ich mich immer wieder in die Position eines Lesers, der noch nie etwas von NLP gehört hat, und betrachte das Geschriebene aus dessen Blickwinkel.

Ergänzend zu diesen drei Positionen könnte man noch als vierte die *Wir-Position* hinzufügen, die im NLP leider zu wenig berücksichtigt wird.

Bei negativer Reaktion auf gutgemeinte Kommunikation

Haben Sie sich schon einmal darüber gewundert, daß jemand auf etwas, das Sie in freundlicher Absicht zu ihm gesagt haben, negativ reagiert hat, so als ob sie ihn angegriffen hätten? Oft kommt eine Botschaft ganz anders an, als sie vom Sender gemeint war. Ein Beispiel: Ein Mann kommt von der Arbeit nach Hause und setzt sich in die Ecke, ohne seine Frau eines Blickes zu würdigen. Sie denkt, er sei sauer auf sie oder er liebe sie nicht mehr. In Wirklichkeit hat er Zahnschmerzen und will nur seine Ruhe haben. In so einem Fall hilft es, den Empfänger zu fragen, was er aufgenommen hat, und den Sender, was er mitteilen wollte. Anschließend kann man nach Wegen suchen, auf welche Weise der Sender sich ausdrücken kann, damit seine Botschaft so empfangen wird, wie er es beabsichtigt hat.

Lernen, liebevoll und spielerisch zu streiten

Man kann Konflikten schon im Vorfeld die Schärfe nehmen, wenn man lernt, öfter mal liebevoll und spielerisch zu streiten. Eine Kissenschlacht kann einer Beziehung neuen Elan und neue Spannung geben. Ich habe von einem Dorf in Italien gehört, in dem sich die Bewohner an einem bestimmten Tag in jedem Jahr gegenseitig mit Tomaten bewerfen. Besonders gern bewerfen sie ihren Bürgermeister. Ich denke, daß diese spielerische Auseinandersetzung hilft, ernstere

Kämpfe zu vermeiden. Man kann Konflikte als Möglichkeiten und Chancen erkennen, eine Beziehung zu vertiefen. Vertrauen wächst mit dem Wissen, mit dem Partner streiten und Wege finden zu können, sich wieder zu versöhnen.

Verkauf

Die Methode, Konflikte zu lösen, indem man die Interessen der Beteiligten klärt und nach Überschneidungen sucht, ist auch die beste Strategie für Verkaufsgespräche.

Erfolgreiche Verkäufer sind vor allem daran interessiert, die Wünsche und Interessen ihrer Kunden zu erfüllen. Wenn der Kunde zufrieden ist, kommt er wieder und empfiehlt den Verkäufer weiter. Und es gibt weniger Ärger mit Stornierungen und Reklamationen.

Eine Wohnungsmaklerin erzählte mir einmal, daß sie ihre Kunden genau nach ihren Wünschen fragt und ihnen aufmerksam zuhört. Oft sagt sie dann den Kunden: „Ich habe verstanden, was Sie suchen, im Moment habe ich leider nichts Passendes für Sie. Ich werde mich bei Ihnen melden, wenn ich etwas für Sie hereinbekomme." Die Maklerin sagte mir, daß über diese Kunden oft die besten Geschäfte zustande kamen. Diese Kunden wurden von Freunden gefragt: „Ihr sucht doch auch ein Haus, könnt Ihr uns einen guten Makler empfehlen?" Die Leute sagten dann: „Wir waren bei vielen Maklern, die meisten haben uns zu Objekten geschickt, die uns überhaupt nicht zugesagt haben. Eine einzige Maklerin hat uns wirklich zugehört und ehrlich gesagt, daß sie im Moment nichts für uns hat. Da würde ich zuerst hingehen!"

Langfristig können Sie im Geschäftsleben nur erfolgreich sein, wenn Sie die Interessen der Kunden an die oberste Stelle rücken. Nach meiner Erfahrung berücksichtigen das in Deutschland noch zu wenige Verkäufer. Auch Verkäufer, die es gut meinen, überpowern mit ihren Argumenten und ihrer persönlichen Begeisterung den Kunden. Sie lassen ihn kaum zu Wort kommen, drängen ihn zu Käufen, die nicht in seinem Interesse sind. Dies ist oft die Folge von schlechten Verkaufstrainings, bei denen die Verkäufer wie Papageien einen Text auswendig lernen und ihn dann bei den Kunden abspulen. Das führt dazu, daß der Kunde nicht wiederkommt, den Verkäufer nicht weiterempfiehlt oder vom Kauf zurücktritt. Auf lange Sicht ist es sinnvoller, mit dem Kunden und seinen Interessen zu gehen. Und es macht mehr Spaß, etwas zu verkaufen, das man vertreten kann und sich abends mit gutem Gefühl im Spiegel ins Gesicht schauen zu können.

Erfolgreiche Verkäufer bauen zuerst einen guten Kontakt zu dem Kunden auf. Wie man das machen kann, werde ich in Kapitel 16 ausführlicher behandeln. Spitzenverkäufer nehmen sich die Zeit, möglichst viel über die Wünsche des Kunden zu erfahren. Gute Verkäufer beherrschen die Kunst des Fragens und vor allem die Kunst des Zuhörens. Wenn man sich die Zeit nimmt, dem Kunden zuzuhören, schafft man eine angenehme Atmosphäre und erfährt eine Menge über die Wünsche des Kunden und über die Kriterien, die für den Kunden bei dem Produkt und bei der Entscheidung zum Kauf wichtig sind. Kriterien für das Produkt sind zum Beispiel, ob es sicher, billig, qualitativ hochwertig, langlebig und erprobt ist, ob es einen guten Namen hat, wie die Garantiebedingungen sind. Kriterien für die Entscheidung zum Kauf sind für manche Kunden, daß sie ein neues Produkt selbst ausprobiert haben. Andere wollen etwas darüber lesen, wieder andere wollen eine Empfehlung hören.

Verkäufer arbeiten im Kommunikationsgeschäft. Über 80 % der Käufe kommen zustande, weil der Käufer den Verkäufer sympathisch findet. Gutes Verkaufstraining konzentriert sich auf die Entwicklung der Kommunikationsfähigkeiten der Verkäufer.

Ich habe oft von Verkaufstrainern Sätze gehört wie: „Man muß es dem Kunden nur so verkaufen, daß er denkt, es sei in seinem Interesse." Ich denke, Kunden sind nicht so dumm wie diese Trainer glauben. Die Kunden spüren meist genau, ob jemand sie über den Tisch ziehen oder wirklich ihre Wünsche erfüllen will.

12. Helfen und Nein sagen

Nicht Nein sagen können

Viele Menschen haben Probleme mit der Kommunikation, weil es ihnen schwerfällt, Nein zu sagen.

Eigene Interessen haben weniger Gewicht als Interessen anderer

Oft nehmen Menschen, denen es schwerfällt, Nein zu sagen, die Interessen von anderen wichtiger als ihre eigenen Interessen. Sie glauben, es wäre egoistisch, sich für seine Interessen einzusetzen, etwas für sich zu fordern. Sie denken, wenn sie etwas für sich nehmen, würden sie jemandem etwas wegnehmen. Natürlich gibt es Menschen, die ihre Interessen auf Kosten anderer durchsetzen. Aber man kann sich auch für seine Interessen einsetzen, ohne anderen etwas wegzunehmen. Bäume sind nicht egoistisch, wenn sie sich den Kohlenstoff nehmen, den sie zum Atmen brauchen. Indem die Bäume für sich sorgen, Kohlenstoff einatmen und Sauerstoff ausatmen, versorgen sie die Menschen mit dem Sauerstoff, den sie brauchen. Keine Pflanze und kein Tier denkt, es sei egoistisch, sich das Wasser und die Nahrung zu nehmen, die es zum Leben braucht. Das Gleichgewicht in der Natur wird gerade dadurch aufrechterhalten, daß jedes Lebewesen für sich sorgt. Kein Tier kommt jedoch auf die Idee, mehr zu fressen und zu trinken, als es braucht, nur um es anderen wegzunehmen. Es ist ein Irrtum zu glauben, man könne nur auf Kosten von anderen nehmen. Oft ist das Gegenteil der Fall.

Bescheidenheit

Manche Menschen scheuen sich aus Bescheidenheit, für sich zu nehmen und zu fordern, was sie brauchen. Meist gestehen diese Menschen anderen Menschen das Recht zu, sich zu nehmen, was sie brauchen. Nur sich selbst wollen sie dieses Recht nicht zugestehen. Hinter der Bescheidenheit steckt eine Selbstüberschätzung. Diese Menschen glauben, sie als einzige auf der Welt hätten nicht das Recht, hätten es nicht nötig, für sich selbst zu sorgen. Sie stellen sich somit über die „normalen" Menschen, die es nötig haben, für sich zu sorgen. Wirklich bescheiden ist, wie alle anderen Menschen für sich das zu fordern, was man verdient und braucht.

Nicht nehmen können

Menschen, denen es schwerfällt, für sich zu fordern, was ihnen zusteht, haben oft Schwierigkeiten, von anderen etwas anzunehmen. Wer immer nur gibt und nicht nehmen kann, stellt sich über andere Menschen. Er hält andere nicht für würdig, etwas von ihnen zu nehmen. Wirkliche Bescheidenheit bedeutet, auch von anderen zu nehmen. Zu guter Kommunikation gehört ein ausgeglichenes Wechselspiel von Nehmen und Geben.

Wer nicht Nein sagen kann, dessen Ja hat kein Gewicht

Wer nicht Nein sagen kann, dessen Ja hat wenig Gewicht, hat wenig Bedeutung und Tiefe. Wer nicht Nein sagen kann, kann nicht aus ganzem Herzen Ja sagen. Er kann nicht wirklich geben, sein Geschenk ist wenig wert. Was bedeutet schon ein Kuß von einer Person, die nicht Nein sagen kann und jeden küßt? Wer nicht Nein sagen kann, beraubt die Menschen, denen er gibt, um das Wesentliche. Er beraubt sie um das Geschenk, etwas aus ganzem Herzen zu bekommen.

Anderen Nein zu sagen, bedeutet, sie zu achten

Jemandem Nein zu sagen, bedeutet, ihn als erwachsenen Menschen zu behandeln, ihn zu achten. Nur gegenüber einer völlig hilflosen Person sollte man mit dem Neinsagen zurückhaltend sein. Ein selbständiger, erwachsener Mensch kann mit einem Nein umgehen, er kann damit wachsen und stärker werden, lernen, für sich selbst zu sorgen.

Für andere ist es leichter, wenn jemand Grenzen setzen kann

Man macht es anderen leichter, wenn man auch einmal Nein sagen und seine Grenzen setzen kann. Wenn jemand seine Grenzen nicht setzen kann, ist man ständig versucht, auf seine Interessen Rücksicht zu nehmen, obwohl man sie nicht kennt. Ich mag Gäste, die sich selbst melden, wenn sie etwas brauchen. Dann muß ich nicht ständig schauen, ob sie noch genug Getränke und Essen haben und kann mich stärker auf das Gespräch mit ihnen konzentrieren.

Menschen, die automatisch Nein sagen

Es gibt nicht nur Menschen, die nicht Nein sagen können, es gibt auch das andere Extrem: Menschen, die immer Nein sagen, die automatisch mit einem Nein reagieren. Diese Menschen glauben, sie seien besonders unabhängig. Dabei sind sie am leichtesten zu manipulieren. Man braucht ihnen nur zu sagen, sie sollen das nicht tun, was man von ihnen will. Ein Verkäufer braucht ihnen nur zu sagen: „Ich würde an Ihrer Stelle den Wagen nicht kaufen, der ist zu teuer für Sie", und schon ist der Vertrag unterschrieben. Sollten Sie zu diesen Leuten gehören, gebe ich Ihnen hiermit den Befehl, nur noch Nein zu sagen.

Helfen

Menschen, denen es schwerfällt, nein zu sagen, lieben es meist, zu helfen. Natürlich meinen sie es gut, wenn sie helfen. Oft schaden sie damit jedoch mehr als sie helfen. Helfen kann problematisch sein. Wer anderen hilft, indem er Dinge für sie erledigt, die sie selbst machen könnten, macht sie oft von seiner Hilfe abhängig und damit unmündig. Wirkliche Hilfe bedeutet, andere dabei zu unterstützen, auf eigenen Beinen zu stehen, Verantwortung für ihr Leben zu übernehmen, selbständig zu werden. Mich haben oft Arbeitslose gebeten, für sie bei Firmen anzurufen und einen Vorstellungstermin auszumachen. Ich habe diese Aufgabe nicht für sie übernommen, sondern ihnen beigebracht, selbst anzurufen. Das bedeutet für mich echte Hilfe zur Selbsthilfe. Wenn ich für sie angerufen hätte, hätte ich sie für unselbständig gehalten und damit verhindert, daß sie ihr Leben in die eigene Hand nehmen, auf eigenen Beinen stehen lernen.

Ratschläge

Wer anderen Menschen gerne Ratschläge gibt, macht sie oft von sich abhängig, nimmt ihnen die Möglichkeit, selbständig zu werden. Hinter einem Ratschlag steckt oft die versteckte Botschaft: „Ich weiß besser als du, was für dich gut ist. Du bist zu dumm, für dich selbst zu sorgen."

Vielleicht möchten Sie einmal darüber nachdenken, wo Sie für andere Menschen Verantwortung übernommen haben, die diese selbst tragen können. Und wie Sie diese Menschen damit unmündig und unselbständig gehalten haben, es ihnen erschwert haben, daß sie ihr Leben in die eigenen Hände nehmen.

Entscheidungen treffen für andere

Auch wer für andere Entscheidungen trifft, nimmt ihnen die Möglichkeit, selbst zu entscheiden. Letzten Endes ist sowieso jeder selbst für sein Leben verantwortlich. Wer eine andere Person für sich entscheiden läßt, kann diese nachher nicht für einen Mißerfolg verantwortlich machen. Schließlich war es seine freie Entscheidung, jemand anderen für sich entscheiden zu lassen.

Viele Menschen lieben das Spiel, andere zu fragen: „Was soll ich nur tun?" Wenn der andere sich dazu hinreißen läßt, ihnen einen Ratschlag zu geben, verwenden sie all ihre Intelligenz, um zu beweisen, warum der Ratschlag nicht funktionieren kann. Gerade Drogenabhängige lieben es, auf diese Art die Verantwortung für ihr Leben und ihr Scheitern anderen unterzuschieben.

Co-Abhängige

Oft haben Drogenabhängige, etwa Alkoholiker, einen Co-Abhängigen, jemanden, der sie durch „Helfen" in der Sucht unterstützt. Oft ist es die Ehefrau, die ihren Mann durch ihr „Helfen" in seiner Unselbständigkeit unterstützt. Indem die Co-Abhängigen den Süchtigen die Verantwortung für ihr Leben abnehmen, erschweren sie es ihnen, ihr Leben selbst in die Hand zu nehmen.

Abhängig davon, anderen zu helfen

Manche Menschen helfen so gerne, daß sie richtiggehend abhängig davon sind, anderen zu helfen. Das bedeutet leider auch, daß sie unbewußt gar nicht wollen, daß die anderen selbständig werden. Denn dann würden sie die Person verlieren, die von ihrer Hilfe abhängig ist. Unter dem Schein der Selbstlosigkeit verbirgt sich so oft ein tiefer Egoismus.

Selbstüberschätzung

Hinter dem Bedürfnis, ständig anderen helfen zu müssen, steckt oft eine Selbstüberschätzung. Oft glauben Menschen, die zu viel helfen, daß andere ohne ihre Hilfe nicht zurechtkommen würden. Im Extremfall glauben sie, daß die Welt untergehen würde, wenn sie sich nicht für andere aufopfern würden.

Hilflosen Personen helfen

Etwas anderes ist es, wenn man Menschen hilft, die sich wirklich nicht allein helfen können, wie Babys, Behinderten oder Kranken. Aber selbst hier ist es günstig, wenn man seine Hilfe mit Respekt anbietet und akzeptiert, wenn sie abgelehnt wird. Viele Behinderte reagieren ungehalten, wenn man ihnen seine Hilfe aufdrängt, wenn man ihnen etwas abnimmt, ohne sie um Erlaubnis zu bitten.

Gurus

Wer anderen sagt, was sie zu tun haben, wer für andere Verantwortung übernimmt und für sie entscheidet, verhält sich wie ein Guru. Gurus sagen anderen Menschen, wie sie zu leben haben. Gurus scheinen stark und selbstbewußt zu sein. In Wirklichkeit sind Gurus abhängig davon, daß andere ihnen folgen. Dies wird offensichtlich, wenn ihnen die Anhänger weglaufen. Dann wird es in einigen Gruppen gefährlich, das labile Gleichgewicht der Gruppe droht zu zerbrechen und wird mit allen Mitteln verteidigt. Für mich ist ein guter Gradmesser für die Lebendigkeit, aber auch für die Gefährlichkeit von Gruppen, wie sie mit Aussteigern umgehen. Gruppen, die durch starken Druck aufrechterhalten werden, versuchen mit allen Mitteln, ihre Mitglieder vom Aussteigen abzuhalten. Eine lebendige Gruppe kann Leute leicht gehen lassen.

Gurus und sektenähnliche Gruppen, die sich ihre eigene Wirklichkeit schaffen, gibt es übrigens nicht nur im religiösen Bereich. Auch manche Psychotherapeuten und Firmen schaffen sich wie fanatische Sekten eine eigene Sicht der Realität, die durch starken Druck auf die Mitglieder der Gruppe aufrechterhalten wird.

Echte Unterstützung

Ich denke, es ist möglich, andere Menschen zu unterstützen. Jedoch nicht dadurch, daß man ihnen die Verantwortung für ihr Leben abnimmt und sie unmündig hält, sondern indem man sie dabei unterstützt, selbständig zu werden, Verantwortung für ihr Leben zu übernehmen, mehr Vertrauen in die eigene Kraft zu finden.

Gute Therapeuten unterstützen ihre Klienten dabei, selbständig zu werden, auch unabhängig von der Therapie zu werden. Verantwortungsvolle Therapeuten nehmen ihren Klienten nicht die Verantwortung für ihr Leben ab, sondern unterstützen sie dabei, wieder die Verantwortung für ihr Leben zu übernehmen. NLP, wie ich es verstehe, will diesen Weg gehen. Es hat nicht den Anspruch, die wahre Sicht der Welt zu besitzen oder die einzig effektive Therapie zu sein. NLP will Menschen nicht vorschreiben, wie sie zu handeln und zu denken haben. Ich will in diesem Buch keine Ratschläge geben, wie Menschen zu handeln haben, sondern Fragen stellen, die zu neuen Einsichten verhelfen können. Und ich zeige neue Wahlmöglichkeiten auf. Der Leser hat selbst die Verantwortung dafür, ob und wie er sie nutzen wird.

Wie kann man glücklich sein, während in Indien kleine Kinder verhungern

Ich habe den Eindruck, daß viele Menschen, denen es schwerfällt, für sich selbst etwas zu fordern, ein schlechtes Gewissen haben, wenn es ihnen gut geht. Sie denken, sie haben kein Recht, glücklich zu sein, während in Indien Kinder verhungern. Sie glauben, sie hätten kein Mitgefühl, wenn sie ihr Leben genießen, während andere leiden.

Leider hilft es den hungernden Kindern nicht, wenn jemand aus Rücksicht auf sie sein Leben nicht genießt. Im Gegenteil: Jeder Mensch, der sein Leben nicht genießt, verbreitet um sich eine schlechte Stimmung. Schlechte Laune kann ansteckender sein als Schnupfen. Wenn jemand sich selbst klein macht, ist keinem gedient.

Man kann armen Menschen helfen, indem man sie dabei unterstützt, selbständig zu werden, etwa indem man Produkte kauft, die sie selbst hergestellt haben. Bettlern Geld zu geben, halte ich für bedenklich. Wer in Indien bettelnden verkrüppelten Kindern Geld gibt, scheint auf den ersten Blick zu helfen. In Wirklichkeit werden die Kinder von Gangstern verkrüppelt, um Geld zu erbetteln. So hart es erscheinen mag, wer diesen Kindern etwas gibt, unterstützt damit die Verkrüppelung dieser Kinder.

Erwartung, für Hilfe geliebt zu werden

Manche Menschen, die gerne helfen, haben insgeheim die Erwartung, dafür von den Beschenkten geliebt zu werden. Oder sie haben Angst, nicht mehr geliebt zu werden, wenn sie eine Bitte abschlagen. Im Grunde versuchen sie etwas Unmögliches: Sie wollen sich Liebe kaufen. Wer Sie nur mag, weil Sie ihm etwas schenken oder etwas für ihn erledigen, liebt Sie nicht wirklich, er nutzt Sie nur aus. Meist wird er Sie dafür noch verachten. Wer sich Liebe so zu erschleichen sucht, fordert andere geradezu dazu auf, ihn auszunutzen und zu betrügen.

Angst vor negativer Reaktion auf ein Nein

Andere haben Angst vor einer negativen Reaktion, wenn sie eine Bitte ablehnen und Nein sagen. Wenn jemand auf Ihr Nein sauer reagiert, hat er Sie in Wirklichkeit nicht um etwas gebeten, sondern etwas gefordert, manchmal auch erpreßt. Wenn ich bemerke, daß jemand auf mein Nein negativ reagiert, bestätigt mir das, daß meine Entscheidung, Nein zu sagen, berechtigt war.

Auch um Unterstützung bitten können

Umgekehrt bedeutet es keine Schwäche, auch einmal um Unterstützung zu bitten. Kein Mensch kann alles allein erledigen. In unserer hochspezialisierten Welt braucht praktisch jeder einmal Unterstützung, von einem Steuerberater, einem Arzt oder einem Therapeuten. Viele Menschen scheuen sich, zu einem Therapeuten zu gehen, weil sie denken, das bedeute, daß sie nicht mit ihrem Leben zurechtkämen. Sie haben Angst, sich in Abhängigkeit von einem Therapeuten zu begeben. Dabei nimmt ein verantwortungsvoller Therapeut seinen Klienten nicht die Verantwortung für ihr Leben ab. Er stellt vielmehr Fragen, die ihnen helfen, zu ihrer inneren Stärke zu finden und sich Ziele zu setzen. Er gibt keine Ratschläge, er zeigt höchstens neue Wahlmöglichkeiten auf. Ich rate Ihnen, sich einen anderen Therapeuten zu suchen, wenn der Therapeut anfängt, Ihnen Ratschläge zu geben, wenn er Ihnen sagt, wie Sie zu leben haben. Jetzt habe ich Ihnen doch einen Ratschlag gegeben!

Lösung

Wenn Sie dazu tendieren, die Interessen von anderen über Ihre eigenen Interessen zu stellen, wenn es Ihnen manchmal schwerfällt, Nein zu sagen, oder wenn

Sie dazu neigen, Menschen zu viel zu helfen und sich ausnutzen zu lassen, kann Ihnen die folgende Übung helfen. Pardon, ich meine natürlich, Sie unterstützen.

Übung: **Seine Interessen gleichgewichtig zu den Interessen von anderen machen**

▶ Nehmen Sie sich zehn Minuten Zeit, sorgen Sie dafür, daß Sie ungestört bleiben und machen Sie es sich in einem Sessel bequem.

▶ Denken Sie an eine Person, bei der es Ihnen schwerfällt, Nein zu sagen, oder der Sie mehr helfen, als es nötig wäre.

▶ Überlegen Sie, wie Sie innerlich die Interessen dieser Person und wie Sie Ihre eigenen Interessen erleben. Wenn Sie die beiden Interessen vergleichen, welche sind größer, welche sind gewichtiger? Wie fühlen sich die beiden Interessen an? Vielleicht werden die Wünsche des anderen mit einer dringlicheren und lauteren Stimme geäußert? Überlegen Sie, welche Feinunterscheidungen der Wahrnehmungskanäle Ihre eigenen Interessen und die Interessen der anderen Person haben. Menschen, denen es schwerfällt, etwas für sich zu fordern, erleben meist die Interessen der anderen als größer, gewichtiger, drückender, dringender, sie werden mit mehr Nachdruck in der Stimme gefordert.

▶ Sie können beginnen, Ihre Interessen und die Interessen der anderen Person einander anzupassen. Sie können Ihre Interessen mindestens genauso gewichtig und groß machen, wie die Interessen der anderen Person. Sie können das Bild der Interessen des anderen kleiner und leichter werden lassen, die Stimme des anderen, wenn er etwas fordert, leiser werden lassen und gleichzeitig das Bild Ihrer eigenen Interessen wachsen lassen, es gewichtiger machen, Ihre eigene Stimme, wenn Sie etwas für sich fordern, selbstbewußter und überzeugender werden lassen. Sie dürfen Ihre eigenen Interessen ruhig ein bißchen gewichtiger werden lassen als die der anderen Person. Schließlich kann der andere für sich selber sorgen. Sie können sich die beiden nun ebenbürtigen Interessen anschauen und sich überlegen, wie die Interessen von beiden berücksichtigt werden können.

▶ Sie können die gleiche Arbeit auch mit anderen Personen machen, deren Interessen Sie über Ihre eigenen gestellt haben. Sie können sich verschiedene Situationen in der Zukunft vorstellen, in verschiedenen Kontexten, privat und beruflich, in denen es Ihnen früher schwergefallen wäre, für Ihre Interessen einzutreten, in denen Sie nun Ihre Interessen als gleichgewichtig ansehen.

▶ Wenn Sie mit Ihrer Arbeit zufrieden sind, können Sie ganz erfrischt und entspannt in diese Zeit und an diesen Ort zurückkommen.

▶ Wie haben sich das Gewicht und die Bedeutung Ihrer Interessen verändert?

Falls es Ihnen immer noch schwerfallen sollte, Nein zu sagen

Falls es Ihnen immer noch schwerfallen sollte, Nein zu sagen, will ich Sie um etwas bitten: Sagen Sie in den nächsten Tagen mindestens dreimal Nein, wenn Sie jemand um etwas bittet. Sie glauben, Sie können niemandem eine Bitte abschlagen? Sie werden mir doch nicht die Bitte abschlagen, dies zu tun? Es würde mich sehr schmerzen, wenn Sie zu meiner Bitte Nein sagen würden.

Absicht positiv, Wirkung oft negativ

Nachdem ich nun so wenig diplomatisch über Menschen hergezogen bin, die gerne helfen, möchte ich noch etwas Versöhnliches sagen. Ich denke, die meisten Menschen, die zu viel helfen, tun dies in bester Absicht. Nur erreichen sie leider oft das Gegenteil von dem, was sie wollen. Es gibt bessere Methoden, Menschen zu unterstützen, als ihnen zu helfen ...

13. Innere Konflikte lösen

Manche Menschen klagen über innere Blockaden. Sie werden durch innere Konflikte gelähmt. Innere Anteile kämpfen gegeneinander und blockieren oder behindern sich gegenseitig.

Typische innere Konflikte

Typisch für innere Konflikte ist ein Kampf zwischen:
- ➤ Verstand und Gefühlen
- ➤ friedlich und gewalttätig
- ➤ Ruhe und Aktivität
- ➤ prüde und sexuell ausschweifend
- ➤ konservativ und progressiv
- ➤ Sicherheit und Abenteuer & Risiko
- ➤ bescheiden und angeberisch
- ➤ ernsthaft und spielerisch oder albern.

Schlaflosigkeit ist oft Folge eines inneren Konfliktes zwischen einem Anteil, der schlafen will und einem, der etwas unternehmen will. Ein konkretes Beispiel für einen inneren Konflikt: Jemand will seine Steuererklärung ausfüllen, gleichzeitig will ein Anteil von ihm spazierengehen, weil draußen die Sonne scheint. Also sitzt er am Schreibtisch und kämpft mit sich selbst und kommt so weder zum Arbeiten noch zum Spazierengehen.

Haben Sie eine Idee, wie man einen inneren Konflikt lösen kann, etwa einen Konflikt zwischen einem friedlichen und einen gewalttätigen Anteil? Wenn jemand, der normalerweise keiner Fliege etwas zuleide tun kann, von Zeit zu Zeit ausrastet und gewalttätig wird?

Einen Teil unterdrücken?

In meinen Gruppen höre ich oft den Vorschlag, daß man den unerwünschten Anteil unterdrücken, seinen Willen zusammennehmen und sich dazu zwingen sollte, das Gute zu tun. Ich werde später noch ausführlicher auf diesen Lösungsvorschlag eingehen. Ich möchte jetzt nur andeuten, daß viele Menschen bei dem ernsthaften Versuch, diesen Lösungsvorschlag umzusetzen, scheitern.

Ich wundere mich immer wieder, wie wenige Menschen auf die Idee kommen, einen inneren Konflikt ähnlich zu lösen wie einen Konflikt mit anderen Personen, indem man die Interessen von beiden Anteilen zu berücksichtigen sucht.

Versöhnungsmodell

Im NLP gibt es eine Methode, innere Konflikte wie äußere Konflikte zu lösen. Ich nenne diese Methode das Versöhnungsmodell. Normalerweise wird diese Methode in der deutschen NLP-Literatur als *Visual Squash* bezeichnet.

Am besten in Einzelberatung

Ich möchte hier nur die Grundprinzipien dieser Methode darstellen. Ich rate Ihnen davon ab, diese Methode nur aufgrund dieser Informationen bei sich oder anderen anzuwenden. Dazu sind weitere Informationen und mehr Erfahrung nötig. Wenn Sie hiermit arbeiten wollen, gehen Sie in eine Einzelberatung mit einem erfahrenen NLP-Master. Ich denke jedoch, daß manchmal allein der Gedanke, innere Anteile miteinander zu versöhnen, heilend und lösend wirken kann.

So tun, als wären die beiden Anteile zwei Personen

Bei dem Versöhnungsmodell tut man so, als wäre ein innerer Konflikt ein Kampf zwischen mehreren Anteilen einer Person. Daß man verschiedene innere Anteile hat, ist übrigens normal und nichts Bedenkliches. Ich habe zum Beispiel einen Anteil, der Russisch spricht. Wenn ich Russisch spreche, rede ich mit einer anderen Stimme, als wenn ich Deutsch spreche. Ich fühle mich dann wie ein Russe. Problematisch wird es nur, wenn sich die Anteile einer Person gegenseitig bekämpfen. Im Extremfall kann das zu einer gespaltenen Persönlichkeit führen. Psychiater nennen das Schizophrenie.

Anteile den Händen zuordnen

Wenn ich mit einem Klienten einen inneren Konflikt lösen will, trenne ich zuerst die in den Konflikt verwickelten Anteile klar voneinander. Nehmen wir der Einfachheit halber an, es sind zwei sich gegenseitig bekämpfende Anteile, ein friedlicher und ein gewalttätiger. Ich behandle diese Anteile als wären sie Personen. Ich bitte den Klienten, jedem Teil einen Namen zu geben, damit ich später die Anteile mit diesem Namen anreden kann. Es ist sinnvoll, den Anteilen keine verurteilenden Bezeichnungen wie „Schwächling" oder „Verbrecher" zu geben, sondern zumindest neutrale Namen. Schließlich will ich mit den Anteilen ins Gespräch kommen. Wer redet schon gerne mit jemandem, der ihn als „Schwächling" oder „Verbrecher" anspricht. Ich habe schon Fälle erlebt, in denen die Versöhnung schon begann und Tränen flossen, als der ungeliebte Anteil zum ersten Mal mit einem neutralen Namen angeredet wurde. Nehmen wir an, der Klient nennt seine Anteile Friede und Kraft. Ich bitte den Klienten, jeden Anteil einer seiner Hände zuzuordnen. Etwa den Anteil Kraft in die rechte Hand und den Anteil Friede in die linke Hand.

Ich spreche mit den Händen, als wären sie Personen. Es mag unwahrscheinlich klingen, nach einiger Zeit gewöhnen sich die Klienten daran und antworten direkt im Namen der Anteile. Der Klient sagt nicht, „meine rechte Hand, der Anteil Kampf, meint, er will dafür sorgen, daß ich mich durchsetze", sondern er spricht direkt im Namen des Anteils: „Ich will dafür sorgen, daß er sich durchsetzt."

Ich spreche abwechselnd mit den beiden Anteilen. Zuerst frage ich sie, ob sie bereit sind, sich mit mir zu unterhalten. Ich stelle Kontakt zu den Anteilen her und frage, ob sie sich bewußt sind, welche positiven Absichten sie im Leben des Klienten verwirklichen wollen. Es ergibt sich zum Beispiel, daß der Anteil Friede für Ruhe und Sicherheit sorgen will, der Anteil Kampf den Klienten vor Angriffen schützen möchte und sich dafür einsetzt, daß er seine Ziele erreicht.

Ich möchte als nächstes erreichen, daß die Anteile sich des jeweils anderen Anteils bewußt werden. Ich frage die Anteile, was sie von dem anderen Anteil halten. Meist beginnen die Anteile furchtbar aufeinander zu schimpfen. Dann frage ich die Anteile, ob ihnen die positiven Absichten des anderen Teils und dessen Fähigkeiten bewußt sind. Ich arbeitete einmal mit einem Klienten, bei dem sich die Anteile Realist und Träumer bis aufs Messer bekämpften. Der Realist erzählte zehn Minuten lang von seinen Absichten. Als ich den Träumer fragte, was er von den Ausführungen des Realisten halte, antwortete er: „Was, hat der etwas gesagt? Ich habe nichts gehört." Die beiden Anteile waren meilenweit voneinander entfernt! Der Klient erinnerte sich in der Rolle des Träumers an nichts von dem, was er gerade in der Rolle des Realisten gesagt hatte.

Ich führe die beiden Anteile zu einer Versöhnung hin, indem ich jeden Anteil frage, ob der andere Anteil Fähigkeiten besitzt, die ihm selbst bei der Erfüllung seiner positiven Absicht nützlich sein könnten. Ich frage die Anteile, ob sie sich eine Zusammenarbeit für die nächsten zehn Tage vorstellen können, bei der sie den jeweils anderen Anteil mit ihren Fähigkeiten unterstützen. Wenn beide Anteile sich eine Zusammenarbeit vorstellen können und sich dazu entscheiden, vertiefe ich die Versöhnung und Integration der beiden Anteile in einer Trance. Ich werde in Kapitel 19 ausführlicher auf das Thema Trance eingehen. Hier will ich nur erwähnen, daß die Integration in der Trance tiefer und wirksamer ist, als wenn sie nur vom bewußten Verstand beschlossen wird.

Ich versetze den Klienten in eine Trance und bitte ihn, die beiden Hände mit ihren verschiedenen Persönlichkeitsanteilen aufeinander zu bewegen und schließlich berühren zu lassen. Damit verschmelzen die beiden Anteile, die sich vorher bekämpft haben, miteinander.

Ich bin immer wieder berührt von der versöhnenden Kraft dieser Methode. Die Klienten strahlen nach dieser Arbeit eine tiefe Ruhe und Liebe aus.

Streitende innere Stimmen

Wenn jemand innere Stimmen hört, die miteinander streiten, kann man diese Stimmen wie Anteile behandeln und den Konflikt mit dem Versöhnungsmodell lösen. Anstatt sich zu verurteilen, kann man freundlich, ja liebevoll mit sich selbst umgehen, freundlich zu sich selbst sprechen, sich aufmuntern.

Anteile werden versöhnt

Manchmal verschmelzen die beiden Anteile zu einem Teil, in anderen Fällen bleiben es zwei Anteile, die nun kreativ zusammenarbeiten. Wie in einem Orchester spielen sie nun harmonisch zusammen. Ich denke, daß unsere verschiedenen Persönlichkeitsanteile unser Leben interessant und bunt machen. Wie in einer lebendigen Beziehung können die kreativen Spannungen zwischen den Anteilen das Leben bereichern. Problematisch ist es nur, wenn sich die Anteile gegenseitig blockieren, wenn sie sich feindlich gegenüberstehen. In diesen Fällen kann die Versöhnung der Anteile Wunder wirken.

Manchmal nötig, einen Anteil zeitweilig zu übergehen

Natürlich gibt es Momente, in denen es erforderlich ist, einen Anteil von sich zu übergehen, seine Schwerfälligkeit oder Müdigkeit zu überwinden. Auf Dauer ist es jedoch nicht ratsam, einen Anteil seiner Persönlichkeit zu unterdrücken.

Innere Konflikte rauben Energie

Innere Konflikte kosten immense Energie. Kennen Sie die Geschichte von dem alternden Boxchampion, der unbedingt ein Comeback versuchen wollte? Sein Manager riet ihm davon ab. Der Boxer bettelte: „Ich will nur einmal gegen *Jack, den Schrecklichen* antreten, alle meinen, er sei der Größte!" Der Manager schüttelte den Kopf: „Gegen *den* kannst du schon gar nicht antreten!" Der Boxer bettelte weiter: „Aber warum kann ich denn nicht gegen *Jack, den Schrecklichen* antreten, ich verspreche, es wird mein letzter Kampf sein!" Der Manager seufzte und sagte: „Wie oft muß ich es dir noch sagen, du kannst nicht gegen Jack den Schrecklichen antreten, weil du selbst *Jack der Schreckliche* bist!"

Oft langer Weg zu sich selbst

Der Weg der Versöhnung mit sich selbst ist oft ein langandauernder Prozeß der persönlichen Entwicklung. Es gibt keine Tricks und Abkürzungen auf diesem Weg. Dieser Weg hat jedoch seine schönen Seiten, er ist eine Herausforderung. Der Name dieses Weges ist: Unser Leben.

Wie Kampf gegen sich selbst gewinnen?

Während man bei einem äußeren Konflikt, wenn gar nichts mehr geht, die Beziehung abbrechen kann, ist dies bei einem inneren Konflikt nicht möglich. Man kann sich nicht von einem Anteil seiner Persönlichkeit verabschieden, man kann ihn nicht auf Dauer unterdrücken, ignorieren oder auf sonstige Weise ausspielen. Einen Kampf gegen sich selbst kann man nicht gewinnen. Wie soll die rechte Hand die linke Hand besiegen? Ein Sieg wird immer auf eigene Kosten gehen. Gewalt und Unterdrückung sind keine guten Lösungen, sie sind kaum von Dauer. Bei inneren Konflikten ist es schlicht nicht möglich, einen Teil zu eliminieren, abzutöten.

Man kann jemanden, der von einem inneren Konflikt blockiert wird, mit einem Autofahrer vergleichen, der gleichzeitig aufs Gaspedal und auf die

Bremse tritt. Wenn er dann nicht weiterkommt, geben ihm viele den wohlmei-nenden Ratschlag: „Du mußt dich einfach mehr anstrengen, deinen Willen stählen."

Statt Bürgerkrieg

Wenn manche Leute von sich selbst sprechen, hört sich das an, wie ein Bericht über einen Bürgerkrieg. Sie sagen Sätze wie: „Man muß den inneren Schwei-nehund überwinden, man muß sich zwingen, sich selbst in den Hintern treten, man darf sich nicht gehenlassen, nicht die Kontrolle verlieren, sich immer im Griff haben, sich selbst überwinden." Wie sprechen *Sie* mit sich selbst, über Ihren Körper, Ihre Gefühle und Ihre Schwächen? Wie gehen Sie mit sich selbst um? So liebevoll und respektvoll wie mit anderen Menschen?

Jesus hat gesagt: „Liebe deinen Nächsten wie dich selbst!" Viele verstehen diesen Satz so, daß man sich zwingen sollte, seine Mitmenschen zu lieben. Ich denke, dieser Satz meint auch, daß es gut ist, zuerst mit sich selbst ins Reine zu kommen. Wer sich selbst verachtet und haßt, wird auch seine Mitmenschen ver-achten und hassen, wenn er sie „liebt wie sich selbst".

Wie kommt es, daß so viele Menschen mit sich selbst besonders hart umge-hen? Das erinnert mich an eine Geschichte: Ein Junggeselle wurde gefragt, war-um er denn nie geheiratet habe. Er antwortete, er sei als junger Mann einmal im Gedränge der U-Bahn einer Frau aus Versehen auf den Fuß getreten. Die Frau ha-be ihn angebrüllt: „Du Vollidiot!" Dann habe sie ihn entsetzt angesehen und sich entschuldigt: „Ach, das ist mir jetzt aber furchtbar peinlich, ich dachte, mein Mann sei mir aus Versehen auf den Fuß getreten."

Wie kommt es, daß viele gerade zu denen besonders hart sind, die ihnen am nächsten stehen?

Negative Folgen von inneren Konflikten

Wer ständig mit sich selbst im Kampf ist, verschwendet Energie, die kreativer ge-nutzt werden könnte.

Wenn jemand versucht, einen Anteil seiner Person auf Dauer zu unter-drücken, wird sich dieser Anteil dafür rächen, indem er ihn sabotiert, ihm Ener-gie raubt. Oft verhindern innere Konflikte den Erfolg einer Person, verhindern, daß der Mensch seine Ziele erreicht. Viele Menschen stellen sich kurz vor dem Durchbruch zu einem Erfolg selbst ein Bein, weil ein Anteil von ihnen einen Einwand gegen den Erfolg hat. Ich denke, daß innere Konflikte auch zu Krankheiten führen und die Selbstheilung erschweren können. Es ist auffällig, daß viele moderne Krankheiten einem Kampf des Organismus gegen sich selbst ähneln. Bei Arthritis greift das Immunsystem die eigenen Gelenke an, bei AIDS greift sich sogar das Immunsystem selbst an.

Veränderung durch Annehmen

Es wirkt absurd, ja widersinnig: Wer sich ändern will, bleibt stehen. Wer sich so annimmt, wie er ist, kann sich leichter ändern. Wenn jemand krampfhaft versucht, sich zu ändern, wenn er mit aller Willenskraft versucht, ungeliebte Anteile seiner Person zu unterdrücken, werden die unterdrückten Teile jede Veränderung blockieren oder sabotieren. Der Versuch, sich zu ändern, führt so zum Stillstand. Wer sich dagegen selbst so annimmt, wie er ist, mit allen seinen kleinen Fehlern und Schwächen, wer gerade seine ungeliebten Persönlichkeitsanteile akzeptiert und annimmt, kommt in eine innere Balance, ist im Einklang mit sich selbst, alle seine Anteile arbeiten zusammen, ziehen an einem Strang, seine ganze Kraft und Energie geht in eine Richtung. Und er ändert sich leicht, ohne Mühe, er wird zu einem immer kreativeren Menschen, der mit sich und der Welt im Reinen ist. Paradoxerweise ändern wir uns, wenn wir uns so, wie wir sind, annehmen. Dagegen bleibt man leicht stecken, wenn man sich mit Willen und guten Vorsätzen zu einem besseren Menschen zu wandeln sucht.

Ein Therapeut sagte einmal in einer Selbsterfahrungsgruppe: „Die Lösung ist, sich selbst so anzunehmen, wie man ist." Eine Gruppenteilnehmerin sagte: „Aber ich kann mich selbst nicht so annehmen, wie ich bin." Der Therapeut antwortete: „Dann akzeptieren Sie, daß Sie sich nicht annehmen können." Wer sich selbst dafür verurteilt, daß er sich nicht annehmen kann, kämpft weiter gegen sich. Wer sich selbst verzeiht, wenn er mit sich selbst hadert, macht den ersten Schritt zur Versöhnung mit sich selbst.

Annehmen bedeutet nicht unbedingt ausleben

Wenn man seine ungeliebten Anteile annimmt, sie akzeptiert und integriert, bedeutet das nicht unbedingt, daß man sie auch auslebt. Annehmen eines gewalttätigen Anteils bedeutet nicht, daß man ihn auslebt und seiner Schwiegermutter den Garaus macht. Wer einen gewalttätigen Anteil seiner Persönlichkeit annimmt, nutzt die Kraft dieses Anteils für kreative Zwecke, nicht zur Zerstörung.

Etwa, indem er Judo oder Karate betreibt. Ich werde im nächsten Kapitel noch ausführlicher darauf eingehen, wie man ungeliebte Anteile konstruktiv nutzen kann.

Gerade die ungeliebten Anteile annehmen

Ich will hier schon andeuten, daß gerade die ungeliebten Anteile einer Persönlichkeit oft eine sehr wichtige Funktion haben. Oft haben sie eine Schutzfunktion. So kann ein Anteil, der Angst vor Erfolg hat, vor Überarbeitung schützen. Der Anteil will sicherstellen, daß man noch genügend Zeit für sich und seine Familie hat. Wenn man die ungeliebten Anteile integriert, gewinnt man innere Bündnisgenossen.

Heilend

Die Lösung von inneren Konflikten durch Versöhnen der Anteile kann heilend wirken. Wissen Sie, was die ursprüngliche Bedeutung des Wortes Heilen ist? *Heilen* bedeutet „ganz machen", eine innere Spaltung versöhnen. Die ursprüngliche Bedeutung des Wortes *Heilen* kommt noch in dem Satz vor: „Das Glas ist runtergefallen, aber es ist heil geblieben."

Die Eltern annehmen

Versöhnend und heilend wirkt auch, seine Eltern als seine Erzeuger anzunehmen. Wenn ein Mann seinen Vater nicht annimmt, wenn er lieber einen anderen Vater haben wollte, lehnt er einen Teil von sich selbst ab. Allein seine Gene sind zur Hälfte von seinem Vater bestimmt. Wenn er seinen Vater annimmt, kann er auch besser seine männliche Seite annehmen. Den Vater als seinen Erzeuger anzunehmen, heißt nicht unbedingt, alle seine Handlungen gutzuheißen. Wer seine Herkunft verleugnet, sägt den Ast ab, auf dem er sitzt. Ohne seine Eltern wäre er nicht auf der Welt.

Seine Sterblichkeit akzeptieren

Zum Annehmen seiner ganzen Person und des Lebens, wie es ist, gehört auch, seine Sterblichkeit in diesem Körper zu akzeptieren. Zu verdrängen, daß man eines Tages sterben wird, kostet Kraft und führt oft dazu, daß Menschen nur auf

Sparflamme leben. Das Sterben und der Tod gehören zu den größten Tabus der westlichen Welt. In Asien gehen die Menschen viel natürlicher mit dem Sterben um. Hier wird der Tod als ein Teil des Lebens akzeptiert.

Nonverbales Verhalten

Innere Konflikte drücken sich in unserem nonverbalen Verhalten aus. Wenn jemand mit sich selbst im Zwiespalt steht, drücken seine Stimme und Körpersprache etwas anderes aus als seine Worte. Er sagt mit zorniger, lauter Stimme, verzerrtem Gesicht und erhobener Faust: „Aber ich liebe dich doch!" Oder er sagt mit zittriger Stimme und weichen Knien: „Ich traue mir diese Arbeit zu." Menschen spüren instinktiv diese nonverbalen Signale. Wenn sich Worte und Körpersprache widersprechen, reagieren Menschen stärker auf die Botschaft des Körpers. Wenn ein Mann seine Freundin anschreit: „Ich liebe dich doch", reagiert die Freundin nicht auf seine Worte, sondern auf sein Schreien. Auf das Thema verbale und nonverbale Kommunikation werde ich in Kapitel 17 ausführlicher eingehen.

Ich denke, kein Rhetorik-Training kann helfen, einen inneren Zwiespalt zu vertuschen. Irgendwie kommt heraus, was wirklich in den Menschen vorgeht. Zum Beispiel, indem sie ihre wahren Gedanken durch einen Versprecher verraten, einen sogenannten Freudschen Versprecher. Einen der schönsten Freudschen Versprecher hörte ich von einer älteren Dame. Sie erzählte mir stolz: „Ich tue viel für meine Gesundheit. Jeden Morgen mache ich mir ein Müsli mit Sonnenblumen*kerlen*!"

Menschen spüren meist, ob jemand hinter dem steht, was er sagt. Anstatt Energie zu verschwenden, indem man versucht, zu vertuschen, was in einem vorgeht, kann man mit sich selbst ins reine kommen. Wenn Sie mit sich in Harmonie sind, ist Ihre Kommunikation kongruent, das heißt, Ihre verbale und nonverbale Kommunikation stehen im Einklang. Wer mit sich im reinen ist, besitzt Autorität, Charisma, eine innere Ruhe und Kraft, die man nicht einstudieren kann. Er besitzt Enthusiasmus, weil die ganze Person hinter seinen Zielen steht. Wer alle seine Persönlichkeitsanteile angenommen und integriert hat, ist integer. Er handelt und spricht kongruent, seine ganze Person steht hinter dem, was er sagt. Alle seine Persönlichkeitsanteile arbeiten zusammen. Ein solcher Mensch versucht nicht, andere zu kopieren, er redet nicht den Zuhörern nach dem Mund, er ist authentisch. Man braucht nicht laut zu reden, einen großen Wirbel zu veranstalten, um seine Zuhörer zu erreichen. Wer mit sich selbst versöhnt ist, erreicht seine Zuhörer, auch wenn er leise und nachdenklich spricht.

Innere und äußere Konflikte beeinflussen sich

Innere und äußere Konflikte sind oft zwei Seiten einer Medaille. Wer mit sich selbst im Einklang ist, kann auch andere Menschen so annehmen, wie sie sind. Oft ärgern uns gerade die Eigenschaften an anderen Personen, die wir an uns selbst nicht mögen. Ich selbst bin gelernter Gymnasiallehrer und rede gerne. Nichts kann mich in meinen Gruppen so aus der Ruhe bringen wie selbstgerechte Lehrer, die immer recht behalten wollen, die zu jeder Idee sagen: „Ja, aber das funktioniert auch nicht immer", und dann noch zehn Minuten darüber diskutieren wollen. Inzwischen kann ich immer besser damit umgehen, meine eigene Schwäche in diesen Menschen erkennen und innerlich darüber lächeln.

Wer immer wieder die gleichen Konflikte mit anderen hat, kann nach innen schauen, ob er in sich einen ähnlichen Konflikt finden kann. Wer seine inneren Konflikte löst, wird oft feststellen, daß damit auch äußere Konflikte verschwinden.

Durch innere Harmonie mit sich selbst entsteht echtes Selbstbewußtsein

Wer sich mit sich selbst versöhnt, bekommt ein tiefes Selbstbewußtsein. Dieses Selbstbewußtsein kommt von innen und ist nicht künstlich aufgeputscht.

Selbstbewußtsein durch Autosuggestionen

Viele Menschen wollen ihr Selbstbewußtsein stärken, indem sie Kassetten mit positiven Suggestionen anhören. Sie hören sich Suggestionen an wie: „Ich bin immer erfolgreich. Ich will siegen, ich will angreifen. Ich mache alles nur noch gut und richtig. Ich liebe alle Menschen. Ich habe kosmische Größe. Ich bin total wach. Ich bin zum Siegen geboren." Ich habe diese Suggestionen einem der bekanntesten deutschen Bücher dieser Richtung entnommen.

Ich bin skeptisch bei dieser Methode. Wer sein Selbstbewußtsein auf diese Weise stärken will, hypnotisiert sich selbst, oft glaubt er wirklich an die Suggestionen. Aber dieser Glaube bleibt oft eine Illusion, besitzt keine Basis, keine Wurzeln. Man kann sich verhältnismäßig leicht suggerieren, daß man alles kann. Ich bezweifle nur, ob dies sinnvoll ist. Wer glaubt, alles zu können, überschätzt sich oft selbst. Er steigt dann ohne Training auf einen Achttausender, und der Absturz ist vorprogrammiert. Es gibt mindestens genau so viele Menschen, die sich selbst überschätzen, wie Menschen, die sich unterschätzen. Wer sich mit Hilfe von Suggestionen ändern will, beachtet oft die möglichen unerwünschten Nebenwirkungen der Veränderungen zu wenig. So finde ich es bedenklich, immer total wach zu sein. Menschen brauchen auch ihren Schlaf. In dem oben erwähnten Buch wurde die Suggestion „Ich bin total wach" bei Fieber empfohlen. Gerade bei Fieber kann Schlaf manchmal mehr helfen, als sich zu suggerieren, total wach zu sein. Viele Suggestionen klingen mir zu martialisch, zu kriegerisch. Da wird suggeriert: „Ich will angreifen." Angreifen ist meist gegen jemanden gerichtet. Ich denke, man kann seine Ziele auch erreichen und erfolgreich sein, ohne andere zu bekämpfen.

Es gibt Gruppen, bei denen die Teilnehmer dazu aufgefordert werden, über glühende Kohlen zu laufen. Wenn die Leute dies geschafft haben, wird ihnen gesagt, daß sie alles schaffen können, was sie wollen. Ich halte nicht viel von solchen Übungen. Zum einen kann jeder über glühende Kohlen laufen. Das ist physikalisch leicht erklärbar. Entscheidend ist nämlich nicht so sehr die Temperatur, sondern die Leitfähigkeit von glühender Kohle und von Fußsohlen. Ich glaube nicht, daß diese Trainer über eine glühende Eisenplatte gehen würden. Zum anderen sehe ich die Gefahr, daß Trainer ihre Teilnehmer durch solche „Wunder" von sich abhängig machen. Sie suggerieren damit, daß sie Wunder tun können und daß man ihnen deshalb alles zu glauben habe. Vor allem aber finde ich bedenklich, Leute glauben zu machen, sie könnten alles erreichen, was sie sich wünschen, sie könnten alles, woran sie glauben. Das erinnert mich an die Feuerwehrleute in Tschernobyl, die in den radioaktiv verseuchten Reaktor gingen und felsenfest daran glaubten, daß ihnen nichts passieren könne, weil sie zuvor eine Flasche Wodka getrunken hatten. Das ist leider kein Witz, ich habe solche Menschen kennengelernt.

Es gibt schon genug Menschen, die zwischen Phasen der Depression und Phasen der Selbstüberschätzung hin und her schwanken. Man braucht dies nicht noch durch überzogene Suggestionen zu fördern.

Zu viele Menschen überspielen innere Warnsignale und überfordern sich, überarbeiten sich, vernachlässigen ihr Privatleben und ihre Familien. Oft wachen sie erst auf, wenn ihr Körper nicht mehr mitspielt, wenn sie mit 40 ihren ersten Herzinfarkt haben, wenn sie ausgebrannt sind. Ich habe oft Männer getroffen, die sich mit positiven Suggestionen aufputschen und alle inneren Warnsignale überspielen. Einer dieser Männer hat mir erzählt, daß er kurz vor seiner Scheidung geträumt habe, seine Frau beim Reiten zu überholen. Seine Frau habe ihm hinterhergerufen: „Wenn du weiter so schnell reitest, wirst du mich nie erreichen!" Der Mann hat den Traum nicht verstanden.

Gerade *die* Anteile von uns, die Einwände gegen Erfolg erheben, haben oft eine wichtige Funktion. Sie schützen vor Überarbeitung und Selbstüberschätzung. Gerade erfolgreichen Menschen tut es gut, wenn sie sich einmal ausruhen, sich gönnen, einmal schwach zu sein, traurig zu sein, nachdenklich zu sein. So können sie neue Kraft tanken.

Nachdem ich vor möglichen schädlichen Folgen von Affirmationen gewarnt habe, möchte ich auch erwähnen, daß Affirmationen, wenn man die negativen Nebenwirkungen berücksichtigt, durchaus wirkungsvolle Mittel sind. Sie können die Selbstheilungskräfte des Unbewußten unterstützen.

Bedeutung des Wortes Selbstbewußtsein

Was bedeutet eigentlich das Wort *Selbstbewußtsein*? Für mich bedeutet es, sich seiner selbst bewußt zu sein, mit allen seinen Persönlichkeitsanteilen. Selbstbewußtsein, das von innen kommt, hält am längsten.

Selbstbewußtsein durch Anerkennung von anderen

Viele wollen ihr Selbstbewußtsein durch Anerkennung stärken. Natürlich ist es angenehm, wenn man anerkannt wird. Und es tut dem Selbstbewußtsein gut. Wer jedoch sein Selbstbewußtsein abhängig macht von der Anerkennung von anderen, hat sein Haus auf Sand gebaut. Er lebt unter der ständigen Angst, daß er die Anerkennung verlieren könnte und damit sein Selbstbewußtsein am Boden zerstört ist. Viele Menschen erscheinen auf den ersten Blick selbstbewußt. Wenn sie jedoch in den Ruhestand treten und keinen Titel, kein Büro und keine Sekretärin mehr haben, brechen sie zusammen.

Wer sein Selbstbewußtsein von Anerkennung, Titeln, beruflicher Stellung oder Machtpositionen abhängig macht, kann nie genug davon bekommen. Von einem Ersatz für das, was einem wirklich wichtig ist, bekommt man nie genug. Ein Ersatz befriedigt nicht so, wie das, was man wirklich ersehnt. Schokolade kann Liebe nicht ersetzen. Das Fatale dabei ist, daß viele immer mehr von dem Ersatz haben wollen, gerade weil er sie nicht befriedigt. Das gilt für Drogen wie für Anerkennung, Prestige oder Macht.

Gesundes Selbstbewußtsein

Wir können gesundes Selbstbewußtsein erreichen, indem wir uns selbst so akzeptieren wie wir sind. Versöhnung mit sich selbst hält an. Der Weg zu Selbstbewußtsein kennt leider keine Abkürzungen.

Man kann sein Selbstbewußtsein auch stärken, indem man sich auf seine Fähigkeiten und Stärken besinnt, mehr Zugang zu seinen Fähigkeiten findet. Wie man das machen kann, habe ich schon in den Kapiteln 4 und 5 behandelt. Wenn Sie Ihr Selbstbewußtsein zusätzlich stärken wollen, kann Ihnen die folgende Übung nützlich sein. Ich habe diese Übung nach einer Übung aus dem empfehlenswerten Buch „Praxiskurs NLP" von Steve Andreas und Charles Faulkner (Junfermann Verlag) entwickelt.

Übung: **Selbstbewußtsein stärken**

▶ Nehmen Sie sich etwa 20 Minuten Zeit, stellen Sie sicher, daß Sie ungestört bleiben, und setzen Sie sich bequem hin.

▶ Betrachten Sie sich selbst von außen, so wie Sie sich im Moment selbst erleben. Schauen Sie innerlich ein Bild von sich selbst von außen an.

▶ Verändern Sie den Inhalt des Bildes so, daß Sie sich in einem Moment sehen, in dem Sie auf sich selbst stolz sind. Vielleicht sehen Sie sich in einem Augenblick eines besonderen Erfolges, oder in einem Moment, als Sie sehr ausgeglichen und zufrieden mit sich waren. Sie können in dem Bild *die* Seiten von sich, mit denen Sie zufrieden sind, etwas stärker wahrnehmen, und *die* Seiten von sich, die Ihnen weniger gefallen, ein bißchen schwächer wahrnehmen. Und stellen Sie sicher, daß Ihr neues Selbstbild nicht perfekt ist. Behalten Sie noch ein paar kleine Schwächen. Das neue Selbstbild kann positiv und realistisch sein.

▶ Sie können nun die Feinunterscheidungen dieses Bildes möglichst anziehend machen. Meistens geschieht dies, wenn Sie das Bild größer werden lassen, es ganz um sich herum gehen lassen, es plastisch und bunt und einen Film daraus machen.

▶ Kennen Sie eine Person, die Sie schätzt, mag oder liebt? Sie können sich selbst mit den Augen dieser Person anschauen. Blicken Sie liebevoll auf sich selbst. Nehmen Sie sich soviel Zeit, wie Sie wollen, um diese Erfahrung zu genießen. Sie können das Gefühl, sich selbst liebevoll zu erleben, nun in sich hineinnehmen. Lassen Sie sich ganz erfüllen von dem Gefühl, sich zu mögen und anzunehmen. Lassen Sie alle Ebenen Ihres Seins und alle Zellen Ihres Körpers erfüllen von dem Gefühl, sich selbst anzunehmen und zu lieben. Wenn es Ihnen schwerfällt, sich selbst mit liebevollen Augen zu sehen, können Sie sich auch an einen Moment in Ihrem Leben erinnern, als Sie sich selbst mochten, als Sie mit sich zufrieden waren. Oder Sie können sich vorstellen, wie es sich anfühlen würde, wenn Sie sich selbst mögen würden.

▶ Sie können nun eine innere Stimme hören, die Ihnen sagt: „Ich fühle mich gut mit mir." Lassen Sie alle Ebenen Ihres Seins erfüllen von dieser Stimme, die immer wieder sagt: „Ich fühle mich gut mit mir." Nehmen Sie sich so viel Zeit, wie Sie wollen, um das damit verbundene angenehme Gefühl zu genießen.

▶ Sie können noch einmal Ihr neues Selbstbild anschauen. Sie können wahrnehmen, wie das Bild mit der Erfahrung, sich selbst liebevoll anzusehen und mit der Stimme, die Ihnen sagt: „Ich fühle mich gut mit mir", noch anziehender geworden ist.

▶ Sie können das neue Selbstbild vervielfältigen, hunderte von bunten Kopien auf Papier davon machen, diese Bilder in Ihre Arme nehmen und mit einem HUIH in die Höhe werfen und beobachten, wie die Bilder Ihres neuen Selbst rund um Sie herum zu Boden flattern. Sie können immer mehr Kopien Ihres neuen Selbstbildes in die Höhe werfen und rund um sich und in Ihrer Zukunft auf dem Boden verteilen. Sie können immer mehr Bilder Ihres neuen Selbst in Ihrer nahen und fernen Zukunft verteilen.

▶ Wenn Sie mit Ihrer Arbeit zufrieden sind, können Sie erfrischt und wach ins Hier und Jetzt zurückkehren.

▶ Wie hat Ihnen diese Übung gefallen? Sie können Sie jederzeit wiederholen.

Willenskraft

Wer mit Willenskraft ein Ziel zu erreichen versucht, wenn Anteile seiner Persönlichkeit Einwände gegen die Erreichung des Ziels haben, vergeudet seine Kraft. Das erinnert mich an einen Freund, der mir einmal sagte: „Ich habe einen starken Willen. Mein Problem ist nur, daß ich nicht weiß, was ich will."

Positives Denken

Viele Menschen versuchen durch Positives Denken ihr Selbstbewußtsein zu stärken. Ich stehe skeptisch zum Positiven Denken. Das bedeutet nicht, daß ich ein

Anhänger des negativen Denkens bin. Wer negativ denkt, zieht das Negative an. Die negative Erwartung erfüllt sich selbst. Wer davon überzeugt ist, daß er keine Arbeit finden wird, richtet es unbewußt so ein, daß er keine Arbeit bekommt.

Lebensbejahende Grundeinstellung ist wünschenswert, nur wie erreicht man sie?

Ich denke, es ist sinnvoll, eine lebensbejahende Grundeinstellung zu haben. Ich bin nur nicht sicher, ob man sie erreicht, indem man sich zwingt, nur noch positiv zu denken. Wer eine lebensbejahende Grundeinstellung zu erreichen sucht, indem er sich zwingt, nur noch positiv zu denken, erinnert mich an jemanden, der einen Wasserhahn in die Wüste mitnimmt und glaubt, daß er so für Wasser gesorgt habe.

Druck, nur positiv zu denken, führt oft zu negativem Denken

Wenn man jemanden zu etwas zwingen will, erreicht man oft das Gegenteil. Mütter, die ihren Kindern etwas befehlen, können davon ein Lied singen. Unser Unbewußtes läßt sich auch nicht gerne sagen, was es zu tun oder zu glauben hat und reagiert oft wie ein trotziger Junge, der extra das Gegenteil von dem tut, was man von ihm verlangt. Wenn man dem Unbewußten immer wieder einhämmert, nur noch positiv zu denken, führt das oft zum Gegenteil. Ich habe schon öfter Klienten gehabt, die sich dafür verurteilten, daß sie ihrem Anspruch, nur noch positiv zu denken, nicht gerecht wurden. Sie haßten sich selbst, wenn sie einmal negativ dachten. Ich habe diese Menschen dabei unterstützt, ihren „negativen" Persönlichkeitsanteil anzunehmen und zu integrieren. Die Veränderung, die dabei in den Menschen vorging, war wirklich erstaunlich. Anstatt sich ständig selbst zu verurteilen, weil sie negativ dachten, kamen diese Menschen in Einklang mit sich selbst.

Was machen die Lehrer des Positiven Denkens mit denjenigen, die sich wirklich Mühe geben und es nicht schaffen, ihre negativen Gedanken loszulassen? Ich habe den Eindruck, ihnen wird nur gesagt, sie hätten sich nicht genug angestrengt, sie müßten noch stärker versuchen, nur noch positiv zu denken.

Viele Anhänger des Positiven Denkens sind wirklich mit sich im Einklang

Natürlich gibt es viele Anhänger des Positiven Denkens, die wirklich mit sich im Einklang sind und eine lebensbejahende Grundeinstellung besitzen. Ich will hier auch an die denken, die sich wirklich bemühen, positiv zu denken und dabei scheitern.

Was ist positiv?

Wer das Positive Denken propagiert, begibt sich auf das tückische philosophische Glatteis, zu bestimmen, was überhaupt positiv ist. Bei der Suche nach einer Lösung dieser Frage haben sich Moraltheologen jahrhundertelang gegenseitig die Köpfe eingeschlagen und sind zu keinem brauchbaren Ergebnis gekommen.

Es gibt nicht nur gut und schlecht

Unsere Sprache führt uns mit ihrer Unterscheidung zwischen gut und schlecht in die Irre. In der Realität gibt es nicht nur die beiden Extreme, es gibt noch unendlich viele Zwischentöne zwischen Gut und Schlecht. Für mich ist es ein Zeichen von billiger Literatur, daß sie mechanisch zwischen Gut und Schlecht unterscheidet. In diesen Büchern gibt es meist noch einen Halbschlechten, der sich am Ende zum Guten bekehrt und als Märtyrer für die gute Sache stirbt.

Positives Denken will nur einen Teil

Ich denke, die Problematik des Positiven Denkens liegt darin, daß es nur den positiven Teil einer Person, nur die positiven Seiten des Lebens annehmen will. Ich glaube jedoch, daß zum Leben alle Seiten gehören, nicht nur die sogenannten positiven. Wenn wir nur Sonnenschein haben wollen, werden wir letzten Endes verdursten, weil wir den Regen abgelehnt haben.

Gerade die „negativen" Gefühle wie Trauer, Einsamkeit, Nachdenklichkeit und Müdigkeit gehören auch zum Leben, sie geben dem Leben Farbe und Tiefe. In der Natur gibt es auch Tag und Nacht, Sommer und Winter, Leben und Tod, Ruhe und Sturm, einen ständigen Wechsel. Wenn jemand nur die eine Seite haben will, wird sein Leben verflachen, oder die ungeliebte Seite wird sich eines Tages mit Gewalt zu Wort melden, durch eine Krankheit oder einen Unfall.

Positives Denken ist negativ, da es einen Teil des Lebens ablehnt

Ich halte das Positive Denken im Kern für negativ, weil es die eine Hälfte des Lebens, der eigenen Person und der anderen Menschen ablehnt und nur das „Positive" haben will. Positives kann es nur geben, wenn es gleichzeitig etwas Negatives gibt. NLP spricht dagegen von dem, was man sich wünscht, was man erreichen will.

Das Leben und seine Person ganz annehmen, nicht nur die „positiven Anteile"

Die Lösung liegt für mich in einem ganzheitlichen *Denken und Fühlen*, das das Leben in all seinen Erscheinungsformen annimmt, in Leben und Tod, Freude und Tränen, Ekstase und Trauer, Sommer und Winter, Tag und Nacht.

Man kann sich selbst annehmen, mit seinen kleinen Schwächen. Auch sich selbst annehmen, wenn man einmal negativ denkt. Diese Einstellung ist wirklich lebensbejahend.

Wechsel zwischen guten und schlechten Tagen macht das Leben interessant

Gefühle kann man nur in ihrem Wechsel wahrnehmen, ein ständiges Glücksgefühl würde abflachen. Gerade der Wechsel macht das Leben interessant und lebenswert. Ich halte es für eine Illusion, ein Leben ohne Probleme und ohne unangenehme Gefühle zu erstreben. Das Ziel von Therapie ist für mich nicht, Menschen ohne Probleme zu schaffen. Für mich bedeutet Therapie, Menschen dahingehend zu unterstützen, daß sie lernen, mit ihren Problemen kreativ umzugehen oder mit ihnen zu leben.

Rosarote Brille

Es hilft wenig, wenn man die Realität nur durch eine rosarote Brille betrachtet. Einige Funktionäre in der DDR haben wirklich geglaubt, in einem sozialistischen Paradies zu leben. Genutzt hat ihnen das wenig. Letztlich wurden sie von der Realität eingeholt. Ich bin aber auch nicht dafür, statt rosarot alles schwarz zu sehen.

Das Unbewußte dressieren?

Das Positive Denken besitzt ein recht naives Verständnis des Unbewußten. Es glaubt, man müsse dem Unbewußten nur oft genug sagen, woran es zu glauben habe, und dann würde es schon folgen. Durch positive Suggestionen soll das Unbewußte programmiert werden, durch gebetsmühlenhafte Wiederholung von Suggestionen dressiert wie ein Papagei. Die unausgesprochene Vorannahme dahinter ist, daß das Unbewußte doof und ungezogen sei, daß es dressiert werden müsse.

Viele Menschen haben eine zu mechanische Vorstellung von der menschlichen Psyche. Sie glauben, daß man dem Unbewußten nur wie einem Computer zu befehlen habe, „sei rational, sei immer glücklich, sei erfolgreich – du mußt nur wollen, du mußt nur an deinen Erfolg glauben, du mußt alle Menschen lieben, sei tolerant, sei kompromißbereit, sei friedlich, lebe moralisch, sei ein guter Mensch, streng dich an, man muß nur Disziplin haben usw.", und das Unbewußte werde folgen wie ein dressiertes Hündchen. Ich wundere mich immer wieder, wie viele Bücher und Trainer nicht mehr als solche frommen Wünsche anzubieten haben. Zum einen halte ich einige dieser Aufforderungen für fragwürdig. Ich glaube zum Beispiel nicht, daß die Probleme der Welt gelöst wären, wenn alle Menschen rational handeln würden. Ich halte diesen Glauben für ziemlich naiv und irrational. Ich glaube auch nicht, daß es möglich ist, immer glücklich zu sein. Zum anderen denke ich nicht, daß es reicht, sich zu sagen, „sei rational", um damit auch rational zu werden. Lehrer und Eltern machen immer wieder die Erfahrung, daß es nicht reicht, einem Kind etwas zu sagen, damit es das auch tut. Viele reagieren auf Anweisungen und Befehle erst recht mit dem Gegenteil. Gegängelt zu werden mißfällt unserem Unbewußten.

Im NLP werden dagegen die Selbstheilungs- und Selbstregulierungskräfte des Unbewußten unterstützt. NLP hat großen Respekt und Vertrauen in die Kraft und in die Weisheit des Unbewußten.

Der Kuhfladen

Vielleicht kennen Sie schon die Geschichte von den drei Kuhfladen?

Ein Positivdenker, ein Psychoanalytiker und ein NLPler gehen auf dem Lande spazieren. Auf dem Weg liegen drei Kuhfladen.

Der Positivdenker sprüht Schlagsahne auf einen Kuhfladen und fängt an zu rufen: „Sahnetorte zu verkaufen!"

Der Psychoanalytiker meint, er müsse unbedingt erforschen, warum der Kuhfladen hier läge, und wühlt genüßlich in einem Kuhfladen herum. Als ich zufällig nach fünf Jahren wieder an der Stelle vorbeikomme, sitzt der Analytiker immer noch vor seinem Kuhfladen und meint, es könne nicht mehr lange dauern, er stünde kurz vor der Entdeckung der Wahrheit.

Der NLPler dagegen benutzt den Kuhfladen als Humus für neues Wachstum oder läßt ihn einfach am Wegrand liegen und geht weiter.

14. Ein Ereignis umdeuten

Als Einstieg in dieses Kapitel will ich eine alte chinesische Geschichte erzählen.

Ein armer Bauer besaß nur ein Pferd. Eines Morgens stellte er fest, daß sein Pferd weggelaufen war. Seine Nachbarn kamen, um ihm ihr Mitgefühl auszudrücken: „Ach, hast du ein Pech, deinen einzigen Besitz hast du verloren, das ist wirklich eine Tragödie!" Der Bauer antwortete nur: „Na ja, wer weiß." Die Nachbarn schüttelten den Kopf über diese Dummheit: „Was gibt es da zu zweifeln, sein ganzer Reichtum ist weg, wenn das kein Unglück ist!"

Am nächsten Tag kam das Pferd des Bauern zurück und brachte ein Wildpferd mit. Als sich die Kunde von diesem Ereignis im Dorf verbreitete, kamen seine Nachbarn, um ihm zu gratulieren: „Mein Gott, was hast du für ein Glück, über Nacht hat sich dein Besitz verdoppelt, du mußt dich wirklich glücklich schätzen!" Der Bauer meinte nur: „Na ja, wer weiß." Die Nachbarn schüttelten den Kopf und sagten: „Wie kann einer nur so verbohrt sein, wenn das nicht offensichtlich ist, so ein Glück, plötzlich ein zweites Pferd zu besitzen!"

Am folgenden Tag wurde der Sohn des Bauern beim Einreiten des Wildpferds zu Boden geschleudert und brach sich ein Bein. Wieder kamen die Nachbarn und bemitleideten den Bauern: „Was hast du für ein Pech. Gerade steht die Ernte an und dein einziger Sohn bricht sich das Bein, das ist wirklich ein großes Unglück!" Der Bauer meinte wieder nur: „Na ja, wer weiß." Die Nachbarn wunderten sich über den Starrsinn des Bauern: „Wie kann einer nur so dumm sein, es gibt doch kein größeres Unglück, als kurz vor der Ernte seinen einzigen Helfer zu verlieren!"

Am nächsten Tag brach Krieg aus im Lande, Offiziere des Kaisers kamen und nahmen alle Söhne des Dorfes mit in den Krieg. Nur den verletzten Sohn des Bauern ließen sie bei seinem Vater. Wieder kamen die Nachbarn und gratulierten dem Bauern: „Was hast du nur für ein Glück! Alle Söhne des Dorfes sind in den

Krieg gezogen. Ob sie jemals zurückkommen, steht in den Sternen. Wer wird nun für ihre Eltern im Alter sorgen? Nur du als einziger im Dorf hast deinen Sohn behalten. Du bist wirklich ein Glückspilz!" Der Bauer antwortete wieder nur: „Na ja, wer weiß."

Ich will mit dieser Geschichte zeigen, daß wir oft einem Ereignis vorschnell eine positive oder negative Bedeutung zumessen. Ein Ereignis für sich ist weder positiv noch negativ. Wir machen es erst durch unsere Sichtweise, beziehungsweise durch den Namen, den wir dem Ereignis geben, zu etwas Positiven oder Negativen. Wie sagt Karl Valentin so schön: „Jedes Ding hat drei Seiten, eine positive, eine negative und eine komische."

Ich habe in der Einführung schon das Beispiel von den beiden Kollegen angeführt, die arbeitslos wurden. Für beide ist das Ereignis das gleiche. Nur sieht und bezeichnet der eine es als Beweis für sein Versagen, der andere sieht und bezeichnet es als eine Chance, eine Herausforderung. Die verschiedene Art der Wahrnehmung und der Benennung führt dazu, daß der Kollege, der seine Arbeitslosigkeit als Chance sieht, sich anders fühlen wird. Er wird mehr Kraft und Zuversicht haben. Er wird mehr Möglichkeiten wahrnehmen, er hat damit mehr Wahlmöglichkeiten zur Verfügung. Er wird sich letztlich anders verhalten.

Schon Epiktet sagte: „Nicht die Geschehnisse selbst stören einen, sondern die Meinungen, die man über diese Geschehnisse hat." Shakespeare drückte den gleichen Gedanken so aus: „Ein Ding ist weder gut noch schlecht, das Denken macht es erst dazu." Es ist günstig, zu unterscheiden zwischen der Erfahrung selbst und unserer Beurteilung dieser Erfahrung. Wenn man ein Ereignis aus einem anderen Blickwinkel betrachtet, es in einen anderen Rahmen stellt, verändert es seine Bedeutung. Mit der anderen Sichtweise, der anderen Bedeutung, ergeben sich neue Handlungsmöglichkeiten.

Im NLP bezeichnet man das Umdeuten, die neue Sichtweise eines Ereignisses, als *Reframing*. Ich nenne es *einen anderen Rahmen geben* beziehungsweise *Umdeuten*. Man kann einem Ereignis auf zwei Arten *einen anderen Rahmen geben*, indem man ihm eine andere Bedeutung gibt und indem man dafür einen anderen Kontext findet.

Eine andere Bedeutung geben

Bevor man einem Ereignis, einem Gefühl oder einem Verhalten vorschnell eine negative Bedeutung gibt, ist es oft sinnvoll, sich zu überlegen, welche positive

160

Bedeutung dieses Ereignis auch haben könnte. Ich möchte einige Beispiele geben, wie man einem Ereignis oder einem Verhalten eine andere Bedeutung geben kann:

- Jemand beschwert sich darüber, daß sein Chef ihn so oft kritisiert. Diese Tatsache könnte auch bedeuten, daß der Chef großes Interesse an ihm hat.
- Eine Mutter jammert, daß ihre Kinder so ungestüm und laut sind. Man könnte das Verhalten der Kinder als lebendig und energiegeladen beschreiben.
- Eine gute Freundin fragte mich, ob es ein schlechtes Vorzeichen sei, daß ihr Mann nach 25 Ehejahren seinen Ehering verloren hat. Ich sagte ihr: „Nein, ich habe das Gefühl, eure Beziehung hat eine solche Tiefe erreicht, daß ihr das äußere Symbol eurer Verbindung nicht mehr unbedingt braucht."
- Eine Freundin jammerte am Bahnhof, daß sie umsteigen müsse, sie fahre lieber Nonstop. Ich sagte: „Du kannst heute sogar zweimal Nonstop fahren!" Sie mußte lachen.

Man kann Mißerfolge als Lernerfahrungen nehmen. Oder Lampenfieber als Vorfreude und freudige Erregung betrachten.

Lange Zeit schien es keinem Läufer der Welt möglich, die Meile in weniger als vier Minuten zu laufen. Viele vermuteten, daß es nicht möglich sei, diese Schallmauer zu durchbrechen. Bis ein Trainer seinem Schützling sagte, wenn er die Meile in 240,01 Sekunden laufen könne, könne er sie auch zwei Hundertstel Sekunden schneller in 239,99 Sekunden laufen. Als sein Schützling daraufhin die Vier-Minuten-Grenze unterbot, schafften es bald weitere Sportler.

Wie Sie vielleicht schon gemerkt haben, liebe ich Geschichten von Milton Erickson. Erickson war nicht nur ein genialer Denker, er besaß auch ein großes Herz. Milton Erickson war lange Zeit seines Lebens schwer behindert. Als er 18 Jahre alt war, mußte er ein Jahr lang an eine eiserne Lunge gefesselt in der Küche seines Elternhauses liegen. Anstatt mit seinem Schicksal zu hadern, nutzte er die Zeit, um das Kommunikationsverhalten seiner Familie zu studieren. In dieser Zeit legte er die Wurzeln für seine Menschenkenntnis.

Wenn Sie sich manchmal als Reaktion auf ein Ereignis schlecht fühlen, können Sie überlegen, ob Sie für das Ereignis nicht eine positive Bedeutung finden können.

Die Fähigkeit, unerwünschte Ereignisse mit anderen Augen zu betrachten, kann erstaunliche Veränderungen in Ihrem Leben bewirken. Nicht nur bei Verhandlungen und im Verkauf kann Ihnen diese Fähigkeit nützlich sein. Das Umdeuten erschließt neue Sichtweisen, neue Wahlmöglichkeiten, bringt Leben in erstarrte Denk- und damit auch Handlungsstrukturen. Das Umdeuten ist eines der wirkungsvollsten Werkzeuge des NLP.

Wie alle NLP-Techniken sollte man das Umdeuten bei anderen Personen mit Respekt anwenden. Nicht empfehlenswert ist zum Beispiel, jemanden zu übervorteilen und ihm dann einzureden, er solle es doch positiv sehen, daß er jetzt weniger Geld mit sich herumzuschleppen habe.

Einen anderen Kontext finden

Die zweite Art des Umdeutens besteht darin, daß man für ein unerwünschtes Verhalten einen Kontext sucht, in dem es angemessen ist. Anstatt ein Verhalten zu unterdrücken, kann man überlegen, in welchem Kontext es sinnvoll ist und sicherstellen, daß man es nur noch in diesem Kontext anwendet. Im NLP gilt die Vorannahme, daß jedes Verhalten, wie bizarr es auch erscheinen mag, in einem bestimmten Kontext seine Berechtigung hat. Zumindest war es in dem Rahmen angebracht, in dem es entstanden ist. Aggressivität kann sinnvoll sein, wenn man bedroht wird. Angst kann vor gefährlichen Situationen warnen.

Wenn Sie unzufrieden sind mit einem Gefühl, einem Charakterzug oder einem Verhalten von sich, können Sie sich fragen, ob diese Eigenart von Ihnen nicht in einem bestimmten Kontext angebracht ist. So können Sie Geiz als Sparsamkeit betrachten.

Meist kann man ein unerwünschtes Verhalten leichter verändern, wenn man es mit einem Kontext verbindet, in dem es angebracht ist, als wenn man versucht, es zu unterdrücken.

Unerwünschtes Verhalten ablegen

Wenn man mit einem Verhalten von sich unzufrieden ist, zum Beispiel Rauchen, hilft es manchmal nicht, das Verhalten mit Willenskraft oder Disziplin zu unterdrücken.

Wenn ich mit NLP ein unerwünschtes Verhalten ablegen will, trenne ich zuerst das Verhalten von der Absicht, die dahintersteckt. NLP setzt voraus, daß hinter jedem Verhalten eine positive Absicht steckt. NLP behauptet nicht, dies sei die Wahrheit. Es ist nur sinnvoll, das anzunehmen. Daß hinter einem Verhalten eine positive Absicht steckt, bedeutet nicht, daß das Verhalten diese Absicht auch erfüllt. Oft erreicht das Verhalten das Gegenteil. Ein junger Mann ist bei jungen Frauen unsicher. Die Unsicherheit will ihn davor schützen, sich zu blamieren. Oft führt seine Unsicherheit dazu, daß er sich erst recht blamiert.

Ich suche zuerst nach einer positiven Absicht, die hinter dem unerwünschten Verhalten steckt. Beim Rauchen könnte das sein, sich zu entspannen und Kontakt zu anderen zu bekommen. Hinter Kopfweh könnte die Absicht stehen, die Person zu einer Ruhepause zu zwingen. Die Absicht hinter einem unerwünschten Verhalten findet man am leichtesten in der Entspannung einer Trance. Ich überlege mir dann, wie ich die gleiche Absicht auf sinnvollere Art genau so gut erreichen könnte.

Positive Absicht, die dahintersteht

Unerwünschtes Verhalten

Andere Möglichkeiten

Die anderen Möglichkeiten sollten mindestens so angemessen, wirksam und leicht greifbar sein wie das alte Verhalten. Eine Reise nach Kanada ist leider nicht so schnell zur Hand wie eine Zigarette oder eine Tafel Schokolade. Und die neuen Möglichkeiten sollten keine unerwünschten Nebenwirkungen haben. Alkohol ist wohl kein guter Ersatz für Zigaretten. Man kann seinen kreativen Teil, seine Phantasie bitten, andere Möglichkeiten zu finden, die gleiche Absicht zu erfüllen.

Wenn man mindestens drei genauso angemessene und greifbare Alternativen gefunden hat, kann man den Anteil der Persönlichkeit, der das unerwünschte Verhalten bewirkt hat, fragen, ob er bereit ist, in den nächsten zehn Tagen die neuen Möglichkeiten anzuwenden.

Ein unerwünschtes Verhalten mit Willenskraft oder Disziplin zu unterdrücken, kostet Energie. Oft verschwindet das Verhalten trotz aller Mühe, es zu unterdrücken, nicht. Manchmal kommt es zu einer Symptomverschiebung. Die Absicht hinter dem Kopfweh meldet sich beispielsweise als Hautausschlag wieder.

Es ist leichter, eleganter und dauerhafter, ein Verhalten zu ändern, indem man für die dahintersteckende Absicht Alternativen sucht. Damit nutzt man die

Energie, die hinter dem ungeliebten Verhalten steht. Diese Methode ist im NLP als 6-Schritte-Reframing bekannt. Ich bezeichne sie als 6-Schritte-Umdeuten. Am Ende dieses Kapitels fasse ich noch einmal kurz die sechs Schritte dieser Technik zusammen.

Ich habe schon erwähnt, daß man diese Methode meist in der Trance anwendet. Man braucht jedoch nicht unbedingt eine Trance dafür. Man kann mit ihr auch im Alltagsbewußtsein arbeiten. Oft kann man ein ungeliebtes Verhalten allein dadurch ablegen, daß man dem Anteil seiner Person, der dieses Verhalten verursacht, für seine positiven Absichten dankt, die positiven Absichten herausfindet und andere Möglichkeiten für deren Erfüllung findet. Manchmal führt schon eine Einstellung von Dankbarkeit gegenüber einem unerwünschten Verhalten zur Versöhnung und Veränderung.

Ein Tennisspieler antwortete auf die Frage, wie er trotz eines Zweisatz-Rückstandes bei einem Grand-Slam-Turnier das Match noch gewinnen konnte: „Ich habe zu Beginn des dritten Satzes vergessen, daß ich zwei Sätze zurückliege. Ich dachte, das Spiel beginnt gerade erst." Das erinnert mich an eine Geschichte: Eine junge Frau verlor nach einem schweren Autounfall ihr Gedächtnis. Selbst das Sprechen mußte sie mühsam neu erlernen. Viel später erfuhr sie von ihrem Mann, daß ihre Ehe vor dem Unfall kurz vor der Scheidung gestanden hatte. Durch den Unfall hatte sie auch das völlig vergessen. Ihr Mann war der einzige, der sich im Krankenhaus um sie gekümmert hat. So lernte sie ihn neu kennen und blieb bei ihm.

Noch einmal zurück zum Umdeuten: Bei Verhandlungen ist es günstig, nach der Absicht hinter Einwänden zu fragen. Geschickte Verhandlungsführer beherrschen diese Kunst.

Wenn Sie wollen, daß jemand sein Verhalten ändert, können Sie ihn nach der Absicht fragen, die hinter dem Verhalten steht. Dann können Sie ihn fragen, ob ihm die Erreichung seiner Absicht wirklich wichtig ist. Wenn er dies bejaht, fragen Sie ihn, ob ihm die Erreichung seiner Absicht so wichtig ist, daß er dazu bereit wäre, sein Verhalten zu ändern.

Das 6-Schritte-Umdeuten zusammengefaßt
1. Ein unerwünschtes Verhalten finden.
2. Kontakt zu dem Anteil, der es hervorbringt, aufnehmen.
3. Das Verhalten von seiner dahinterstehenden positiven Absicht trennen.

4. Der kreative Anteil findet Alternativen, diese Absicht zu erfüllen. Mindestens drei, genauso angemessen und greifbar.

5. Ist der Anteil, der das unerwünschte Verhalten hervorbrachte, bereit, in den nächsten zehn Tagen die neuen Möglichkeiten einzusetzen?

6. Gibt es innere Einwände gegen diese Veränderung? Wenn ja, diese wie ein unerwünschtes Verhalten behandeln mit Schritten 2-5.

15. Gefühle

Ich möchte in diesem Kapitel auf ein Thema eingehen, das große Bedeutung für unsere Kommunikation und unsere Persönlichkeit besitzt, auf das Thema Gefühle. Viele Menschen halten Gefühle für etwas Verdächtiges oder sogar Gefährliches. Dies klingt in Sätzen durch wie: „Sei doch vernünftig, handle rational, laß dich nicht gehen!"

Gefühle sind wertvolle Anteile unserer Persönlichkeit. Wenn jemand seine Gefühle verleugnet, kämpft er gegen einen Teil seiner Person. Gefühle geben unserem Leben einen Sinn, sie geben ihm Farbe und Tiefe. Gefühle machen unser Leben lebendig. Manche Menschen unterdrücken ihre Gefühle. Diese Verarmung des Gefühlslebens macht das Leben flach und grau. Manchmal tauchen die unterdrückten Gefühle als psychosomatische Symptome wieder auf.

Wenn man jemand fragt, wie es ihm geht, hört man oft: „Mir geht es gut", oder: „Mir geht es schlecht." Manche Menschen können ihre Gefühle nicht genauer bezeichnen als mit gut oder schlecht. Wenn jemand nur weiß, daß es ihm schlecht geht, ist es für ihn schwer, einen Ausweg zu finden. Ein erster Schritt aus der Misere ist die Frage: „Wie genau geht es Ihnen schlecht?" Wenn jemand ein unbestimmtes negatives Gefühl genauer erkennen und benennen kann, zum Beispiel als müde, einsam oder gelangweilt, ist er schon ein ganzes Stück weitergekommen. Jedes dieser „negativen" Gefühle deutet auf eine Lösung: Wer müde ist, kann schlafen oder sich bewegen und frische Luft tanken. Wer einsam ist, kann auf andere zugehen. Wer unter Langeweile leidet, kann etwas Interessantes unternehmen. Die sprachliche Bedeutung des Wortes Emotion deutet schon darauf hin, daß ein Gefühl zum Handeln führen will.

Es ist günstig, seine eigenen Gefühle und die von anderen genau erkennen zu können. Viele Menschen, die zu viel essen, verwechseln Langeweile, Angst oder Unzufriedenheit mit Hunger. Wenn sie sich langweilen, essen sie etwas, um die unangenehme Emotion zu dämpfen. Viele versuchen, unangenehme Gefühle zu unterdrücken, indem sie Drogen nehmen. Wer seine unangenehmen Gefühle so dämpft, dämpft damit auch seine Lebensenergie.

Die sogenannten negativen Gefühle sind Signale, die uns auf etwas hinweisen, das wir unternehmen können. Ich gehe sogar so weit zu behaupten, daß es negative Gefühle an sich nicht gibt. Jedes Gefühl kann in einer bestimmten Situation angemessen sein. Ich denke, daß die Haltung, Gefühle für verdächtig zu halten, im Grunde irrational ist. Wozu haben wir Gefühle, wenn sie etwas so Gefährliches sind? Gefühle gehören zum Leben dazu.

Gerade Männer unterdrücken oft Gefühle wie Angst, Trauer oder Unsicherheit. Diese unterdrückten Gefühle wirken im Untergrund und sabotieren die Gesundheit. Ich vermute, daß dieser Umstand mit dafür verantwortlich ist, daß Männer durchschnittlich zehn Jahre weniger als Frauen leben.

Umgekehrt machen viele Vertreter der Humanistischen Psychologie die Gefühle zum Fetisch, zur alleinigen Richtschnur ihres Handelns. In diesen Kreisen hört man oft Sätze wie: „Gehe nur nach deinem Gefühl, entscheide nur nach deinem Gefühl, ich mache Therapie nur nach meiner Intuition." Wenn man die Intuition eines Milton Erickson hat, ist dieser Rat natürlich super. Für die meisten Therapieanfänger ist er keine große Hilfe.

Wer immer nur nach seinem Gefühl entscheidet, folgt leicht jedem kurzfristigen emotionalen Impuls, wird zum Sklaven seiner Launen. Man wird wohl kaum länger in einer Beziehung oder bei einer Arbeit bleiben, wenn man gleich bei der ersten Schwierigkeit seinem Gefühl folgt und das Handtuch wirft. Schwiegermütter hätten wahrscheinlich keine lange Lebenserwartung, wenn jeder sofort seiner Intuition oder seiner inneren Stimme folgen würde. Oft geht mit der Heroisierung der Gefühle ein Verteufeln des Verstandes einher.

Ich sehe keinen Gegensatz zwischen Verstand und Gefühlen. Ich denke, daß sie sich gegenseitig ergänzen und unterstützen können. Die Werbung hat längst erkannt, daß sich Kunden mit ihren Gefühlen besser erreichen lassen, als wenn man nur den Verstand anspricht. Leider sprechen viele Chefs zu wenig die Gefühle ihrer Mitarbeiter an.

In einem Seminar mit Studenten des Fachbereichs Marketing habe ich eine spielerische Übung gemacht, bei der es um das Erkennen von Gefühlen ging. Es hat mich erstaunt, wie schwer den meisten Studenten diese Übung fiel. Für die Studenten waren Gefühle absolutes Neuland. Sie hatten keinen blassen Schimmer, wie man zum Beispiel Ärger ausdrückt und wie man Ärger bei anderen erkennt. Im Marketingbereich ist es von Vorteil, wenn man erkennen kann, ob ein Kunde verärgert oder zufrieden ist.

Viele Menschen wollen nur angenehme Gefühle haben, sie wollen immer glücklich sein. Ich halte diesen Wunsch für utopisch. Wir erfahren Gefühle nur im Wechsel, in ihrer Veränderung. Ein lang andauerndes Gefühl nimmt man am Ende nicht mehr wahr. Die sogenannten negativen Gefühle wie Trauer und Unsicherheit geben unserem Leben und unserer Persönlichkeit Tiefe. Oft sind gerade unerwünschte Gefühle Warnsignale, sie haben eine Schutzfunktion, sie wollen uns vor Verletzung, Überarbeitung und Gefahren schützen.

Können Sie sich einen Menschen vorstellen, der in seiner Kindheit immer nur glücklich ist, der ohne Probleme aufwächst? Ich halte ein solches Leben nicht für erstrebenswert, es wäre langweilig. Wenn irgendwann einmal Schwierigkeiten auftauchen, ist diese Person nicht darauf vorbereitet, wie man Probleme meistern kann. Wie Kinderkrankheiten zum Reifungsprozeß eines Kindes gehören, so gehören auch Phasen von Trauer, Selbstzweifel und Unsicherheit zum Leben.

Bert Hellinger erzählte einmal die Geschichte von dem Millionär, der in den Himmel kommt und von Petrus verlangt: „Ich wünsche ein Einzelzimmer mit Blick auf den Kosmos, exquisites Essen, einen Fernseher mit allen Programmen, sämtliche Illustrierten und eine mit Büchern und CDs gut bestückte Bibliothek nur zu meiner persönlichen Verfügung." Petrus erfüllt den Wunsch, schaut nach tausend Jahren wieder bei ihm vorbei und fragt ihn, wie es ihm gefalle. Der Millionär meint, es sei einfach furchtbar. Petrus lächelt und meint: „Sie haben sich ja auch die Hölle gewünscht!"

Viele Menschen glauben, daß ihre Gefühle von anderen bestimmt werden. Sie sagen: „Mein Chef ist daran schuld, daß es mir so schlecht geht." Sie machen sich damit zu Opfern der anderen. In Wirklichkeit ist jeder selbst für seine Gefühle verantwortlich. Wenn man von seinem Chef kritisiert wird, kann man wütend werden, innerlich darüber lächeln, traurig werden oder es an sich abprallen lassen.

Sie können Ihre Gefühle genießen, sie als wichtigen Anteil Ihrer Person und Ihres Lebens annehmen. Ein Gefühl anzunehmen bedeutet jedoch nicht unbedingt, es auch auszuleben. Sie können Gefühle als Signale oder Wegweiser verstehen. Sie können sich bei Gefühlen, die Ihnen unangenehm sind, fragen, welche positive Absicht hinter diesem Gefühl stehen könnte. Manchmal kann man unerwünschte Gefühle neutralisieren, indem man sie wie ein neutraler Beobachter wahrnimmt, sie wie ein interessierter, aber unbeteiligter Zeuge betrachtet. Wenn man wütend ist, kann man zu sich sagen: „Es ist Wut, was gerade hochkommt." Oft gewinnt man so schon Abstand zu dem unerwünschten Gefühl.

Wir können unser Leben reicher und lebendiger gestalten, indem wir lernen, mit unseren Gefühlen kreativ umzugehen.

16. Möglichkeiten, Kontakt und Vertrauen zu bekommen

In diesem Kapitel möchte ich Möglichkeiten untersuchen, mit Menschen in Kontakt zu kommen und diesen zu vertiefen. Im privaten und beruflichen Leben ist es vorteilhaft, wenn man leicht Kontakt finden kann. Ich habe den Eindruck, daß viele Menschen gerne miteinander ins Gespräch kommen würden, dafür aber zu wenig Wahlmöglichkeiten zur Verfügung haben. Stellen Sie sich vor, Sie würden gerne mit jemandem ins Gespräch kommen, der mit Ihnen im selben Zugabteil sitzt oder am selben Tisch in Ihrer Firmenkantine. Welche Möglichkeiten kennen Sie, mit Menschen ein Gespräch zu beginnen? Ich denke dabei weniger an schlaue Sprüche. Sie können sich zwei Minuten Zeit nehmen und sich verschiedene Arten notieren, mit Menschen ins Gespräch zu kommen und ein Gespräch zu vertiefen.

Möglichkeiten, mit anderen in Kontakt zu kommen:

Vermutlich kennen Sie die meisten der nachfolgenden Möglichkeiten schon, vielleicht finden Sie die eine oder andere neue Idee.

Blickkontakt

Eine Möglichkeit, mit Menschen in Kontakt zu kommen, ist ein Blickkontakt. Es ist besser, ihn mit Feingefühl einzusetzen. Oft wird ein zu intensiver Blick als belästigend empfunden. Meist machen Frauen den ersten Schritt durch einen Blick, erwarten jedoch, daß der Mann den zweiten Schritt tut, indem er sie anspricht.

Den anderen etwas fragen und zuhören

Eine altbekannte und trotzdem wirksame Methode ist, den anderen etwas zu fragen. Die Kunst des Fragens und besonders des Zuhörens sind wichtige Fähigkeiten für gute Kommunikation. Man kann mit einer nebensächlichen Frage beginnen. Die meisten Menschen lieben es, wenn man ihnen zuhört. Sie können mit Ihren Fragen angenehme Themen anschneiden. Menschen kommen meist in eine bessere Stimmung, wenn man sie nach ihrem Urlaub oder ihrem Hobby fragt. Natürlich ist Feingefühl angebracht, wenn man jemanden etwas fragt. Menschen mögen es nicht, ausgehorcht zu werden.

Die Kunst des Fragens ist auch für Verkäufer wichtig. Durch Fragen und Zuhören kann man den Kunden in eine angenehme Stimmung bringen. Gleichzeitig kann man viel über die Interessen und Bedürfnisse des Kunden und über seine Motivations-, Entscheidungs- und Kaufstrategien erfahren.

Manche Menschen glauben, es schaffe Vertrauen, gleich zu Beginn einer Bekanntschaft von seinen Schwächen zu erzählen. Ich bin da skeptisch. Das Negative wird oft in der Vorstellung des Zuhörers noch verstärkt. Es ist meist besser, zuzuhören und interessierte Zwischenfragen zu stellen.

Jemanden um etwas bitten oder etwas schenken

Man kann in ein Gespräch kommen, indem man um etwas bittet oder etwas anbietet. Raucher sind hier im Vorteil. Sie können um Feuer bitten oder eine Zigarette anbieten. Bei Indianern ist der Austausch von kleinen Geschenken ein wichtiges Ritual. Gute Kommunikation besteht aus einem ausgeglichenen Wechselspiel von Nehmen und Geben. Sie können ein bißchen mehr geben als Sie bekommen. So vertieft sich die Beziehung. Wer sich nicht verpflichtet fühlen will und nichts annimmt, hat wenig Kontakt und lebt auf Sparflamme. Diese Menschen neigen oft zu Depressionen.

Den anderen einen Anlaß zur Kontaktaufnahme bieten

Man kann anderen durch ein Tier oder einen ausgefallenen Gegenstand einen Anlaß bieten, von sich aus ein Gespräch zu beginnen. Ich habe die Erfahrung gemacht, daß ich öfter angesprochen werde, wenn ich mit einem Hund spazierengehe. Als ich mich auf einer Party gegen 2 Uhr verabschiedete, bat mich der Gastgeber, etwas vom übriggebliebenen Essen mitzunehmen, da er am nächsten Tag in Urlaub fuhr. Ich nahm mir ein etwa meterlanges Brot mit. Auf dem Nachhauseweg quer durch Berlin haben mich Dutzende Leute auf das Brot angesprochen und sich ein Stück davon abgebrochen.

Den anderen mit Namen ansprechen

Viele Menschen fühlen sich wahrgenommen, wenn man sie mit ihrem Namen anspricht. Wie man sich Namen merken kann, habe ich bereits in Kapitel 2 behandelt.

Ein Kompliment machen

Natürlich kann man anderen auch ein Kompliment machen. Wenn es ehrlich gemeint ist, kommt es meist auch gut an. Übrigens können sich auch Männer über ein Kompliment einer Frau freuen.

Den anderen provozieren

Man kann Menschen nicht nur kennenlernen, indem man ihnen ein Kompliment macht. Manchmal kann man auch jemand kennenlernen, indem man ihn provoziert, ihm im Spaß etwas „Boshaftes" sagt. Gerade viele Bayern lieben es, ihre Zeitgenossen frotzelnd anzugreifen. Manche Menschen kann man auch dazu bringen, auf einen zuzugehen, indem man sie absichtlich ignoriert. Mit dieser Art, ein Gespräch zu beginnen, sollte man jedoch vorsichtig umgehen.

Alte Freundschaften pflegen und ausbauen

Eine Methode, neue Leute kennenzulernen, ist, seine alten Freundschaften zu pflegen und auszubauen. Über alte Freunde kann man am leichtesten neue Menschen kennenlernen.

Ansprechen, was gerade passiert

Eine gute Möglichkeit, ein Gespräch zu beginnen, ist, anzusprechen, was im Moment passiert. Beim Anstehen an der Kasse im Supermarkt kann man sagen: „Jetzt stehen wir in der falschen Schlange, bei den anderen Kassen geht es schneller voran." Ich merke dann, ob der andere zu einem Gespräch bereit ist. Oft entwickeln sich so Gespräche mit Leuten, die ich sonst kaum kennenlernen würde.

Früher glaubte ich, zu Beginn eines Gespräches zeigen zu müssen, wie intelligent und sensibel ich bin und habe dabei andere überfordert. Ich nehme mir heute mehr Zeit, ein Gespräch entwickeln zu lassen.

Besonders günstig ist, wenn Sie ein Gefühl des anderen ansprechen. Neulich habe ich in der Pause eines Kurses bemerkt, daß eine Teilnehmerin etwas abseits an der Heizung stand. Ich fragte sie, ob ihr kalt wäre. Die Frau strahlte und war so wieder in die Gruppe integriert.

Den anderen begleiten

Menschen, die sich gut verstehen, bewegen sich im gleichen Rhythmus, sie gleichen ihre Körperhaltung und Bewegung unbewußt einander an. Sie können das gut bei Liebespaaren beobachten. Man kann den Kontakt zu anderen erleichtern, wenn man sie in dem, was sie tun, begleitet. Man kann andere auf die verschiedensten Arten begleiten. Wenn jemand laut und schnell spricht, bekommt man leichter Kontakt zu ihm, wenn man seine Stimme begleitet und auch laut und schnell spricht. Wenn jemand nach hinten gelehnt sitzt und die Beine und Arme verschränkt hat, werden Sie leichter zu ihm Kontakt finden, wenn Sie seine Körperhaltung in ihrem Grundmuster begleiten.

Viele Bücher empfehlen, alle Menschen anzulächeln. Ich halte davon nicht viel. Oftmals wirkt ein solches Lächeln gekünstelt. Zum anderen bekommen Sie so keinen Kontakt zu Menschen, die in diesem Moment nachdenklich oder traurig sind.

Begleiten bedeutet nicht nachäffen, es bedeutet nicht, jede Bewegung und Geste exakt nachzuahmen. Der andere könnte annehmen, daß Sie sich über ihn lustig machen. Gelungenes Begleiten fällt dem anderen nicht auf.

Wenn Sie andere begleiten, machen Sie sich und dem anderen die Kommunikation leichter. Sie verstärken nur das, was Menschen sowieso unbewußt tun. Menschen haben das Bedürfnis nach Harmonie. Selbst Pendel, die nebeneinander stehen, gleichen nach einiger Zeit ihren Rhythmus einander an.

Vielleicht möchten Sie in der nächsten Zeit damit experimentieren, andere Menschen respektvoll zu begleiten. Sie können dabei überraschende Erfahrungen machen. Am Anfang mag Ihnen das Begleiten hölzern und ungewohnt vorkommen. Nach einiger Zeit wird dieses Verhalten, wie alles, was man gut beherrscht, leicht und automatisch.

Manche Menschen haben Angst, sich selbst zu verlieren, wenn sie sich anderen angleichen. Ich glaube, daß sie im Gegenteil ihre Persönlichkeit bereichern können. Sie können beim Eintauchen in die persönliche Welt anderer Menschen neue Seiten der eigenen Persönlichkeit kennenlernen. Andere Menschen, und wenn sie uns noch so fremd und andersartig erscheinen, sind uns doch verwandt und zeigen uns Anteile von uns, die wir bisher noch nicht so intensiv wahrgenommen haben. Wenn Sie sich spielerisch und mit Respekt der inneren und äußeren Welt einer anderen Person angleichen, können Sie Erfahrungen machen, die Ihr Leben bereichern werden. Ich rede zum Beispiel gerne etwas schneller. Wenn ich einen Gesprächspartner, der sehr langsam spricht, in seiner Art, jedes Wort auf der Zunge zergehen zu lassen, begleite, erfahre ich viel über den ruhigeren Anteil meiner Person.

In der NLP-Literatur wird das Begleiten normalerweise als Pacen (in einem Schritt gehen) oder Matching beziehungsweise Mirroring (spiegeln) bezeichnet. Den Kontakt, der so entsteht, bezeichnet man im NLP als Rapport. Das Wort Rapport bedeutet: Zu jemanden einen guten Draht haben, auf einer Wellenlänge liegen, im Einklang stehen, sich vertraut mit jemanden fühlen, Vertrauen zu jemanden haben. Ich benutze in diesem Buch für den Begriff Rapport das Wort Kontakt.

Wie begleiten?

Man kann auf viele Arten begleiten. Man kann die Körperhaltung des anderen, seine Gestik und Mimik, seine Stimme, seine Wortwahl, seine Werte und Einstellungen und seine Kleidung begleiten. Ticks und Schwächen anderer sollten Sie besser nicht nachahmen. Der andere fühlt sich dann auf die Schippe genommen. Es ist auch nicht gesund, dauernd Gefühle wie Schmerz oder Verzweiflung von anderen zu begleiten. Viele Menschen in sozialen Berufen werden auf diese Weise selbst krank oder depressiv. Begleiten Sie lieber nicht mechanisch, sondern fühlen Sie sich respektvoll in die Art und in die innere Welt des anderen ein. Viel wesentlicher als das Begleiten ist, daß man andere so annimmt wie sie sind, sie achtet. Das spüren Menschen.

Ich würde Begleiten nur anwenden, um die Kommunikation im Interesse beider Seiten zu verbessern.

Körper

Die Körperhaltung kann man ziemlich weit begleiten, ohne daß es dem anderen auffällt und stört. Gesten begleitet man besser etwas weniger. Erstaunlich wirksam ist das Begleiten des Atemrhythmus. Hier kann sich schnell eine tiefe Vertrautheit entwickeln.

Sie können mit Menschen auf der gleichen Höhe sprechen, z.B. mit Kindern nicht von oben herab reden, sondern sich zu ihnen setzen. Ich habe einmal beobachtet, wie ein Verkäufer mit dem Chef einer Baufirma sprach, der gerade bis zum Kopf in einer Baugrube stand. Der Verkäufer spulte seinen auswendig gelernten Vortrag herunter und blickte dabei von oben auf den Kunden herab. Der Kunde konnte sich nachher nicht mehr halten vor Lachen. Gekauft hat er natürlich nichts.

Stimme

Die Stimme kann man sehr weitgehend begleiten. Man kann den Gesprächspartner in der Lautstärke, der Tonhöhe und der Sprechgeschwindigkeit begleiten. Dialekte begleitet man besser nicht. Meist ist den Menschen ihre Art zu sprechen nicht bewußt. Gerade deshalb reagieren sie auf ein Begleiten ihrer Stimme so positiv.

Verbal

Man kann seine Sprache der des Gesprächspartners anpassen. Mit Ausländern spreche ich in ihrer Sprache, wenn ich sie beherrsche. Mit Handwerkern spreche ich anders als mit Juristen. Leider ist die Sprache vieler NLP-Bücher nicht dem Leser angepaßt, sondern der Sprache der amerikanischen NLP-Trainer.

Werte und Überzeugungen

Man kann die Werte und Überzeugungen seines Gesprächspartners begleiten, indem man dessen Meinung mit eigenen Worten zusammenfaßt. Man kann dem Gesprächspartner auch sagen, daß man seine Meinung akzeptiert. Dies bedeutet nicht unbedingt, daß man sie auch teilt. Ich akzeptiere so gut wie jede religiöse Einstellung, auch wenn ich sie nicht teile.

Gefühle

Man kann auch die Gefühle des anderen anerkennen, ohne sie zu teilen. Wenn sich ein Kunde wütend bei einem Verkäufer beschwert, kann der Verkäufer zuerst das Gefühl des Kunden anerkennen, indem er sagt: „Ich verstehe, daß Sie aufgebracht sind über den Schaden. Es tut mir leid, daß so etwas passiert ist. Vielleicht können wir zusammen einen Weg finden, wie wir das beheben können."

Gemeinsamkeiten ansprechen

Man kann den Kontakt zu anderen dadurch verstärken, daß man öfters Gemeinsamkeiten anspricht. Man kann in der Wir-Form sprechen. Ich denke, wir sind da einer Meinung. Das war jetzt vielleicht doch zu deutlich ...

Man hat festgestellt, daß Paare, die lange zusammenbleiben, öfter von sich in der Wir-Form sprechen als Paare, die sich schnell trennen.

Beachten, ob der andere ein Seh-, Hör- oder Fühl-Typ ist

Manche Menschen haben ein bevorzugtes Wahrnehmungssystem, in dem sie hauptsächlich denken und kommunizieren. Welchen Wahrnehmungskanal jemand bevorzugt, kann man auch an der Sprache erkennen.

Menschen, die den Sehkanal bevorzugen, sprechen Sätze wie: „Ich *sehe* das ein, ich habe keine *Perspektive*, das sind *glänzende Aussichten*, das ist mir *klar*."

Menschen, die den Hörkanal bevorzugen, benutzen Sätze wie: „Das *hört* sich gut an, das entspricht nicht meinem Sinn für *Harmonie*, das *klingt* gut."

Menschen, die den Fühl-Kanal bevorzugen, sagen Sätze wie: „Das *beeindruckt* mich, ich *fühle* mich so eingeengt, das ist eine *schwerwiegende* Entscheidung, das ist ein *heißes* Eisen."

Wenn man vor vielen Menschen spricht, kann man alle drei Typen ansprechen, indem man sagt: „Wie sehen Sie das, wie hört sich das für Sie an, wie fühlt sich das für Sie an?"

Normalerweise können Menschen Informationen in allen Wahrnehmungskanälen aufnehmen. Es gibt jedoch eine Minderheit von etwa 20 %, die Informationen hauptsächlich in einem Wahrnehmungskanal aufnehmen. Es ist sinnvoll, diese Menschen in ihrem bevorzugten Wahrnehmungskanal anzusprechen. Als Autoverkäufer können Sie einen Sehtyp auf die schnittigen Formen des Wagens und die schöne Farbe aufmerksam machen. Einen Hörtyp können Sie auf das tiefe, vertrauenerweckende Brummen des Motors hinweisen und ihn fragen, ob er sich vorstellen kann, wie ihm seine Freunde und Kollegen zu diesem Kauf gratulieren. Einen Fühl-Typ können Sie auf das Gefühl von Sicherheit und Komfort hinweisen. Wenn man Menschen in ihrer bevorzugten Wahrnehmungsart begleitet, macht man sich und den anderen die Kommunikation leichter. In Deutschland bevorzugt wohl die Mehrheit den Sehkanal. Besonders Männer sind oft visuell. Frauen sind eher Fühl-Typen.

Die Unterscheidung zwischen diesen Typen soll nicht dazu dienen, Menschen in Schubladen zu stecken. Wenn man die verschiedenen Typen unterscheiden kann, kann man die Kommunikation erleichtern, indem man sich auf die bevorzugte Kommunikationsart der Gesprächspartner einstellt.

Wenn Sie möchten, können Sie in der nächsten Zeit darauf achten, ob Ihre Gesprächspartner Worte aus dem Bereich des Sehens, des Hörens oder des Fühlens bevorzugen. Sie können auch damit experimentieren, Ihre Sprache der Ihres Gesprächspartners anzugleichen.

Augenmuster beobachten

Man kann auch an den Augenbewegungen erkennen, in welchem Wahrnehmungssystem ein Mensch sich im Moment Informationen zugänglich macht. Die unbewußten Bewegungen unserer Augen reflektieren unsere inneren Denkstrategien.

Bei Rechtshändern ist es normalerweise so (bei Linkshändern ist es genau seitenverkehrt):
So sehen Sie Ihren Gesprächspartner:

Augenmuster bei Rechtshändern

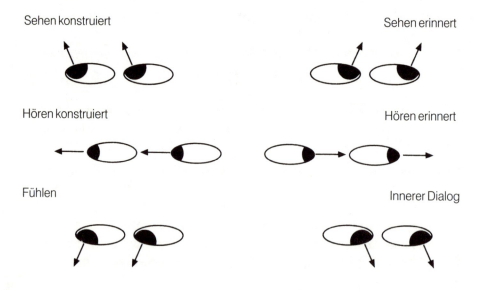

Sehen konstruiert　　　　　　　　　　　　　　　Sehen erinnert

Hören konstruiert　　　　　　　　　　　　　　　Hören erinnert

Fühlen　　　　　　　　　　　　　　　　　　　Innerer Dialog

Ein Blick nach oben deutet auf innere Bilder hin. Wer nach links oben blickt, erinnert sich an ein Bild. Zum Beispiel an die Farbe seines ersten Autos. Wer nach rechts oben blickt, konstruiert ein Bild. Zum Beispiel, wie eine Kreuzung von Elefant und Giraffe aussehen würde. Wer gerade vor sich ins Leere blickt, macht sich auch innere Bilder.

Ein Blick in Augenhöhe nach links oder rechts deutet auf innere Töne hin. Wer in Augenhöhe nach links blickt, erinnert sich an Töne, etwa an den Klang seiner Autohupe. Wer in Augenhöhe nach rechts blickt, konstruiert innerlich Töne. Zum Beispiel, wie ein Weihnachtslied von den Beatles klingen würde.

Ein Blick nach links unten deutet auf einen inneren Dialog hin, auf ein Selbstgespräch.

Ein Blick nach rechts unten deutet auf ein Gefühl hin.

Es bedarf einiger Zeit der Übung, um die Augenmuster bei anderen zu erkennen. Die obigen Erläuterungen sind nur ein vereinfachtes Schema. In der Praxis ist es oft nicht so einfach. Wenn Sie jemanden nach seiner Lieblingsmusik fragen, kann es passieren, daß er nach links oben blickt, weil er sich das Bild auf dem CD-Cover zugänglich macht.

Ich will ein Beispiel geben für die Nutzung der Beobachtung der Augenbewegung. Ich hatte einen Klienten, der meinte, er habe noch nie eine positive Erfahrung mit Teams gemacht. Ich fragte ihn, ob er sich ein Team vorstellen könne, in dem alle harmonisch zusammenarbeiten. Der Klient blickte nach links oben und sagte, er könne sich das nicht vorstellen. Ich wunderte mich nicht darüber, denn er machte sich seine negativen Erinnerungen mit Teams zugänglich, als er nach links oben schaute. Ich machte eine fahrige Geste mit meiner Hand nach oben zu seiner rechten Seite und fragte ihn gleichzeitig: „Können Sie sich wirklich nicht vorstellen, einmal in einem Team zu arbeiten, in dem sich alle unterstützen?" Der Klient folgte mit seinen Augen der Bewegung meiner Hand nach rechts oben und meinte: „Komisch, jetzt kann ich es mir doch vorstellen."

Vielleicht wollen Sie in der nächsten Zeit einmal die Augenbewegungen von anderen auf diese Muster hin beobachten.

17. Kommunikation

Ich werde in diesem Kapitel das Thema Kommunikation weiter vertiefen.

Was bedeutet Kommunikation?

Was bedeutet überhaupt kommunizieren? Ich verstehe darunter, sich mitzuteilen, Informationen und Gefühle zu übermitteln, eine Gemeinsamkeit mit anderen herzustellen.

Zuerst einmal will ich bei der Kommunikation sicherstellen, daß meine Botschaft beim Empfänger ankommt. Viele reden vor sich hin, ohne zu beachten, ob das, was sie sagen, den Zuhörer erreicht. Ein Beispiel für diesen Kardinalfehler der Kommunikation sind Gebrauchsanweisungen, die vom Fachmann für den Fachmann geschrieben sind, aber für den Kunden unverständlich bleiben. Ein anderes Beispiel: Viele Leute, die Bücher auf dem Flohmarkt verkaufen, stellen die Bücher so hin, daß sie selbst die Titel lesen können, die Kunden nicht.

Als Sender sind Sie verantwortlich dafür, daß Ihre Botschaft ankommt. Sie können Ihre Art zu sprechen oder zu schreiben, dem Empfänger anpassen. Wenn er etwas nicht versteht, bringt es nichts, dessen angebliche Dummheit dafür verantwortlich zu machen. Sie können Ihre Art des Kommunizierens ändern, bis der Empfänger Sie verstanden hat.

Was kommunizieren wir?

Auf welche Arten können wir kommunizieren? Wir können verbal, das heißt mit unseren Worten, kommunizieren und nonverbal, ohne Sprache.

Nonverbal kommunizieren wir zum einen mit unserem Körper. Mit unserem Körper können wir uns mitteilen über unsere Körperhaltung, unsere Gestik, unseren Gesichtsausdruck, auch über die Richtung, in die unser Körper zeigt und über den Abstand, den wir zu anderen halten.

Neben unserer Körpersprache gehört auch der Ausdruck unserer Stimme zum nonverbalen Verhalten. Wir können leise oder laut sprechen, mit drohender oder zärtlicher Stimme.

Widersprüche zwischen verbalem und nonverbalem Verhalten

Oft widersprechen sich die Botschaften, die jemand mit seinen Worten und mit seinem Körper sendet. Ein Politiker schreit etwa mit zorniger Stimme und erhobener Faust: „Ich bin für den Frieden!" Menschen reagieren in solchen Fällen unbewußt stärker auf den nonverbalen Anteil der Kommunikation. Die emotionale Reaktion auf eine Botschaft wird zu 55% durch die Körpersprache, zu 38% durch die Stimme und nur zu 7% durch die Worte bestimmt.

Ein Widerspruch zwischen der verbalen und nonverbalen Kommunikation deutet auf einen inneren Konflikt hin. Es können dabei sogar mehr als zwei Botschaften gleichzeitig mitgeteilt werden. Etwa eine Botschaft über die Worte, eine über die Stimme und eine dritte über die Körpersprache. Im NLP nimmt man alle Botschaften wichtig.

Ideal ist, wenn die verbale und die nonverbale Kommunikation übereinstimmen, wenn sie kongruent sind. Das erreicht man weniger durch Training, sondern indem man seine inneren Konflikte löst. Damit erlangt man eine wirklich kongruente Kommunikation.

Wenn Sie möchten, können Sie üben, die nonverbale Kommunikation Ihrer Mitmenschen zu beobachten. Sie können dabei besonders auf Widersprüche zwischen dem verbalen und den nonverbalen Anteil der Kommunikation achten. Sie können sich jeden Tag auf einen Aspekt der Kommunikation konzentrieren, einen Tag auf die Körperhaltung, den nächsten auf die Gestik usw.

Unterscheiden zwischen der Wahrnehmung und der Beurteilung

Bei der NLP-Ausbildung wird großer Wert gelegt auf die genaue Wahrnehmung. Wobei man im NLP genau unterscheidet zwischen der Wahrnehmung und der Beurteilung dieser Wahrnehmung. Sie können zum Beispiel nicht wahrnehmen, daß jemand traurig ist. Sie können nur wahrnehmen, daß Tränen fließen. Daß der andere traurig ist, ist Ihre Beurteilung. Tränen können auch eine andere Bedeutung haben. Jemand kann ein Insekt im Auge haben, müde sein oder Tränen lachen. Ich halte wenig von Kursen und Büchern, die die Bedeutungen der einzelnen Körpersignale lehren. Es gibt große individuelle und kulturelle Unterschiede zwischen den Menschen. Jeder Mensch ist anders. In arabischen Ländern ist es zum Beispiel zwischen Männern üblich, Händchen haltend spazieren zu gehen. Das hat überhaupt nichts mit Homosexualität zu tun. Ich finde es wichtiger, seine eigene Wahrnehmung zu schulen, als Buchweisheiten zu folgen.

Feedback-Schleife

Da wir nicht nur mit unseren Worten kommunizieren, sondern auch mit unserem Körper, ist es unmöglich, nicht zu kommunizieren. Wenn jemand sich hinter seiner Zeitung versteckt, teilt er damit mit, daß er sich im Moment nicht unterhalten will. Insofern sind während eines Gesprächs immer beide gleichzeitig Sender und Empfänger. Wenn ein Mann zu einer Frau sagt, daß er sie liebt, und sie dabei ihre Mundwinkel nach unten zieht, empfängt sie nicht nur seine Botschaft, sondern sendet gleichzeitig eine Rückmeldung. Im NLP nennt man diese Rückmeldung *Feedback.* Ich benutze hier ausnahmsweise das englische Wort, da es für mich prägnanter ist als der deutsche Begriff *Rückmeldung* oder *Rückkoppelung.* Es besteht eine ständige Rückkoppelungs-Schleife zwischen Sender und Empfänger, eine sogenannte Feedback-Schleife.

Feedback-Schleife:

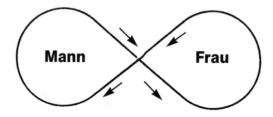

Sie können Ihre Kommunikationsfähigkeiten erweitern, indem Sie lernen, die nonverbalen Anteile der Kommunikation genauer wahrzunehmen.

Kommunikation verbessern

Auf welche Weise kann man noch seine Kommunikation verbessern? Ich denke, die Basis jeder Kommunikation ist die gute Kommunikation mit sich selbst. Wer mit sich selbst im Einklang ist, kommt meist auch gut mit anderen zurecht.

Wer sich selbst achtet, kann auch andere achten und mit ihnen auf einer Ebene kommunizieren, zwischen gleichberechtigten und gleichwertigen Menschen. Natürlich hat ein Chef eine andere Position als seine Mitarbeiter, er hat das Recht und die Pflicht, ihnen zu sagen, was zu tun ist. Trotzdem kann er seine Mitarbeiter als gleichwertige Menschen behandeln. Viele Chefs geben Unsummen aus für Motivationskurse, in denen sie zweifelhafte Tricks zur Motivierung ihrer Mitarbeiter lernen. Wenn sie ihre Mitarbeiter als gleichwertige Menschen behandeln würden, könnten sie diese deutlich besser motivieren. Die meisten Chefs deutscher Unternehmen können hier noch dazulernen. Viele verachten Mitarbeiter, die einfache Tätigkeiten verrichten und wundern sich dann, das ihre Mitarbeiter wenig motiviert sind.

Ich werde im folgenden noch öfter auf das Thema Kommunikation eingehen. Zum Abschluß dieses Kapitels noch eine kurze Geschichte über die Tücken der Kommunikation: Ein Mann geht in einen kleinen Laden und ruft laut: „Ich will eine Tafel Schokolade!" Der Verkäufer antwortet: „Sie brauchen nicht so zu schreien, ich bin ja schließlich nicht taub! Was für eine wollen Sie haben, mit oder ohne Filter?"

18. Die Kunst, Fragen zu stellen

Ich werde in diesem Kapitel ausführlicher auf die Kunst, Fragen zu stellen, eingehen. NLP hat ein wirkungsvolles Set von Fragetechniken entwickelt, das sogenannte Metamodell. Ich werde später erklären, was der Ausdruck Metamodell bedeutet. Um das Metamodell zu erklären, komme ich leider nicht darum herum, kurz auf philosophische und sprachwissenschaftliche Fragen einzugehen. Falls Sie in diesem Kapitel nicht alles verstehen, ist dies in Ordnung. Sie können den Rest des Buches auch so verstehen.

Mit Hilfe des Metamodells kann man anhand der Sprache erkennen, wo jemand in seinem Denken blockiert ist. Und das Metamodell bietet ein Handwerkszeug, um diese Blockaden aufzulösen.

Nehmen wir an, ein junger Mann sagt: „Ich mache alles falsch." Meist wird dies in der Realität nicht so sein. Der Mann glaubt jedoch fest daran. Wie können Sie ihn dabei unterstützen, seine Blockade zu überwinden? Viele versichern ihm, daß dies nicht stimme, daß er nicht alles falsch mache. Der Mann fühlt sich nicht verstanden und wird sich um so mehr auf seinen Standpunkt versteifen.

Wenn man ihn dagegen nach einer Ausnahme fragt, ihn fragt, ob er einmal in seinem Leben etwas richtig gemacht hat, wird ihm meist etwas einfallen, das er richtig gemacht hat. Damit ist er schon aus dem alten, eingeschränkten Denk-Geleis herausgekommen.

In dem Satz „Ich mache alles falsch" hat sich die Sprache verselbständigt, die Sprache hat den Kontakt zur Erfahrung, zur Realität, verloren. Wenn jemand sagt, alle Neuseeländer sind faul, hat dieser Satz wenig mit Erfahrung zu tun. Wer von seiner Erfahrung spricht, sagt etwa: „Ich habe in meinem Leben drei Neuseeländer kennengelernt, und die waren faul." Ich hoffe nur, daß jetzt kein Neuseeländer beleidigt ist. Ich will mit diesem Beispiel nur die Sprache der Vorurteile offenlegen.

Mit Hilfe der Fragen des Metamodells kann man Menschen dabei unterstützen, ihre Sprache mit ihrer Erfahrung zu verbinden, die Kluft zwischen Sprache und Erfahrung zu überbrücken.

Ein weiteres Beispiel für die Fragen des Metamodells: Eine Frau sagt: „Ich kann niemandem, der mich um etwas bittet, Nein sagen." Wie kann man diese Frau dabei unterstützen, diese Blockade in ihrem Denken zu überwinden? Eine Möglichkeit ist, sie zu fragen: „Wie wäre es, wenn Sie Nein sagen könnten?" Um diese Frage zu verstehen, muß sich die Frau vorstellen, Nein zu sagen. Und damit hat sie sich eine innere Erfahrung geschaffen, Nein zu sagen.

Diese Frau hatte eine eingeschränkte, eine verarmte Sicht der Welt und von ihren Möglichkeiten. Mit dieser Frage unterstützt man sie darin, eine Sicht der Welt mit mehr Möglichkeiten zu gewinnen. Mit dieser neuen, bereicherten Sicht der Welt eröffnen sich für sie mehr Wahlmöglichkeiten. Die Frau wird letztlich anders handeln.

Die Fragen des Metamodells lassen sich in drei Bereiche aufteilen. Man kann mit ihnen

1. Mehr Informationen gewinnen
2. Einschränkungen im Denken hinterfragen
3. Verzerrungen im Denken auflösen.

Zu 1.: Mehr Informationen gewinnen

Unsere Sinnesorgane werden in jedem Moment mit einer Unmenge von Informationen überflutet. Da wir unmöglich alle Informationen bewußt wahrnehmen und verarbeiten können, sortieren wir laufend Informationen aus, die uns nicht so wichtig erscheinen. So konzentriert sich ein Autofahrer mehr auf die Straße als auf die Landschaft. Eine Mutter wird ihr schreiendes Baby aus Hunderten von anderen Babys heraushören. Es ist ganz natürlich, daß wir viele Informationen, die wir in jedem Moment mit unseren Sinnesorganen aufnehmen, ignorieren, ausfiltern, oder in der NLP-Sprache ausgedruckt: *tilgen*. Wenn Sie bezweifeln, daß auch Sie laufend Informationen, die Sie mit Ihren Sinnen aufnehmen, ausfiltern, können Sie dies in einer kleinen Übung nachprüfen: Schauen Sie einige Sekunden lang diese Seite an und nehmen Sie wahr, was Sie sehen. Ich behaupte nun, daß Sie nicht alles gesehen haben, was Sie mit Ihren Augen wahrgenommen haben. Schließen Sie kurz das linke Auge. Sie werden mit dem rechten Auge auf der linken Seite Ihre Nase sehen. Diese Information haben Sie vorhin ausgefiltert, weil sie nicht wichtig ist. In diesem Fall ist das Ausfiltern natürlich und zweckmäßig. Nur übersehen manche Menschen Dinge, die für sie wichtig sein können. So wird ein Pessimist die angenehmen Seiten des Lebens weniger wahrnehmen. Mit Hilfe der Fragen des Metamodells kann man ihn dabei unterstützen, seine Aufmerksamkeit mehr auf angenehme Dinge zu lenken. Wir können mit den Fragen des Metamodells weggelassene, übergangene, nicht wahrgenommene Informationen, die von Bedeutung sein können, wieder zugänglich machen.

Weggelassenes wieder zugänglich machen

Nehmen wir an, jemand sagt: „Man kann Geschenke schwer annehmen." In diesem Satz fehlen wesentliche Informationen. Es ist nicht gesagt, wer welche Geschenke nicht von wem annehmen kann. Oder jemand sagt: „Man hat Angst." Hier kann man fragen: „WER hat Angst VOR WEM oder WAS?" Im Berufsleben können diese Fragen helfen, wichtige Informationen zu gewinnen. Ein Vorarbeiter sagt zum Beispiel: „Das können die Arbeiter nicht." Hier kann man nachfragen: „Was genau an welcher Aufgabe können welche Arbeiter nicht erledigen." Das zu allgemein und verschwommen definierte Problem kann so auf konkrete, begrenzte Schwierigkeiten zurückgeführt werden, die oft leicht zu lösen sind. In diesem Beispiel hat vielleicht nur ein Arbeiter Schwierigkeiten mit einem kleinen Bereich einer komplexen Tätigkeit.

Mit Hilfe dieser Fragen kann man auch Manipulationen durch sprachliche Ungenauigkeiten erkennen. Eine deutsche Terroristin schrieb einmal: „Polizisten sind Schweine. Sie sind keine Menschen. Und es kann geschossen werden." In dem letzten Satz hat die Frau geschickt das Wesentliche weggelassen: Von wem wird auf wen und womit geschossen. Dieser Satz klingt viel harmloser als der vollständige Satz: „Wir werden mit Maschinenpistolen auf Polizisten schießen und notfalls auch auf Passanten, die dabei im Weg stehen." Mit Passiv-Formulierungen wie: „Es ist halt passiert, es wurde getötet" werden oft die Täter verschwiegen.

Um zu erkennen, welche Informationen in einem Satz weggelassen wurden, kann man sich fragen, wie man den Satz vollständiger formulieren könnte.

Worauf bezieht sich die Aussage?

Oft wird in einem Satz nicht gesagt, worauf sich die Aussage bezieht. Im NLP-Fachchinesisch nennt man das einen *fehlenden Bezugsindex.*

Jemand sagt zum Beispiel: „Das ist schwer." Hier kann man fragen: „WAS GENAU ist daran schwer FÜR SIE?"

Ungenaue Tätigkeitswörter

Oft sind Verben, das heißt Tätigkeitswörter, ungenau und verschwommen und geben nicht genug Informationen. Wenn eine Frau in der Therapie sagt: „Mein Mann hat mich verletzt", hat der Therapeut wenig brauchbare Informationen. Er weiß nicht, ob der Mann seine Frau mit einem Messer, mit den Fäusten, mit Worten, mit Blicken oder durch Nichtbeachten verletzt hat. Hier kann man fragen: „WIE GENAU hat Ihr Mann Sie verletzt?" In der NLP-Fachsprache nennt man dies *unvollständig spezifizierte Verben* hinterfragen.

Nominalisierungen hinterfragen

Fällt Ihnen bei dem Satz: „Der Streit mit meiner Frau stört mich" etwas auf? Welche wichtige Information fehlt in diesem Satz und ist damit in der Wahrnehmung des Sprechers ausgeblendet?

In diesem Satz wird die Tätigkeit des Streitens behandelt wie ein Gegenstand. Der Streit stört wie ein Haus, das die Sicht verstellt. In Wirklichkeit ist Streiten ein Verb, ein Tätigkeitswort. Streiten ist etwas Dynamisches. Man kann mehr oder weniger streiten oder es ganz lassen. Und es gehören mindestens zwei dazu, um zu streiten. In dem Satz: „Der Streit mit meiner Frau stört mich", ist die Handlung des Streitens quasi zu Eis erstarrt, sie ist zu einem Ding geworden. Der Mann erkennt nicht, daß er selbst streitet, daß er weniger streiten kann oder damit aufhören kann.

Ein ähnliches Beispiel: Ein Rockmusiker hatte mit 45 Jahren seinen ersten Herzinfarkt. Er sagte, kaum aus der Intensivstation entlassen, in einem Interview: „Im Tonstudio gibt es halt immer so viel Streß, so viel Gerauche und so viel Gesaufe." Eine Woche später lag er wieder auf der Intensivstation. Ich habe mich nicht darüber gewundert. Mit seinen Worten über den „Streß, das Gerauche und Gesaufe" hat er gezeigt, daß er wenig aus dem Infarkt gelernt hat – er hat nicht erkannt, daß er es selbst in der Hand hat, weniger zu rauchen, zu saufen und sich weniger zu stressen.

Im NLP nennt man eine Tätigkeit, die in der Sprache zu einem Ding erstarrt ist, eine Nominalisierung. Mir ist dazu kein besserer Begriff eingefallen. Es gibt eine einfache Methode, Nominalisierungen zu erkennen: Alles, was man in eine Schubkarre packen könnte, manchmal auch in eine sehr große, ist keine Nominalisierung. Alle anderen Hauptwörter sind Nominalisierungen. Ein Berg, ein Auto und eine Stadt sind echte Hauptwörter, man könnte sie in eine überdimensionale Schubkarre legen. Streit, Streß, Freiheit, Krankheit, Trinken und Demokratie kann man in keine Schubkarre packen, sie sind Nominalisierungen.

Nominalisierungen kann man hinterfragen, indem man die Nominalisierung in der Frage wieder in ein Verb, in ein Tätigkeitswort umwandelt. In dem Beispiel: „Der Streit mit meiner Frau nervt mich", kann man fragen: „Was hindert Sie, weniger zu streiten?" oder: „Wie wäre es, wenn Sie weniger streiten würden?" Meist wird der Gefragte dann in seiner Antwort anstelle der Nominalisierung ein Verb verwenden. Er antwortet dann etwa: „Ich streite, weil ..." In dem anderen Beispiel könnte man fragen: „Was hindert Sie, weniger zu rauchen, zu trinken und sich weniger zu stressen?"

In der deutschen Sprache gibt es viele Nominalisierungen. Das heißt, ich habe mich gerade selbst bei einer Nominalisierung ertappt, wir benutzen oft für etwas, das wir tun, ein Hauptwort, wir behandeln eine Tätigkeit wie einen Gegenstand. Menschen, die beim Sprechen viele Nominalisierungen benutzen, denken oft in starren Kategorien, haben ein verdinglichtes Denken. Sie haben ein Problem, Ärger, eine Beziehung, keine Motivation, Streit, eine Krankheit, Komplexe, eine Blockade. Sie erkennen oft zu wenig, daß sie etwas verändern können. Sie glauben oft, daß man dynamische Prozesse wie Kriminalität oder Krankheiten allein durch Verbote oder Operationen abschaffen könne. Die moderne Physik dagegen scheint Philosophen wie Heraklit zu bestätigen, die eine dynamischere Sicht der Realität haben. Heraklit sagte, daß alles fließt, daß man nicht zweimal in ein- und denselben Fluß steigen könne, da das Wasser jedesmal ein anderes wäre.

Leider fördert die übliche akademische Sprache das Denken in Nominalisierungen. Ich habe zum Beispiel in vielen psychoanalytischen Büchern Formulierungen gefunden wie: „Die Heilung dieser Krankheit ist unmöglich." Mit den

Fragen des Metamodells auf die Ebene der Erfahrung zurückgeführt würde ein Satz herauskommen wie: „Ich weiß nicht, wie ich den Patienten heilen kann."

Es ist interessant, daß Japaner für Erfolg und Qualität keine Hauptwörter benutzen, sondern Verben. Statt Erfolg sagen sie „ständig erfolgreicher werden", an Stelle von Qualität „die Qualität ständig erhöhen". Viele Menschen ruhen sich auf ihrem Erfolg aus, erkennen gar nicht, daß gerade ihr Erfolg sie daran hindert, neue Wege zu suchen und noch erfolgreicher zu werden. Es gibt einen schönen Spruch: Nothing fails like success, auf Deutsch: *Nichts kann so scheitern wie Erfolg.*

Natürlich ist es oft in Ordnung, Nominalisierungen zu benutzen. Manchmal jedoch hindern uns Nominalisierungen daran, zu erkennen, daß wir etwas verändern können. In diesen Fällen kann man die Nominalisierungen hinterfragen. Wenn jemand sagt: „Ich bedauere die Entscheidung, mich von meiner Frau zu trennen", kann man fragen: „Was hindert Sie daran, sich neu zu entscheiden?"

Zu 2.: Einschränkungen hinterfragen

Viele Menschen schränken sich in ihrer Sprache und damit in ihrem Denken unnötig ein. Jemand sagt zum Beispiel: „Ich kann kein Geld für meine Arbeit verlangen." Oft liegen die Grenzen der Handlungsmöglichkeiten weniger in der Realität, sondern im Denken der Menschen, in ihrer Vorstellung über die Welt. Im NLP nennt man die Vorstellungen eines Menschen über die Welt normalerweise „seine Landkarte der Welt". Wenn eine Frau glaubt, daß sie, wcil sie eine Frau ist, keine Möglichkeit hat, Karriere zu machen, besitzt sie eine eingeschränkte Sicht von ihren Möglichkeiten, ein eingeschränktes Bild der Welt. Diese Einschränkungen kann man mit Hilfe des Metamodells erkennen und hinterfragen. Natürlich gibt es auch Einschränkungen, die von der Realität gestellt werden, natürlich gibt es Länder, Institutionen und Firmen, in denen Frauen benachteiligt werden, in denen sie weniger oder keine Karrierechancen haben. NLP beschäftigt sich nicht damit, die Grenzen, die von der Realität gesetzt werden, zu überwinden. Im NLP beschäftigt man sich mit den Grenzen, die sich die einzelnen Menschen selbst setzen. NLP sucht nach Wegen, diese Grenzen aufzuheben oder zumindest zu erweitern.

Verallgemeinerungen

Eine Art, wie Menschen die Möglichkeiten, die die Welt bietet, einschränken, sind Verallgemeinerungen, im NLP normalerweise als *Generalisierungen* bezeichnet.

Ich habe schon den Mann erwähnt, der sagt „Ich mache alles falsch." Damit der Mann seine Grenzen überwinden kann, kann man ihn nach einer Ausnahme fragen: „Haben Sie einmal in Ihrem Leben etwas richtig gemacht?" Man kann die Verallgemeinerung auch ins Groteske übertreiben: „Sie machen also alles immer zu 100 Prozent total falsch?" Meist kommt dann eine Antwort wie: „Na ja, so schlimm ist es auch wieder nicht." Diese Vorgehensweise ist geschickter und effektiver als die übliche Methode, dem Mann ausreden zu wollen, daß er alles falsch macht. Er fühlt sich dann nicht verstanden und wird alles daran setzen, zu beweisen, daß er wirklich alles falsch macht.

Verallgemeinerungen sind oft an Wörtern wie *alle, keiner, nie, immer, jeder, nirgends* zu erkennen. Im NLP werden diese Wörter normalerweise als *Universalquantoren* bezeichnet. Weitere Beispiele für einschränkende Sätze mit Verallgemeinerungen: „Keiner liebt mich." „Ich habe nie Glück." „Alle Neuseeländer sind faul." „Ich habe immer Pech." „Alle Männer sind Schweine." „Blonde Frauen sind dumm."

Oft ist es angebracht, Verallgemeinerungen zu benutzen. Anders können wir praktisch nicht sprechen. Wenn ich sage: „In Österreich spricht man deutsch", verallgemeinere ich. Solange uns bewußt ist, daß es auch Ausnahmen gibt, sind Verallgemeinerungen in Ordnung. Ohne Verallgemeinerungen zu sprechen, wäre zu kompliziert. Problematisch ist nur, wenn man die Verallgemeinerungen der Sprache mit der Realität verwechselt. So tendiert unsere Sprache dazu, Gegensätze zu benutzen. Die Sprache unterscheidet zwischen schwarz und weiß, gut und schlecht, krank und gesund, schön und häßlich, teuer und billig. Problematisch ist, wenn man vergißt, daß es zwischen den Extremen unendlich viele Zwischenstufen gibt. Es gibt nicht nur Schwarz und Weiß, sondern noch viele andere Farben. Wer dem Irrtum verfällt, Menschen als nur gut oder nur schlecht zu sehen, wird anfällig für Ideologien, die nur zwischen Gut und Schlecht unterscheiden. Im Extremfall kann dies zum Massenmord von sogenannten „schlechten" Menschen führen, seien es die sogenannten Ketzer und Hexen im Mittelalter, die Juden im Dritten Reich oder die Großbauern in der Sowjetunion Stalins.

Mit der Verwendung von Verallgemeinerungen beschränken Menschen oft ihre Handlungsmöglichkeiten und nehmen Chancen, die die Welt ihnen bietet, nicht wahr. Oft ist es nützlich, die Begrenzungen mit Hilfe der Fragen des Metamodells zu hinterfragen.

Zwänge

Eine andere Art sich einzuschränken drückt sich in Sätzen aus wie: „Ich muß mich um andere kümmern." „Ich kann um keine Gehaltserhöhung bitten." „Es ist notwendig, zu Gästen immer nett zu sein." „Ich kann meinen Kindern keinen Wunsch abschlagen." „Ich muß Befehlen gehorchen." Worte wie *müssen, sollen, nicht können, notwendig sein* nennt man im NLP normalerweise *Modaloperatoren der Notwendigkeit*.

In Sätzen mit *müssen* oder *sollen* werden oft Regeln als unumstößlich akzeptiert, die noch nie kritisch überprüft wurden. Oft ist den Menschen nicht bewußt, daß sie sich selbst einschränkenden Regeln unterwerfen, und daß es in ihrer Macht steht, die Regeln zu erweitern oder über Bord zu werfen. In diesen Fällen kann es nützlich sein, die Einschränkungen mit Hilfe der Fragen des Metamodells zu hinterfragen.

Wenn jemand sagt: „Ich kann um keine Gehaltserhöhung bitten", kann man ihn fragen: „Was würde passieren, wenn Sie es täten", oder: „Was hindert Sie daran, es zu tun?" Man kann einschränkende Regeln immer wieder neu überprüfen. Das kann gerade im Geschäftsleben viel Geld, Mühe und Zeit sparen.

Es gibt noch eine dritte Möglichkeit, Zwänge, die Menschen sich auferlegen, zu hinterfragen. Wenn jemand sagt: „Ich muß jeden Tag zur Arbeit gehen", kann man ihn fragen: „Können Sie sich vorstellen, gerne zur Arbeit zu gehen?" In Fällen, in denen man nicht vermeiden kann, etwas zu tun, ist es oft günstiger, sich nicht dazu zu zwingen, sondern es aus freien Stücken zu tun. Damit bekommt man wieder Selbstverantwortung für sein Handeln.

Zu 3.: Verzerrungen im Denken auflösen

Die dritte Art, Blockaden in der Sprache und im Denken mit Hilfe des Metamodells aufzulösen, ist, Verzerrungen zu hinterfragen: Wenn wir eine Wahrnehmung verzerren, machen wir bestimmte Anteile der Wahrnehmung größer oder gewichtiger und andere kleiner. Oder wir verbinden Dinge, die normalerweise nicht zusammengehören. Obwohl das Wort verzerren negativ klingt, ist dies eine kreative und wichtige Tätigkeit unseres Geistes. Jede künstlerische Tätigkeit besteht darin, Dinge zu verzerren. Wenn wir unsere Phantasie benutzen, etwas planen oder erfinden, verzerren wir in unserer inneren Wahrnehmung die Dinge, die wir schon kennen. Problematisch wird es nur, wenn wir unsere verzerrte Sicht der Dinge mit der Realität verwechseln.

Ursache und Wirkung

Eine Art der Verzerrung besteht darin, einen Zusammenhang von Ursache und Wirkung herzustellen, der so nicht stimmt. Jemand sagt zum Beispiel: „Sie ärgern mich, wenn Sie grinsen." Oder er sagt: „Meine Kollegin nervt mich, wenn sie so teuren Schmuck trägt."

Mit diesen Sätzen schiebt der Sprecher die Verantwortung für seine Gefühle auf Kräfte ab, die außerhalb seiner Kontrolle liegen. Er erkennt nicht, daß es viele Arten gibt, auf ein Grinsen zu reagieren. Man kann ebenfalls grinsen, es ignorieren oder sich darüber freuen. Mit Sätzen wie: „Sie nervt mich, wenn sie X macht" leugnen Menschen die Verantwortung für ihre eigenen Gefühle, sie machen sich zum hilflosen Opfer.

Den Satz „Sie ärgern mich, wenn Sie grinsen" kann man auf folgende Arten hinterfragen: „Ärgern Sie sich immer, wenn jemand grinst? Können Sie sich vorstellen, anders auf ein Grinsen zu reagieren? Kennen Sie jemanden, der anders reagiert, wenn einer grinst?"

Durch diese Fragen macht man der Person bewußt, daß sie für ihre Gefühle und Reaktionen selbst verantwortlich ist und verschiedene Reaktionsmöglichkeiten hat.

Gedankenlesen

Eine weitere Art der verzerrten Wahrnehmung ist das sogenannte Gedankenlesen. Jemand sagt zum Beispiel: „Alle Kollegen meinen, ich störe." Oder er sagt: „Frauen mögen mich nicht." In diesem Satz setzt der Sprecher voraus, daß er weiß, was andere denken und fühlen. Manchmal liegen Menschen mit ihren Annahmen über das, was andere denken oder fühlen, richtig. Aber oft täuschen sie sich in ihren Vermutungen über die Gedanken von anderen. Im NLP wird dies als Gedankenlesen bezeichnet. Zu viele Menschen setzen voraus, daß sie wissen, was andere denken und überprüfen ihre Meinungen über die Gedanken von anderen zu wenig. Hier kann es hilfreich sein, die Annahmen zu hinterfragen. Den Mann, der sagt: „Alle Kollegen meinen, ich störe", kann man fragen: „Woher genau wissen Sie, was alle meinen?"

Das vergessene Zitat

Die dritte Art der Verzerrung drückt sich in Sätzen aus wie: „Es ist unmoralisch, nackt zu baden" oder: „Am Freitag darf man kein Fleisch essen." Hier setzt der Sprecher voraus, daß seine Vorstellungen und Moralgesetze für alle Menschen gelten. Im Grunde vergißt er seine Meinung als Zitat zu kennzeichnen. Er vergißt die einleitende Formulierung: *„Meine Meinung ist, ..."* In der NLP-Literatur wird ein solches vergessenes Zitat normalerweise als *verlorener Performativ* bezeichnet.

Man kann Menschen wieder bewußt machen, daß sie ihre Meinung anderen aufdrängen wollen, indem man sie fragt: „Für wen ist das unmoralisch, für wen ist das falsch, für wen gilt das?"

Bitte beachten

Ich empfehle Ihnen, mit den Fragen des Metamodells vorsichtig und sensibel umzugehen. Die Fragen wirken so einfach, sind aber sehr wirkungsvoll und bedeuten für viele Menschen einen großen Eingriff in ihre gewohnte Denkart. Wenn man diese Fragen nicht mit Sensibilität und Respekt für die Persönlichkeit des anderen anwendet, kann es passieren, daß sich der Gefragte angegriffen fühlt und aggressiv reagiert.

Es ist sinnvoll, die Fragen in eine umgänglichere Form zu verpacken, indem man sie in Sätze kleidet wie: „Ich wundere mich ...; Ich würde gerne wissen, ...; Ich bin neugierig zu erfahren ...; Interessant wäre, zu erfahren ...; Wollen Sie mir sagen, was ...; Vielleicht wissen Sie auch, was ...; Haben Sie sich schon einmal überlegt, was ...; Vielleicht interessiert es Sie auch, was ..."

Diese Sprachmuster kommen aus der Sprache der Trance, auf die ich im nächsten Kapitel ausführlicher eingehen werde. Mit den Sprachmustern der Trance kann man die Härte der Fragen des Metamodells abfedern, sie weicher machen.

Die Fragen des Metamodells sollte man nur anwenden, wenn man einen guten Kontakt zu seinem Gesprächspartner hat. Wenn Sie bei der Anwendung dieser Fragen von tiefer Achtung für die einzigartige Persönlichkeit Ihres Gegenüber erfüllt sind, können diese Fragen die Kommunikation erleichtern und Ihrem Gesprächspartner zu neuen Einsichten verhelfen. Man kann die Fragen des Metamodells auch auf den eigenen inneren Dialog anwenden und so zu neuen Erkenntnissen kommen.

Die Sprachmuster, die man mit Hilfe des Metamodells hinterfragen kann, sind nicht per se schlecht. Nur wenn sie die Wahlmöglichkeiten einer Person einschränken, ist es sinnvoll, sie zu hinterfragen. Wenn Sie mit Bedacht und Respekt einige Zeit mit diesen Fragen experimentieren, werden Sie ein Gefühl dafür bekommen, wann es angebracht ist, diese Fragen anzuwenden.

Die Entstehung des Metamodells

Das Metamodell entstand als erste NLP-Methode. Bandler und Grinder entwickelten die Fragen des Metamodells, indem sie die Sprache der berühmten Psychotherapeuten Fritz Perls und Virginia Satir auf gemeinsame Muster hin untersuchten. Bandler und Grinder fanden mit dem Metamodell Fragen, die man unabhängig vom Inhalt der Kommunikation anwenden kann. Unabhängig vom konkreten Inhalt kann man an der Sprachform *alle, keiner, nie* Verallgemeinerungen erkennen und besitzt mit den Fragen des Metamodells ein Handwerkszeug, sie zu hinterfragen. Die Fragen des Metamodells stehen somit über dem Inhalt, auf einer höheren Ebene. Daher der Name Meta-Modell, von griechisch Meta für jenseits, oberhalb.

Die Bedeutung des Metamodells

Das Metamodell ist neben der Sprache der Trance das wichtigste sprachliche Handwerkszeug des NLP. Wie ich schon erwähnt habe, dient das Metamodell dazu, Sprache und Realität wieder miteinander zu verbinden. In Worten wie *alle, nie* oder *immer* hat die Sprache meist den Kontakt zur Welt der Erfahrung verloren. Die Fragen des Metamodells benutzt man zum Beispiel zu Beginn eines Beratungsgesprächs, um das Problem möglichst exakt zu erfassen.

Die Inhalte von Worten

Viele Menschen erwarten, daß andere Menschen Worte auf die gleiche Weise verstehen wie sie selbst. Leider ist dies nicht immer der Fall. Worte sind oft ungenau und geben Anlaß zu Mißverständnissen. Woran denken Sie zum Beispiel, wenn Sie das Wort Onkel lesen? Was stellen Sie sich unter einem Onkel vor?

Ein Onkel kann der Bruder des Vaters oder der Mutter sein. Es kann auch der Ehemann der Schwester des Vaters oder der Mutter sein. Es gibt Familien, in denen der Onkel Jahrzehnte jünger ist als der Neffe oder die Nichte. Ein Erwachsener kann einen Onkel haben, der noch ein Baby ist.

Bei dem Wort Onkel ist die große Bandbreite von Bedeutungen vielleicht nicht so problematisch. Bei dem folgenden Beispiel kann es schon gefährlicher werden. Ein Mann sagt seiner Verlobten, daß er auch nach der Hochzeit seine Freiheit haben will. Sie versteht darunter, daß er einmal die Woche mit Freunden zum Kegeln geht. Er versteht unter Freiheit, daß er nebenher noch andere Freundinnen hat. Sie können sich die möglichen Folgen des unterschiedlichen Verständnisses von Freiheit leicht vorstellen.

Ich habe gehört, daß die Bombardierung von Hiroshima und Nagasaki mit durch eine solche sprachliche Doppeldeutigkeit verursacht wurde. Die Amerikaner hatten den Japanern ein Ultimatum geschickt. Die Japaner antworteten, daß sie noch Bedenkzeit bräuchten für eine Antwort. Der japanische Ausdruck für *eine Bedenkzeit brauchen* hat noch die zweite Bedeutung *etwas ignorieren, nicht ernst nehmen*. Leider wurde die Antwort der Japaner so übersetzt, als ob sie das Ultimatum der Amerikaner ignorieren, nicht ernst nehmen würden. Daraufhin bombardierten die Amerikaner Hiroshima und Nagasaki mit Atombomben ...

Es ist nützlich, sich bewußt zu machen, daß andere Menschen nicht immer dasselbe unter den Worten verstehen wie wir.

Vorsicht vor großen Worten

Ich bin besonders vorsichtig bei so großartig klingenden Worten wie Freiheit, Liebe, Religion, Menschlichkeit, Kommunismus. Für ein so großes Ideal wie Kommunismus wurden Millionen von Menschenleben geopfert. Die ganze Menschheit zu lieben ist einfach. Einen einzelnen Menschen zu lieben ist schwerer und zählt für mich mehr.

Nicht Worte mit der Realität verwechseln

Viele erwarten nicht nur, daß andere unter den Worten dasselbe verstehen wie sie selbst, sie verwechseln auch Worte mit der Realität. Im NLP sagt man dazu: Die Landkarte sollte man nicht mit dem Gebiet verwechseln. Eine Landkarte soll uns helfen, uns in der Realität besser zurechtzufinden. Eine Karte für Radfahrer sieht anders aus als eine für Geologen oder Flieger. Man sollte nicht die Speisekarte mit dem Essen selbst verwechseln, sie schmeckt meist nicht so gut. Auch wenn es komisch klingt, passiert es häufig, daß Menschen Worte mit der Realität verwechseln. Bei Molière gibt es die schöne Geschichte, wie ein Wissenschaftler die einschläfernde Wirkung des Opiums durch ein dem Opium innewohnendes *dormitives (einschläferndes) Prinzip* erklärt. Der Begriff *dormitives Prinzip* erklärt nichts. Viele verfallen dem Irrtum, zu glauben, daß es so etwas wie ein *dormitives Prinzip* auch geben müsse, wenn es dafür einen Namen gibt.

Ein Beispiel für die Verwechslung von Worten mit der Realität: Menschen bezeichnen Pflanzen, die sie für unnütz halten, als Unkraut. Viele glauben, daß es so etwas wie Unkraut wirklich gibt. Ich denke, daß uns die Schönheit und der Nutzen der sogenannten Unkräuter vielleicht noch nicht bewußt sind. Vielleicht brauchen Tiere, die wir für schön und nützlich halten, etwa Schmetterlinge, diese „Unkräuter" zum Überleben.

Anstatt uns zu sehr an Worten festzuhalten, können wir lernen, uns wieder mehr der Ebene der Erfahrung zu nähern und Worte mit konkretem Inhalt zu füllen.

Sprache prägt unsere Wahrnehmung

Sprache dient nicht nur zur Kommunikation, sie prägt auch unsere Wahrnehmung. Eskimos kennen viel mehr Worte für Schnee als wir und können so wesentlich mehr Nuancen von Schnee unterscheiden. Ich habe schon die zwei Männer erwähnt, die ihre Arbeitslosigkeit als Versagen beziehungsweise als Chance bezeichneten. Die unterschiedliche Benennung der Situation führt dazu, daß sie ihre Lage und ihre Zukunft ganz anders wahrnehmen.

Menschen in Kategorien gepreßt

Besonders wenn wir Menschen in eine Kategorie gepackt haben, sie als dumm oder intelligent, als nett oder unsympathisch bezeichnet haben, neigen wir dazu, nur noch die Anteile ihres Verhaltens, die unsere Meinung bestätigt, wahrzunehmen.

Psychologen haben ein interessantes Experiment durchgeführt. Sie machten mit Schülern einen Intelligenztest. Sie teilten dann den Lehrern mit, welche Schüler dumm und welche intelligent seien. In Wirklichkeit wollten die Psychologen nicht die Schüler, sondern die Lehrer testen. Sie wollten testen, ob sich Lehrer in ihrer Wahrnehmung und Beurteilung von Schülern von außen beeinflussen lassen. Die Psychologen werteten den Intelligenztest der Schüler überhaupt nicht aus, sondern teilten die Schüler nach dem Zufallsprinzip in dumme und intelligente Schüler.

Als die Psychologen nach einiger Zeit die Zeugnisse der Schüler untersuchten, stellten sie fest, daß die Schüler, die den Lehrern als intelligent vorgestellt wurden, bessere Noten hatten als die Schüler, die den Lehrern als dumm vorgestellt wurden. Die Lehrer hatten die Schüler so wahrgenommen, wie es ihnen die scheinbaren Ergebnisse des Intelligenztests suggeriert hatten.

Nicht alles benennen

Manchmal kann es gut sein, etwas nur wahrzunehmen und zu genießen, ohne es zu benennen, ohne ihm einen Namen zu geben. Gerade Erfahrungen wie Meditation, Liebe oder Kunst kann man durch ihre Benennung etwas von ihrer Schönheit nehmen.

Wenn ein kleines Kind mit glänzenden Augen einen Schmetterling betrachtet, kann man sein Erleben stören, wenn man es in Worte faßt und sagt: „Ist der Schmetterling nicht schön?" Die Sprache kann einem Erlebnis die Unmittelbarkeit, die Frische und Lebendigkeit nehmen.

Menschen halten ihre Sicht der Welt für die einzig richtige

Menschen haben die Tendenz, ihre Sicht der Welt für die einzig richtige zu halten. Sie verwechseln ihre Sicht der Welt, ihr Modell der Welt, ihre Landkarte der Welt, mit der Welt selbst.

Vielleicht kennen Sie schon die folgende Geschichte: Ein Wanderzirkus macht in einem kleinen Dorf halt. Der Elefant des Zirkus wird in einem Stall untergebracht. Als in der Nacht drei Dorfbewohner in den stockdunklen Stall kommen, beschreiben sie das Tier auf völlig verschiedene Art. Der eine hat den Rüssel des Elefanten zu fassen bekommen und beschreibt das Tier als eine Art

Schlauch. Der nächste hat die Ohren zu fassen bekommen und beschreibt das Tier als eine Art große Fledermaus mit riesigen Flügeln. Der dritte hat ein Bein zu fassen bekommen und beschreibt das Tier als eine Art Baum. Die drei Dorfbewohner stritten sich danach heftig, weil jeder seine Wahrnehmung des Elefanten für die einzig richtige hielt.

Das erinnert mich an den Autofahrer, der im Autoradio hört, daß auf dem Autobahnabschnitt, auf dem er gerade unterwegs ist, ein Geisterfahrer unterwegs sei. Er sagt zu sich: „Was heißt hier *ein* Geisterfahrer, es sind Hunderte!"

Wir überschätzen oft unsere Fähigkeit, Dinge objektiv wahrnehmen zu können. Wie ein Brot schmeckt, hängt auch davon ab, wie hungrig man ist.

Wir schaffen uns unsere eigene Realität selbst

In gewisser Weise schaffen wir uns durch unser Denken unsere Realität selbst. Ein Mensch, der glaubt, alle Menschen seien schlecht, wird nicht nur die Menschen, denen er begegnet, anders wahrnehmen als jemand, der glaubt, Menschen seien gut. Ein Mensch, der von allen Menschen Schlechtes erwartet, wird auch anderen Menschen begegnen, er wird andere Menschen anziehen. Ich habe in meinen Kursen Langzeitarbeitslose getroffen, die der Ansicht waren, alle Chefs seien Idioten und Ausbeuter. Wer dies glaubt, braucht sich nicht zu wundern, wenn er schlechte Erfahrungen mit Chefs macht. Menschen spüren, zumindest am nonverbalen Verhalten, wenn jemand eine solche Einstellung hat. Ein Chef, der sich selbst und seine Mitarbeiter achtet, wird niemanden mit einer solchen Denkart einstellen. Es ist paradox, aber ein Mensch, der schlecht über alle Chefs denkt, schafft sich genau das, was er nicht will: Er bekommt immer wieder Chefs, die wirklich wenig taugen. Wie ich schon erwähnt habe, nennt man dies eine sich selbst erfüllende Prophezeiung.

Nicht die Realität schränkt uns ein, sondern unsere Vorstellung von Realität

Oft ist es nicht so sehr die Realität, die uns einschränkt, sondern unsere Sicht der Realität. Vielleicht kennen Sie die Geschichte von dem Eisbär, der in einem kleinen Käfig im Zoo eingesperrt war. Er ging tagein, tagaus vier Schritte vor und dann wieder vier Schritte zurück. Nach ein paar Jahren hatten die Menschen ein Einsehen und brachten den Eisbären nach Kanada zurück und entließen ihn in der unendlichen Schneelandschaft. Der Eisbär ging einige Tage weiterhin jeweils vier Schritte hin und her, bevor er sich traute, seine inneren Grenzen zu überschreiten und in die Weite der Schneelandschaft hinauszugehen.

Thesen

Ich möchte dieses Kapitel in einigen Thesen zusammenfassen:

▶ Unsere Sicht der Welt stimmt nicht immer mit der Sicht der anderen überein.

▶ Unsere Sicht der Welt stimmt nicht unbedingt mit der Realität überein.

▶ Nicht so sehr die Realität schränkt uns ein, sondern unsere Vorstellung von Realität.

▶ Wir können die Sichtweise von anderen achten, auch wenn wir sie nicht teilen.

▶ Oft ist es sinnvoll, die Welt von verschiedenen Perspektiven aus zu betrachten.

▶ NLP ist keine Weltanschauung, es beansprucht nicht, die wahre Sicht der Realität zu haben.

▶ NLP eröffnet neue Blickwinkel, neue Wahrnehmungen der Welt.

▶ Insofern ist NLP mehr als nur eine Ansammlung von Techniken.

Die Fragetechniken des Metamodells zusammengefaßt

Bitte diese Fragen vorsichtig und respektvoll benutzen und einkleiden in Formulierungen wie „Und nun würde mich interessieren,…?" Zuerst Kontakt herstellen.

1. a) „Man hat Angst" – „WER hat Angst VOR WEM oder WAS?"

   b) „Das ist schwer" – „WAS GENAU ist daran schwer für SIE?"

   c) „Er hat mich verletzt" – „WIE GENAU hat er Sie verletzt?"

   d) „Der Streit mit meiner Frau nervt mich" – „Was hindert Sie daran, weniger zu streiten?"

2. a) alle, jeder, nie: „Ich mache alles falsch" – „Sie machen absolut immer alles total falsch?" oder: „Haben Sie einmal etwas richtig gemacht?"

   b) muß, kann nicht, es ist notwendig: „Ich muß mich um andere kümmern" – „Was würde passieren, wenn Sie es nicht täten?" oder: „Was hindert Sie daran, es nicht zu tun?"

3 a) Ursache und Wirkung: „Sie ärgert mich, wenn sie grinst" – „Ärgern Sie sich jedesmal, wenn jemand grinst?" oder: „Wie genau bewirkt sie durch ihr Grinsen, daß Sie sich ärgern?"

b) Gedankenlesen: „Alle meinen, ich störe" – „Woher wissen Sie, was alle meinen?"

c) „Es ist falsch, von Sozialhilfe zu leben" – „Für wen ist das falsch?"

19. Elegante Kommunikation mit der Sprache der Trance

Ich möchte in diesem Kapitel auf die Sprache der Trance eingehen. Auch wenn Sie nicht mit Trance arbeiten wollen, ist es sinnvoll, sich mit der Sprache der Trance zu beschäftigen. Ich will ein Beispiel geben: Eine Firma empfiehlt ihren Verkäufern, den Kunden zu sagen: „Sie müssen mir recht geben, daß dieses Produkt sehr gut ist!" Was würden Sie empfinden, wenn Ihnen ein Vertreter dies sagt? Die meisten Menschen mögen nicht, wenn man ihnen sagt, daß sie etwas tun *müssen*. Man kann den gleichen Inhalt mit der Sprache der Trance eleganter formulieren: „Vielleicht werden Sie sich wundern, wie effektiv und zuverlässig dieses Produkt ist." Anweisungen und Vorschläge kann man in die Form verpacken: „Vielleicht wollen Sie ..., haben Sie schon daran gedacht ..., Sie können ... tun."

Viele Menschen benutzen, ohne es zu wissen, Trance-Formulierungen und geben dabei negative Suggestionen. In vielen Büchern über Lebenshilfe habe ich Sätze gefunden wie: „Wenn Sie X nicht machen, *werden Sie nie Erfolg haben, werden Sie hundertprozentig scheitern!*" In einem internen Ratgeber eines der größten deutschen Schulungsträger für seine Dozenten habe ich auf 36 Seiten 38 negative Suggestionen gefunden wie: „Das Lernen wird zum Streß." Mir fällt es schon schwer, solche Sätze überhaupt zu zitieren!

Die Sprache der Trance wird im NLP normalerweise nach Milton Erickson das *Milton-Modell* genannt. Die Sprache der Trance ist das genaue Gegenstück zu den Fragetechniken des Metamodells. Mit den Fragen des Metamodells will man möglichst genaue, konkrete Informationen erhalten. Mit der Sprache der Trance will man möglichst allgemein bleiben, möglichst ungenau sprechen.

Ein Beispiel für Trance-Sprache: „Sie können in diesem Kapitel viel lernen, das Ihnen in Ihrem beruflichen und privaten Leben großen Nutzen bringen kann." Dieser Satz sagt eigentlich nichts. Was Sie lernen werden und welchen

Nutzen Ihnen das bringen wird, ist nicht erwähnt. In der Trance ist diese Sprache angemessen, weil sie dem Klienten die Freiheit gibt, den Inhalt einzufüllen, der für ihn sinnvoll ist.

Die ungenaue Sprache der Trance wird oft in der Werbung verwendet. Zum Beispiel in den Werbeslogans der Automobilbranche: „Wir haben verstanden. Die tun was." Der Kunde füllt genau den Inhalt ein, der für ihn wichtig ist. Er glaubt, die Firma wird etwas tun für die Umwelt, für kinderreiche Familien, für Leute mit kleinem Geldbeutel, für Sicherheit, für sportliches Fahren usw.

Auch Politiker benutzen diese Wischi-Waschi-Sprache. So sagt ein Politiker: „Ich bin für die Erhaltung des Erreichten, für die Rückkehr zu traditionellen Werten und für den Fortschritt." Mit diesem Satz hat er alles und nichts gesagt. Er will, daß es wird wie früher, daß es bleibt, wie es ist und das es sich ändern soll. Was genau sich ändern soll, läßt er weg. Wenn er konkret würde, könnte er ja Wähler abschrecken.

Vielleicht haben Sie sich schon gefragt, was eine Trance überhaupt ist. Ich weiß, daß für viele das Wort Trance ein rotes Tuch ist. Dabei ist Trance ein ganz alltäglicher Zustand. Trance ist ein veränderter Bewußtseinszustand, dem wir im täglichen Leben laufend begegnen. Einige Beispiele für alltägliche Erfahrungen mit Trancezuständen: Wenn Sie so von einem Film gefesselt sind, daß Sie den Raum um sich herum vergessen. Wenn Sie während eines langweiligen Vortrages gedankenverloren aus dem Fenster blicken. Wenn Sie bei Vollmond dem Kommen und Gehen der Wellen des Meeres zuhören. Wenn Sie nachts in einem Schneegestöber als Beifahrer dem Tanz der Schneeflocken im Scheinwerferlicht folgen. Wenn Sie ein warmes Bad nehmen. Wenn Sie entspannt in einem Sessel sitzen und den fallenden Regentropfen draußen zuhören.

Falls Sie beim Lesen schon in einen trance-ähnlichen Zustand gefallen sein sollten, können Sie jetzt langsam wieder zurückkommen.

Trance und Unbewußtes

Trance ist ein veränderter Bewußtseinszustand, in dem wir unsere Aufmerksamkeit mehr nach innen richten. Während der Trance finden wir einen besseren Zugang zu unserem Unbewußten. NLP hat kein großartiges Konzept vom Unbewußten. Unter dem Unbewußten versteht man im NLP alles, was einem in einem Moment nicht bewußt ist. Wenn ich Sie frage, wie sich Ihr rechter großer Zeh anfühlt, wird Ihnen das jetzt bewußt, zuvor haben Sie wahrscheinlich nicht daran gedacht, es war Ihnen unbewußt.

Das Bewußte ist nur die kleine sichtbare Spitze des Eisberges, der größte Teil der Arbeit des Gehirns wird vom Unbewußten gesteuert, zum Beispiel unser Herzschlag und die Verdauung. Auch alle Dinge, die wir gut beherrschen, machen wir unbewußt. Beim Sprechen ist einem zum Beispiel nicht bewußt, wie man die Regeln der Grammatik anwendet. Kinder lernen sprechen, weil sie die Regeln der Grammatik nicht kennen. Wenn wie unsere Muttersprache mit Wörterbuch und Grammatik lernen müßten wie in der Schule, würden wir wahrscheinlich stottern.

Auch wenn es unseren analytischen Verstand beleidigen mag, es ist nicht nötig, alles bewußt zu machen, um es richtig zu machen. Vielleicht kennen Sie schon die Geschichte von dem Tausendfüßler, der gefragt wurde, wie er es denn anstelle, seine Beinchen miteinander zu koordinieren, ob er paarweise gehe oder eines nach dem anderen. Der Tausendfüßler meditierte eine Zeitlang über diese Frage. Als er dann weitergehen wollte, konnte er plötzlich nicht mehr gehen ...

Nutzen der Trance

Im NLP nutzt man die Trance, um besseren Zugang zum Unbewußten zu finden. Im NLP gibt man dem Unbewußten weniger direkte Suggestionen, was es zu machen habe, wie: „Höre auf mit dem Rauchen!" NLP hat große Achtung für die Arbeit und die Kraft des Unbewußten. Im NLP will man die Selbstregulierungs- und Selbstheilungskräfte des Unbewußten anregen und unterstützen. Und man kann in der Trance direkt mit dem Unbewußten verhandeln. Etwa, indem man nach den positiven Absichten eines ungeliebten Verhaltens fragt und nach Alternativen sucht.

In der Trance kann man auch leichter Zugang finden zu seinen Fähigkeiten. Wenn man jemanden, der Angst hat, eine Rede zu halten, bittet, sich vorzustellen, vor vielen Menschen zu sprechen, wird sein bewußter Verstand jede Menge Gründe finden, warum dies nicht funktionieren kann. In der Entspannung einer Trance fällt es ihm meist leicht, Zugang zu seinen inneren Stärken zu finden und sich vorzustellen, vor vielen Menschen zu sprechen. Im Entspannungszustand der Trance kann man neue Wahlmöglichkeiten einüben.

Wie in Trance versetzen?

Im NLP nutzt man die Trance-Techniken von Milton Erickson. Diese haben mit den üblichen Bühnen-Shows nichts gemein. Bühnen-Hypnotiseure suchen sich meist Menschen aus dem Publikum, die gut gehorchen können und veranstalten mit ihnen oft unverantwortliche Spielchen, die keinerlei therapeutischen Nutzen haben und wenig Respekt zeigen vor der Persönlichkeit der Hypnotisierten.

In der Ericksonschen Trance arbeitet man nach dem Prinzip „begleiten und führen". Man holt die Menschen dort ab, wo sie im Moment sind, begleitet sie ein Stück und führt sie dann nach innen, zu ihrer inneren Erfahrung, zu ihrem Unbewußten. Zum Beispiel kann man einem Klienten sagen: „Sie hören meine Stimme und die Musik im Hintergrund, Sie spüren Ihr Gewicht auf dem Sessel und Ihren Atem." Hiermit bestätigt man das Erleben des Klienten, man begleitet ihn und bekommt so Kontakt und Vertrauen. Dann kann man vorsichtig beginnen zu führen: „Und während Sie spüren, wie sich mit jedem Atemzug Ihr Bauch ein wenig hebt und senkt, können Sie sich erlauben, immer mehr zu entspannen."

Hier ist geschickt das Begleiten der Erfahrung (das Heben und Senken des Bauches) mit dem Führen verbunden, mit dem Vorschlag, sich zu entspannen. Diese Vorgehensweise ist viel effektiver, als dem Klienten direkt zu befehlen: „Sie müssen sich jetzt sofort entspannen!" Dies würde oft zu Widerständen führen.

Bitte beachten

Wie ich schon erwähnt habe, würde ich NLP-Techniken nur im Interesse *aller* Beteiligten anwenden. Es ist auch in Ihrem Interesse, wenn Sie Trance-Techniken nur im Interesse aller Beteiligten verwenden, um die Kommunikation zu erleichtern. Allein mit den Informationen dieses Buches sollte man nicht mit Trance selbst arbeiten, dazu gehört eine gründliche Ausbildung.

Die Ängste vieler Menschen vor Trance sind meist unbegründet. Es ist nicht möglich, Menschen in der Trance zu etwas zu bewegen, das sie nicht tun wollen, etwa zu einem Verbrechen.

Einige Prinzipien der Ericksonschen Trance

Auch wenn man selbst nicht mit Trance arbeiten will, ist es günstig, sich mit der Sprache der Trance zu beschäftigen. Es ist zum Beispiel sinnvoll, das Prinzip von Begleiten und Führen bei jeder Kommunikation anzuwenden. Etwa im Verkauf, indem man den Kunden fragt, was er will, ihm zuhört und erst dann etwas anbietet. Viele Verkäufer berücksichtigen dieses Prinzip zu wenig, sie überrollen den Kunden mit auswendig gelernten Argumenten. Das Prinzip des Begleitens und Führens wird im NLP normalerweise als Pacen und Leaden bezeichnet.

In der Trance geht man besonders bewußt mit Verneinungen um. Wenn man einem Menschen in Trance sagt, er solle keine Angst haben, wird er zusammenzucken. Wir können Verneinungen nicht verstehen, ohne uns zuerst das Verneinte selbst vorzustellen. Man kann Verneinungen auch bewußt einsetzen, indem man zum Beispiel sagt: „Sie brauchen sich jetzt noch nicht *tief entspannen und in dieses angenehme Gefühl von tiefer Entspannung gehen*." In der Werbung wird diese Methode zum Beispiel in dem Slogan *nicht immer, aber immer öfter* geschickt angewandt.

Wie ich schon erwähnt habe, spricht man in der Sprache der Trance möglichst allgemein, um dem Klienten zu erlauben, den Inhalt einzufüllen, den er im Moment braucht. Man kann zum Beispiel sagen: „Ihnen ist vielleicht noch nicht bewußt, wieviel Sie in diesem Buch schon gelernt haben, und welche hilfreichen Veränderungen dies in Ihrem Leben bewirken wird." Ich sage hier nicht konkret, was Sie gelernt haben und wie Sie dies in Ihrem Leben umsetzen. Damit gebe ich Ihnen die Freiheit, das zu lernen, was für Sie wichtig ist.

Eine weitere Methode der Trance, die man auch in Alltagsgesprächen anwenden kann, ist, Befehle oder Anweisungen in umgänglichere Formulierungen zu kleiden. Anstatt zu sagen: „Sie müssen dieses Buch aufmerksam lesen und möglichst viel daraus lernen", kann ich sagen: „Sie werden sich vielleicht wundern, überrascht sein, es sich nicht vorstellen können, mit wieviel Vergnügen Sie dieses Buch lesen werden und wieviel Sie daraus lernen können für Ihr privates und berufliches Leben."

Ich wollte hier die Sprache der Trance nur kurz anschneiden. Die Sprache der Trance und die Fragetechniken des Metamodells sind zwei sich gut ergänzende Werkzeuge. Mit der Zeit gewinnt man ein Gefühl dafür, wie man sie spielerisch in die normale Sprache einfließen lassen kann.

20. Einschränkende und motivierende Glaubenssätze

Viele Menschen werden durch einschränkende Glaubenssätze wie: „Ich bin halt ein Verlierer"; „Ich bekomme nie, was ich will"; „Es gibt keine Chance, eine gute Arbeit zu finden" usw. daran gehindert, ihre Ziele zu erreichen und ein erfülltes Leben zu führen.

Einschränkende Glaubenssätze sind wie Schranken, die eine Person und ihre Möglichkeiten begrenzen. Wenn jemand an seinen Erfolg nicht glaubt, macht er es sich unnötig schwer, erfolgreich zu werden. Glaubenssätze haben die Tendenz, sich selbst zu bestätigen. Ob Sie glauben, daß Sie etwas nicht können oder glauben, daß Sie es können, Sie werden recht behalten. Zu versuchen, jemandem seinen einschränkenden Glauben auszureden, führt meist zu nichts. Wer sich einmal mit Zeugen Jehovas auf eine Diskussion eingelassen hat, hat meist gemerkt, daß man mit Vernunftargumenten kaum gegen einen verhärteten Glauben ankommt.

Ich halte wenig davon, einschränkende Glaubenssätze mit positiven Suggestionen zu bekämpfen. Das führt oft nur zu einem inneren Dialog von zwei sich streitenden Stimmen.

Das Grundprinzip, einen einschränkenden Glaubenssatz aufzulösen, ist, ein Gegenbeispiel zu finden, das ihn erschüttert. Es ist jedoch nicht so günstig, jemandem ein Gegenbeispiel zu nennen. Er fühlt sich dann nicht ernst genommen und wird all seine Intelligenz daransetzen, zu beweisen, warum dieses Gegenbeispiel nicht zählt. Wenn jemand den Glauben hat, er mache alles falsch, und man ihn auf etwas hinweist, was er richtig gemacht hat, wird er anführen, warum das doch nicht so ganz richtig war. Viel geschickter ist es, die Person selbst ein Gegenbeispiel finden zu lassen. Dies kann man mit der Frage des Metamodells erreichen: „Haben Sie schon einmal in Ihrem Leben etwas richtig gemacht?"

Manchmal ist der einschränkende Glaubenssatz jedoch so tief in der Persönlichkeit verankert, daß er sich allein mit dieser Methode nicht ausheblen läßt. Oft sind solche tiefsitzenden negativen Glaubenssätze in der Kindheit in einer traumatischen Situation entstanden. Ein Beispiel: Ein Baby mußte für vier Wochen ins Krankenhaus. Die Ärzte verboten seinen Eltern, es zu besuchen. Der kleine Junge hat am Anfang furchtbar geschrien und ist dann apathisch im Bett gelegen und hat seine Mutter nicht wiedererkannt, als sie ihn schließlich abholte. Dies ist eine typische traumatische Situation, die zu einem einschränkenden Glauben führen kann. Das Baby verliert in einer solchen Situation den Glauben an sich, an seine Mutter und an die Welt. Aus Angst, wieder so enttäuscht zu werden und noch einmal so einen Schmerz erleiden zu müssen, entscheidet sich das Kind unbewußt, sich nie mehr zu sehr auf andere Menschen einzulassen, niemanden mehr nahe an sich heranzulassen. Es formt sich ein Glaubenssatz wie: „Man kann keinem Menschen vertrauen." Wenn der Junge später als Erwachsener eine Beziehung eingeht, ergreift er oft die Flucht, wenn die Beziehung tiefer wird. Mit NLP ist es möglich, ein solches Trauma aufzulösen, ohne noch einmal den Schmerz von damals erleben zu müssen. Ich will hier nur kurz die Grundlinien dieser Behandlung aufzeigen. Man kann diese Arbeit nicht allein mit sich selbst durchführen, sondern nur in Einzelberatung.

Der Therapeut fragt am Anfang, welche Fähigkeiten der Klient als Kind gebraucht hätte, um mit der traumatischen Situation besser umgehen zu können. Dies können in diesem Beispiel Selbstvertrauen, Urvertrauen in die Existenz und Vertrauen in seine Mutter sein. Der Klient macht sich diese Fähigkeiten zugänglich und der Therapeut ankert sie. In Trance geht dann der Klient geistig zurück bis kurz vor die traumatische Situation. Der Therapeut feuert den Anker, macht damit dem Klienten die nötigen Fähigkeiten zugänglich und der Klient erlebt bei gehaltenem Anker die Situation von damals neu und anders. Er fühlt sich aufgehoben und sicher wie im Mutterleib und hört eine innere Stimme, die ihm sagt: „Ich bin ganz sicher, daß die Mama wiederkommt." Damit sind das Trauma und der einschränkende Glaubenssatz aufgelöst.

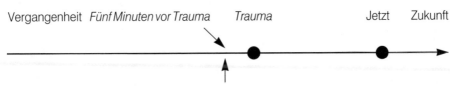

205

Das traumatische Erlebnis selbst wird mit dieser Methode nicht weggenommen. Es wird nur die Sichtweise, wie der Klient sich daran erinnert, verändert. Vorher hat er geglaubt, daß er jede Hoffnung verloren hätte. Jetzt erkennt er, daß er im Innersten noch ein Fünkchen Hoffnung und Vertrauen in seine Mutter behalten hat und konzentriert seine Aufmerksamkeit darauf. Wer will festlegen, was hier die Wahrheit ist? Das traumatische Erlebnis selbst ist vorbei, und er hat es überlebt. Entscheidend ist, daß die zweite Sicht der Dinge dem Klienten mehr Selbstvertrauen und Kraft gibt.

Um diese Arbeit noch effektiver zu machen, kann der Klient in seiner Vorstellung nicht nur sich selbst alle Fähigkeiten zugänglich machen, die er in der damaligen traumatischen Situation gebraucht hätte. Er kann in seiner Vorstellung auch allen anderen beteiligten Personen die Fähigkeiten geben, die sie gebraucht hätten. In diesem Fall den Eltern und den Ärzten. So wird verhindert, daß der Klient Groll auf die Eltern oder die Ärzte behält. Die traumatische Situation wird umfassend versöhnt, geheilt.

Im NLP wird diese Technik gewöhnlich als Emprint-Methode bezeichnet. Ich nenne sie Neuprägung. Diese Arbeit führt zu einer tiefwirkenden und dauerhaften Versöhnung mit sich selbst und seiner Vergangenheit. Und sie ist in verhältnismäßig kurzer Zeit zu erreichen. Meist reichen zwei bis drei Stunden, um schwerwiegende Traumata dauerhaft zu lösen. Ich bin immer wieder beeindruckt von den Veränderungen, die sich durch diese Methode erreichen lassen.

21. Was ist Ihnen wichtig?

Ihr Lebensziel

Viele Menschen beschweren sich über die Sinnlosigkeit ihres Lebens. Statt zu jammern, können diese Leute ihrem Leben einen Sinn geben, ein Ziel. Es ist sinnvoll, sich Zeit zu nehmen, um zu überlegen, was sein Lebensziel ist, wofür man auf der Welt ist. Wer sein Lebensziel kennt und in Harmonie mit seinem Lebensziel handelt, bekommt mehr Kraft für seine Arbeit und für die Erreichung seiner Ziele.

Um Ihr Lebensziel, im NLP sonst Mission genannt, zu finden, können Sie in sich hineinfühlen und hineinhören, Sie können Ihrer Intuition und Ihrem Unbewußten vertrauen. Vielleicht taucht ein Bild auf, ein Symbol, ein Wort oder ein Satz. Sie können sich fragen, welche Menschen Sie besonders bewundern und welche Lebensziele diese Personen haben. Was machen Sie so gerne, daß Sie dafür sogar bereit wären, zu zahlen? Bei der Suche nach Ihrem Lebensziel können Sie mehr auf sich als auf andere hören. Sie können sich selbst vertrauen.

Wenn Sie Ihr Lebensziel gefunden haben, können Sie sich fragen, ob es innere Einwände gegen dieses Lebensziel gibt. Wenn sich Einwände melden, können Sie diese umdeuten, indem sie ihre Absicht erfragen und Wege finden, auch diese Absicht zu erfüllen. (Siehe Kapitel 14)

Wenn Sie mit Ihrer ganzen Person hinter Ihrem Lebensziel stehen, bekommt Ihr Handeln eine charismatische Kraft. Ideal ist es, wenn der Beruf mit dem Lebensziel harmoniert. Das Wort Beruf kommt nicht zufällig von Berufung. Erfüllung in seinem Beruf zu finden, kann man nicht nur als Chef einer Firma oder als Arzt, man kann dies auch als Kellnerin, Schreiner oder Verkäufer.

Sie können sich nun ein möglichst anziehendes Bild machen von Ihrem Lebensziel, in möglichst anziehenden Feinunterscheidungen, bunt, hell und plastisch. Sie können dazu einen Satz hören, der Sie noch mehr motiviert, Ihrem

Lebensziel zu folgen. Sie können sich ganz von diesem Satz erfüllen lassen. Und Sie können Ihr Lebensziel in einem Gefühl zusammenfassen und alle Ebenen Ihres Seins und alle Zellen Ihres Körpers von diesem Gefühl für Ihr Lebensziel durchströmen lassen. Und Sie können sich vorstellen, wie Ihr Leben verläuft, wenn Sie Ihrem Lebensziel folgen.

Werte

Es ist vorteilhaft, nicht nur sein Lebensziel, sondern auch seine Werte zu kennen, zu wissen, was einem im Leben wichtig ist. Unsere Werte bestimmen, was uns wertvoll ist, wofür wir bereit sind, Zeit und Arbeit zu investieren. Unsere Werte geben unserem Leben eine Richtung. Werte sind ein wichtiger Schritt zu unseren Zielen. Sie motivieren uns zum Handeln. Wenn unsere Ziele mit unseren Werten übereinstimmen, bekommen wir mehr Motivation und Kraft für die Erreichung unserer Ziele.

Jeder Mensch ist anders. Manche Werte, die Ihnen nebensächlich erscheinen, sind für andere Menschen von großer Bedeutung. Es ist von unschätzbarem Wert, wenn Sie wissen, von welchen Werten die Menschen, mit denen Sie zusammen sind, geleitet werden. Wenn jemand die Werte eines anderen angreift, macht er sich ihn zum Feind. Sie können die Werte von anderen Menschen achten und respektieren, auch wenn Sie diese Werte nicht teilen.

Wenn unsere Werte mißachtet werden, erkennen wir oft erst, wie wichtig sie uns sind. Werte sind das, was uns wichtig ist, was uns zum Handeln bringt. Wenn jemandem materieller Erfolg wenig wert ist, wird er kaum bereit sein, Zeit und Mühe dafür aufzuwenden. Er ist weniger empfänglich für materiellen Erfolg. Und meist wird er keinen Erfolg haben.

Um Ihnen einen Eindruck davon zu geben, von welchen verschiedenen Werten Menschen geleitet werden, stelle ich im folgenden eine Auswahl von Werten vor:

Werte

Abenteuer, Abwechslung, Achtung, Ästhetik, Aktivität, Anerkennung, Ausgeglichenheit, Autonomie, Bewunderung, Bildung, Charakter, Charisma, Demokratie, Dienen, Distanz, Disziplin, Ehre, Ehrlichkeit, Einfachheit, Einfluß, Eleganz, Ethik, Erfolg, Ekstase, Fairneß, Familie, Fitneß, Fortschritt, Freigebigkeit, Freiheit, Freude,

Freundschaft, Frieden, Gastlichkeit, Geld, Gerechtigkeit, Geschmack, Geselligkeit, Gesundheit, Glaube, Gleichheit, Glück, gute Laune, Grazie, Harmonie, Helfen, Heiterkeit, Herausforderungen, Herkunft, Höflichkeit, Humor, Identität, Individualismus, Integrität, Intelligenz, Jugend, Jungfräulichkeit, Kameradschaft, Karriere, Klugheit, Kompetenz, Kreativität, Lebensfreude, Lebendigkeit, Leistung, Lernen, Liebe, Lockerheit, Luxus, Macht, Menschlichkeit, Mitgefühl, Mut, Nachkommen, Nachsicht, Nähe, Natur, Nervenkitzel, Objektivität, Offenheit, Originalität, Ordnung, Persönlichkeit, Pflichtbewußtsein, Patriotismus, Phantasie, Pragmatismus, Professionalität, Pünktlichkeit, Redegewandtheit, Reichtum, Religion, Revolution, Ruhe, Ruhm, Sauberkeit, Schönheit, Selbstachtung, Selbstlosigkeit, Selbstverwirklichung, Sex, Sicherheit, Spiritualität, Standfestigkeit, Sparsamkeit, Stärke, Status, Tapferkeit, Tierliebe, Tatkraft, Toleranz, Tradition, Treue, Überlegenheit, Überzeugung, Umwelt, Unabhängigkeit, Unparteilichkeit, Verantwortung, Vergnügen, Vernunft, Vertrauen, Vollkommenheit, Wahlmöglichkeiten, Wahrheit, Wechsel, Weisheit, Weitblick, die Welt zu einem schöneren Platz machen, Würde, Zärtlichkeit, Zeitlosigkeit, Zugehörigkeit.

Sie können in der folgenden Übung herausfinden, welche Werte Ihnen im Leben wichtig sind.

***Übung:* Seine Werte finden**

Schreiben Sie alle Werte auf, die Ihnen etwas bedeuten, alles was Ihnen im Leben wichtig ist, wofür Sie bereit sind, Zeit und Energie zu investieren. Schreiben Sie mindestens 15 Werte auf. Wählen Sie die 10 Werte aus, die Ihnen davon am wichtigsten sind.

Ordnen Sie die Werte bitte nach ihrer Bedeutung und ihrer Wichtigkeit für Sie. Beginnen Sie mit dem für Sie wichtigsten Wert als Nummer 1 und schließen Sie mit dem für Sie am wenigsten wichtigen Wert als Nummer 10.

Wenn es Ihnen schwerfällt, die Werte in eine Reihenfolge zu bringen, können Sie die Werte auf 10 kleine Zettel schreiben, zwei Werte herausnehmen und sich fragen: „Wenn ich nur einen von diesen beiden Werten haben könnte, welchen würde ich nehmen?" Auf diese Weise können Sie herausfinden, welcher der beiden Werte für Sie im Moment wichtiger ist. Sie können einen Wert nach dem anderen auf diese Art durchgehen und so eine Rangliste Ihrer Werte erstellen.

Schreiben Sie diese momentane Rangfolge, beziehungsweise Hierarchie Ihrer Werte auf. Bitte verändern Sie diese Reihenfolge nicht mehr, sondern lassen Sie sie so stehen.

Momentane Rangfolge Ihrer Werte

1. _Achtung_
2. _Würde_
3. _Spiritualität_
4. _Gesundheit_
5. _Frieden_
6. _Natur_
7. _Liebe_
8. _Anerk. Selbstverwirklichung_
9. _Anerkennung_
10. _Ehrlichkeit_

Sie können sich nun fragen, ob alle für Sie wichtigen Lebensbereiche mit diesen Werten abgedeckt sind. Haben Sie die Themen Gesundheit, materielles Überleben, Beziehungen und Lebensfreude mit Ihren Werten berücksichtigt? Wichtig ist hier nicht, was ich vorschlage oder was andere von Ihnen erwarten, sondern welche Werte Ihnen wichtig sind. Wollen Sie eventuell noch neue Werte dazunehmen? Schreiben Sie diese Werte bitte auf einen neuen Zettel. Oder wollen Sie die Reihenfolge Ihrer alten Werte-Rangfolge verändern? Ist Ihre alte Reihenfolge wirklich sinnvoll für Sie?

Ich hatte zum Beispiel früher den Wert Helfen an erster Stelle stehen, den Wert *Erfolg* ziemlich weit hinten. Mir wurde bewußt, daß es günstiger ist, wenn ich den *Erfolg* weiter nach oben setze und *Helfen* erst nach *Erfolg*. Wenn ich erfolgreich bin, kann ich andere Menschen viel besser unterstützen.

Sie können Ihre Werte-Rangliste noch einmal überprüfen. Ist Ihnen nett sein, recht behalten, von allen Menschen geliebt zu werden wirklich wichtiger als Gesundheit, Erfolg und eine erfüllende Beziehung?

Wenn Sie Ihre alte Werte-Rangfolge verändern wollen, können Sie nun eine neue erstellen.

Neue, gewünschte Werte-Rangfolge

1. _____
2. _____

3. _____
4. _____
5. _____
6. _____
7. _____
8. _____
9. _____
10. _____

Um diese neue Werte-Rangfolge zu integrieren, können Sie zunächst Ihre alte Werte-Rangfolge betrachten und sich überlegen, wie Sie diese Werte innerlich erleben. Ich weiß, diese Frage klingt für die meisten Menschen ungewöhnlich. Nehmen Sie den Wert Nummer 1 und den Wert Nummer 10 und vergleichen Sie die beiden. Welcher Wert ist Ihnen räumlich näher, welcher ist schwerer? Sie können vergleichen, wie Sie die Feinunterschiede der beiden Werte im Vergleich zueinander erleben. Sie können dazu die Liste der Feinunterscheidungen in Kapitel 26 auf Seite 201 zu Hilfe nehmen. Finden Sie besonders heraus, wo Sie diese beiden Werte im Raum erleben. Wenn Sie die Unterschiede herausgearbeitet haben, können Sie den Wert Nummer 5 nehmen, und herausfinden, in welchen Feinunterschieden Sie diesen Wert erleben.

Sie können nun überlegen, ob Sie eine stufenlose Reihenfolge im Raum finden können, in der Sie die Rangfolge Ihrer Werte wahrnehmen. Dieses Erleben der Rangfolge der Werte ist für jeden Menschen anders. Ich kenne einen Mann, der seine Werte in der Form eines Regenbogens erlebte, wobei sich der wichtigste Wert im Zentrum befand. Der zentrale Wert war wärmer, bunter und schwergewichtiger als die folgenden. Wenn es Ihnen schwerfallen sollte, Ihre innere Repräsentation Ihrer Werte-Rangfolge herauszufinden, können Sie dies in einer Einzelberatung bei einem erfahrenen NLP-Master herausfinden.

Wenn Sie herausgefunden haben, wie Sie Ihre Werte in den Feinunterscheidungen erleben, können Sie darangehen, Ihre neue gewünschte Werte-Rangfolge zu integrieren.

Sie können den Wert, den Sie in Ihrer neuen Liste der gewünschten Werte an erster Stelle gesetzt haben, mit den Feinunterschieden versehen und ihn an die räumliche Stelle setzen, an der früher Ihr erster Wert stand. Dann können Sie den zweiten Wert an die gewünschte Stelle setzen usw. Ein Beispiel:

Petras momentane Werte-Rangliste:

1. Helfen
2. Ehrlichkeit
3. Nett sein
4. Von allen gemocht werden
5. Ästhetik
6. Gesundheit
7. Beziehungen
8. Erfolg
9. Lebensfreude
10. Kreativität

Sie erlebt diese Rangfolge innerlich in der Form einer Treppe:

1. Helfen
  2. Ehrlichkeit
    3. Nett sein
      4. Von allen gemocht werden
        5. Ästhetik
          6. Gesundheit
            7. Beziehungen
              8. Erfolg
                9. Lebensfreude
                  10. Kreati-
                         vität

Nachdem Petra ihre Werte-Rangliste überprüft hat, ist sie zum Schluß gekommen, daß sie lieber folgende Rangliste haben würde:

Petras gewünschte *neue* Werte-Rangliste:

1. Lebensfreude
2. Gesundheit
3. Beziehungen und Kommunikation
4. Erfolg
5. Kreativität
6. Erotik und Sexualität
7. Andere Menschen unterstützen
8. Erfüllende Arbeit
9. Persönliches Wachstum
10. Abenteuer

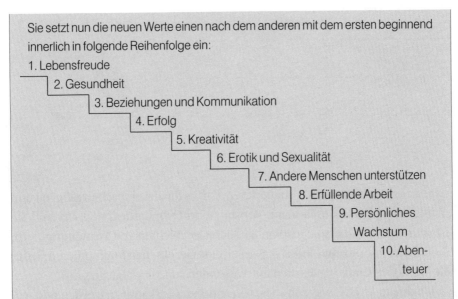

Sie setzt nun die neuen Werte einen nach dem anderen mit dem ersten beginnend innerlich in folgende Reihenfolge ein:

1. Lebensfreude
2. Gesundheit
3. Beziehungen und Kommunikation
4. Erfolg
5. Kreativität
6. Erotik und Sexualität
7. Andere Menschen unterstützen
8. Erfüllende Arbeit
9. Persönliches Wachstum
10. Abenteuer

Dieses Beispiel will keinesfalls eine ideale Werte-Rangliste darstellen. Es gibt keine ideale Rangliste, jeder Mensch hat seine eigenen Vorlieben.

Wenn Sie Ihre Werte-Rangliste verändert haben und später damit unzufrieden sein sollten, können Sie diese Veränderung jederzeit wieder rückgängig machen oder weiter verändern.

Diese Arbeit, die in der Einzelberatung ziemlich schnell erfolgen kann, kann sehr weitreichende Folgen haben. Eine Frau, die in ihre Werte-Rangfolge den ursprünglich nicht aufgeführten Wert Lebensfreude integrierte, war nach dieser Veränderung wie ausgewechselt. Sie sah plötzlich um Jahre jünger aus.

Was bedeutet es für Sie, erfolgreich zu sein?

Nachdem Sie sich über Ihr Lebensziel und Ihre Werte klarer geworden sind, können Sie sich fragen, was Sie unter Erfolg verstehen. Sie können im folgenden aufschreiben, was für Sie Erfolg ausmacht:

Was bedeutet für Sie Erfolg:

Manche Lebenshilfe-Bücher suggerieren, daß es für alle Menschen möglich und erstrebenswert wäre, Millionäre, Popstars und Olympiasieger zu werden. Sie bringen als Erfolgsbeispiele ausschließlich Geschichten von Firmengründern, Showstars und Spitzenpolitikern. Wie soll eine Gesellschaft funktionieren, in der alle Menschen Chefs von Firmen mit Tausenden von Mitarbeitern sind?

Ich denke, es ist etwas Schönes, von anderen anerkannt zu werden und materiellen Erfolg zu haben. Ich halte es jedoch für bedenklich, sein Wohlbefinden und sein Selbstbewußtsein nur von anderen abhängig zu machen. Im Extrem streben Menschen wie Süchtige nach immer mehr Anerkennung, Prestige, materiellem Erfolg, ohne je genug davon zu bekommen. Und sie leben in der ständigen Angst, ihr Selbstbewußtsein wieder zu verlieren, wenn die Anerkennung von außen einmal ausbleiben sollte. Viele scheinbar erfolgreiche Menschen brechen zusammen, wenn sie nach der Pensionierung ohne Büro, Sekretärin und Titel dastehen. Was war das für ein Erfolg, der auf so tönernen Füßen stand?

Was ist Ihr Kriterium für Erfolg, das heißt, woran erkennen Sie, daß Sie erfolgreich sind? Nur am Geld und an der Anerkennung von anderen?

Man kann Erfolg auch anders definieren, das Kriterium dafür, ob man erfolgreich ist, nicht nur von äußeren Umständen abhängig machen. Man kann sich als erfolgreicher Mensch fühlen, wenn man mit seinem Leben, seiner Arbeit und mit seinen Beziehungen zufrieden ist. Erfolgreich sein kann bedeuten, eine sinnvolle Arbeit zu leisten, seinen Zielen näherzukommen, sein Lebensziel zu verwirklichen, sein Bestes in der Arbeit zu geben, ein erfülltes Leben zu führen. Auch ganz normale Menschen können erfolgreich sein. Wir können lernen, auch das sogenannte Gewöhnliche zu achten und zu ehren.

Ich kenne Menschen, die ein erfülltes Leben führen, weil sie das machen, was sie gerne tun. Als LKW-Fahrer, als Schreiner, Erzieherin oder als Mutter von drei Kindern. Meine Bewunderung und Achtung gilt diesen Menschen genauso wie jemandem, der sein Ziel, als Schauspieler seinen Lebensunterhalt zu verdienen, erreicht hat.

Wie definieren Sie Erfolg? Wollen Sie Ihren Erfolg nur abhängig machen von Geld, Macht, Prestige und Anerkennung? Oder ist Ihnen auch wichtig, daß Sie mit sich, Ihrem Leben und Ihrer Arbeit zufrieden sind? Daß Sie am Abend mit gutem Gefühl in den Spiegel schauen können, weil Sie Ihr Bestes gegeben haben und im Interesse aller Beteiligten gehandelt haben?

22. Geld

Fast nichts beschäftigt die Menschen so sehr wie das Thema Geld. Und dabei haben viele Menschen ein zwiespältiges Verhältnis zu Geld.

Die Einstellung zum Geld

Ich will hier vor allem die Einstellungen der Menschen zum Geld betrachten. Wenn man hier die Extreme anschaut, so gibt es zwei unterschiedliche Einstellungen zum Geld: Die einen verteufeln das Geld, die anderen machen es zum Fetisch, zu ihrem einzigen Lebensziel.

Geld verteufeln

Viele Menschen sehen im Geld etwas Schlechtes, Schmutziges, Verdächtiges. Selbst intelligente Menschen träumen von einem Leben ohne Geld, von einer Rückkehr zu einer Tauschgesellschaft. Dabei hat die Erfindung des Geldes das Leben bedeutend erleichtert. Früher konnte man nur direkt mit einem anderen tauschen. Wenn ein Fischer Wein haben wollte, mußte er einen Weinbauern finden, der mit ihm Wein gegen Fische tauschte. Durch die Erfindung des Geldes wurden die Tauschmöglichkeiten ungemein erleichtert und erweitert. Mit Hilfe des Geldes kann man praktisch mit jedem Menschen der Welt ein Geschäft abschließen.

Viele glauben, daß Reichtum automatisch bedeutet, daß man anderen etwas weggenommen hat. Viele fordern, daß die Reichen ihr Geld zu gleichen Teilen an alle abgeben sollten. Das Experiment des Kommunismus hat leider gezeigt, daß ein verteilter Reichtum nur zu allgemeiner Armut führt. Dagegen profitieren in einem reichen Land, in dem das Geld gut zirkuliert, alle davon.

Eine Form der negativen Einstellung zu Geld ist der Neid. Wer neidisch auf den Reichtum von anderen ist, macht es sich selbst schwer, reich zu werden. Wer neidisch ist auf reiche Menschen, mißgönnt anderen ihren Reichtum. Letztlich gönnt er keinem, reich zu sein. Und damit gönnt er auch sich selbst nicht, reich zu werden. Die Grundeinstellung hinter Neid ist, daß es verwerflich ist, erfolgreich, glücklich, erfüllt, reich zu sein. Damit sabotiert Neid den eigenen Reichtum.

Wer eine negative Einstellung zu Geld hat, macht es sich unbewußt schwer, reich zu werden. Vielleicht möchten Sie einmal überlegen, welche Einstellung Sie zu Geld und zu Reichtum haben. Haben Sie innere Einwände gegen Geld und Reichtum? Negative Überzeugungen über Geld kann man am besten in einer Einzelberatung verändern.

Es gibt jedoch noch eine Möglichkeit, seine negative Einstellung zu Geld spielerisch zu verändern. Sie können Sich überlegen, wie Sie innerlich das Wort Geld erleben. In welchen Feinunterscheidungen erleben Sie es, wie sehen Sie es geschrieben? Sie können es dann so schreiben und diesem Bild die Feinunterscheidungen geben, die für Sie das Wort Geld zu etwas Fröhlichem, Natürlichen und Angenehmen machen. Vielleicht wollen Sie das Wort Geld in großen bunten Buchstaben geschrieben sehen, in einem fröhlichen Bild. Beobachten Sie, wie sich Ihre Einstellung zu Geld damit verändert.

Manchen Menschen fällt es auch schwer, für ihre Arbeit Geld zu verlangen. Für eine Ware oder eine Dienstleistung Geld zu bezahlen, ist eine Art, zu zeigen, daß sie einem etwas wert ist. Wenn Sie für Ihre Arbeit Geld nehmen, würdigen Sie damit Ihre Arbeit und halten den Kunden für würdig, von ihm etwas zu nehmen.

Geld anbeten

Das andere Extrem ist, Geld zu etwas Heiligem zu machen, es quasi anzubeten. Viele Menschen machen Geld zu ihrem einzigen und höchsten Lebensziel. Das kann zu absurden Folgen führen: Der eine lebt wie ein Bettler in extremer Armut und hinterläßt nach seinem Tod Millionen. Ein anderer hängt sich auf, weil er von seinen 100 Millionen 50 verloren hat. Ein dritter arbeitet sich tot, um seine zwanzigste Million zu verdienen. Viele wollen erst mit dem Leben anfangen, wenn sie eine Million gemacht haben. Sie nehmen sich vor, dann das zu tun, was sie wirklich gerne tun wollen. Selbst wenn sie Millionär geworden sind, schieben sie meist den Beginn der Verwirklichung ihrer Träume weiter auf. Dies sind natürlich Extremfälle, aber sie spiegeln eine weitverbreitete Einstellung zu Geld wider. Geld wird oft als Wert für sich gesehen, als das Lebensziel.

Traurig ist dabei nicht nur, daß diese Menschen geizig zu anderen sind, sie sind es auch und vor allem sich selbst gegenüber. Mir erscheint es wie eine Ironie des Schicksals, daß oft die Erben von Menschen, die sich nie etwas gegönnt haben und ihr ganzes Leben der Anhäufung von Geld gewidmet haben, das Geld in ein paar Jahren wieder verpulvern.

Der grundlegende Irrtum ist, Geld als einen Wert für sich zu sehen, als ein Ziel für sich. Geld ist nur ein Mittel, um damit andere Dinge, die man braucht oder sich wünscht, zu erwerben. Für sich allein ist Geld nur ein Stück Papier. Wer Geld nur anhäuft und nicht ausgibt, ist nicht reich, er hat nur ein paar Nullen mehr auf dem Kontoauszug stehen.

Die wesentlichen Dinge des Lebens kann man nicht kaufen. Liebe, Gesundheit und Lebensfreude sind nicht käuflich. Reiche Menschen sind nicht automatisch glücklicher als andere.

Damit will ich den Wert des Geldes keineswegs leugnen. Mit Geld kann man eine Menge nützliche und angenehme Dinge erwerben. Wenn jemand kein Geld für Essen oder für einen Arzt hat, kann das tragische Folgen haben. Armut ist für mich kein erstrebenswerter Zustand. Wer arm ist, ist dadurch noch kein besserer Mensch. Ich denke, es kann angenehm sein, reich zu sein. Ich bezweifle aber, daß Reichtum allein glücklich macht.

Ungünstig ist, wenn man sein Selbstwertgefühl von Geld abhängig macht. Wenn jemand sein Selbstbewußtsein abhängig von Geld macht, kann es passieren, daß er, selbst wenn er genug Reichtum angehäuft hat, unter der ständigen Angst lebt, sein Geld und damit seine Selbstachtung wieder zu verlieren.

Geld sagt nichts aus über den inneren Wert eines Menschen. Am besten ist, wenn man sich in seinem Selbstwertgefühl nicht abhängig macht von anderen, in Form von Anerkennung, Macht oder Geld. Man kann sein Selbstbewußtsein aus sich selbst heraus schöpfen.

Es gibt nicht nur den äußeren Reichtum, der meist in Geld gemessen wird, es gibt auch einen inneren Reichtum. Man kann ohne viel Geld ein erfülltes, reiches Leben führen, eine sinnvolle und erfüllende Arbeit ausführen, lebendige Beziehungen führen und die kleinen Freuden des Lebens genießen. Viele Bücher über Lebenshilfe suggerieren, daß das Lebensziel aller Menschen sei, Multimillionär, Superstar oder Konzernherr zu werden. Und diese Bücher behaupten, daß dies nach der Lektüre eines Buches erreichbar sei. Wenn das so einfach ist, was passiert, wenn alle Menschen diese Bücher gelesen haben? Wer macht dann die Arbeit?

Eine natürliche Einstellung zu Geld

Anstatt Geld zu verteufeln oder es anzubeten, kann man auch ein entspanntes, natürliches Verhältnis zu Geld haben. Man kann Geld als einen Bestandteil des Lebens betrachten und es nutzen. Man kann auf die verschiedensten Arten kreativ mit Geld umgehen. Man kann es verdienen, es ansparen, um sich eine größere Anschaffung zu ermöglichen und um für das Alter vorzusorgen, sich Geld für einen Hauskauf leihen. Und man kann es ausgeben, sich damit etwas kaufen, das man braucht, oder sich etwas gönnen. Sie können mit Hilfe von Geld auch anderen eine Freude machen. Sie können mit Hilfe von Geld Träume verwirklichen, etwas aufbauen, etwas erschaffen. Ich denke, viele Menschen könnten eine entspanntere Einstellung zu Geld gebrauchen. Sie könnten lernen, mit Achtung und gleichzeitig spielerisch mit Geld umzugehen. Sie können Geld verdienen und wieder ausgeben, es genießen, mit Geld zu arbeiten.

Was tun bei Geldschwierigkeiten?

Ich möchte hier noch kurz anschneiden, was man bei Geldschwierigkeiten machen kann. Im Kapitel 24 über die Erreichung von Zielen kann man noch ausführlichere Anregungen finden. Falls Sie in größeren finanziellen Schwierigkeiten stecken sollten, können Ihnen die folgenden Tips hilfreich ein:

Tips zur Überwindung von finanziellen Schwierigkeiten

▶ Überprüfen Sie Ihre Einstellung zum Geld. Wenn Sie eine negative Einstellung zum Geld haben, ist es kein Wunder, wenn das Geld Sie meidet. Wer besucht schon jemanden, bei dem er nicht gerne gesehen ist? Überlegen Sie, wie Sie Geld erleben? Was sehen Sie, wenn Sie sich das Wort Geld geschrieben vorstellen? Vielleicht wollen Sie Geld in großen bunten Buchstaben geschrieben sehen, in einem fröhlichen Bild. Vielleicht sind die Buchstaben aus Blumen geformt. Beobachten Sie, wie sich Ihre Einstellung zu Geld jetzt verändert.

- Machen Sie eine Bestandsaufnahme von Ihrer jetzigen finanziellen Situation. Seien Sie dabei ehrlich zu sich selbst. Die Augen verschließen ändert hier nichts.
- Stellen Sie sicher, daß Sie weniger ausgeben als Sie einnehmen. Hier kann es hilfreich sein, über alle Ausgaben Buch zu führen.
- Kommen Sie mit Ihren Gläubigern zu einer Übereinkunft. Schuldner-Beratungsstellen können Sie hier unterstützen. Viele Gläubiger kommen ihren Schuldner entgegen, wenn sie das Gefühl haben, daß ihnen wenigstens ein Teil der Schulden zurückerstattet wird. Und halten Sie sich möglichst genau an die Abmachungen, die Sie mit den Gläubigern treffen.

23. Entscheidungen treffen

Bevor ich darlege, wie man seine Ziele erreichen kann, will ich untersuchen, wie man am besten Entscheidungen treffen kann. Ich halte Bücher für bedenklich, die Menschen beibringen, sich für Ziele zu motivieren, ohne zuvor eine brauchbare Entscheidungsstrategie anzubieten.

In vielen Büchern wird empfohlen, vor wichtigen Entscheidungen die Vor- und Nachteile aufzuschreiben, und sich dann für die Möglichkeit, die mehr Vorteile bringt, zu entscheiden. Ich halte dieses Vorgehen für zu ungenau und zu mechanisch. Wenn man zum Beispiel abwägt, ob man lieber Lotto spielen oder arbeiten soll, um zu Geld zu kommen, wird Lottospielen wahrscheinlich mehr Vorteile und weniger Nachteile haben als Arbeiten. Lottospielen ist gesund, macht Spaß und es bringt bedeutend mehr Geld. Es hat nur einen kleinen Nachteil: Die Chancen, dadurch zu Geld zu kommen, sind gering.

Ich werde auch hellhörig, wenn jemand nicht weiß, für welche von zwei Alternativen er sich entscheiden soll. Meist gibt es mehr als nur zwei Wahlmöglichkeiten. Es dreht sich oft nur scheinbar um die Alternative, sich von seinem Partner zu trennen oder nicht. Man kann zum Beispiel auch auseinanderziehen und trotzdem die Beziehung weiterführen.

Manche Menschen sehen sich immer wieder vor die Wahl gestellt, zwischen zwei Übeln das geringere zu wählen. Man kann lernen, sein Leben weniger von Sachzwängen oder von anderen Menschen bestimmen zu lassen. Sie können Ihr Leben immer mehr in die eigenen Hände nehmen und sich für das entscheiden, was Sie erreichen wollen. Und falls Sie wirklich glauben, zwischen zwei Übeln wählen zu müssen, können Sie dies mit dem Humor der Schauspielerin Mae West tun, die meinte: „Zwischen zwei Übeln entscheide ich mich immer für das, das ich noch nie probiert habe."

Aus möglichst vielen Perspektiven betrachten

Es ist günstig, vor wichtigeren Entscheidungen die Situation aus möglichst vielen Perspektiven zu betrachten.

Man kann die Situation aus seiner eigenen Sicht betrachten, aus der Sicht der anderen Beteiligten und als unbeteiligter Beobachter. Man kann etwas auch aus der Sicht der Gegenwart, der Vergangenheit und der Zukunft betrachten. Bei der Entscheidung für eine Mahlzeit kann man nicht nur den Geschmack des Essens im Moment berücksichtigen, sondern auch das Gefühl, das man nach ein paar Stunden im Magen hat.

Kriterien der Entscheidung

Überlegen Sie, welche Kriterien für Sie bei der Entscheidung wichtig sind. Welche Kriterien man als Maßstab nimmt, wechselt von Fall zu Fall. Beim Essen können zum Beispiel die Kriterien Geschmack, Aussehen und Gesundheit wichtig sein, beim Autokauf die Kriterien Sparsamkeit, Preis, Sicherheit und Aussehen.

Wenn Sie als Verkäufer die Entscheidungskriterien Ihres Kunden kennen, haben Sie eine wichtige Information gewonnen.

Bewußtes und Unbewußtes

Günstig ist, wenn man sich bei seiner Entscheidung auf seine bewußten und unbewußten Fähigkeiten stützt, wenn man seinen Verstand und seine Gefühle beim Entscheiden berücksichtigt. Es gibt eine alte Geschichte, in der ein Vater kurz vor seinem Tod seinen Kindern folgenden Tip gibt: „Wenn Ihr einmal eine wichtige Entscheidung zu fällen habt, beratet Euch mit Euren Freunden und mit Menschen, die etwas von der Materie verstehen. Dann überschlaft die Sache eine Nacht und entscheidet Euch in der Früh für das, das am besten riecht!"

Bei dieser Entscheidungsmethode stützt man sich auf seinen Verstand und auf seine Intuition. Wir sind nicht zufällig mit rationalem Verstand und mit unseren Gefühlen und unserer Intuition ausgestattet worden. Gerade bei Entscheidungen können wir beides nutzen. Menschen, die glauben, sich nur von ihrem rationalen Verstand leiten zu lassen, machen sich oft nur etwas vor. Sie werden oft von irrationalen Motiven gesteuert und rationalisieren dies später, begründen nachträglich ihre emotionale Entscheidung mit ihrem Verstand.

Es gibt verschiedene Methoden, wie man Zugang zu seiner Intuition und zu seinem Unbewußten bekommen kann. In der Entspannung einer Trance und beim Träumen bekommt man leicht Kontakt zu den Fähigkeiten und der Weisheit des Unbewußten. Man kann sein Unbewußtes auch mit Hilfe von Pendeln oder mit kinesiologischen Tests befragen. Es gibt hierzu eine Vielzahl von Büchern.

Entscheidungsschwäche

Vielen Menschen fällt es schwer, sich zu entscheiden. Bei manchen führt dies dazu, daß sie sich vor jeder Entscheidung drücken. Dabei ist es unmöglich, sich nicht zu entscheiden. Wer aus Angst vor Entscheidungen nicht handelt, hat sich dafür entschieden, nichts zu tun. Ich kenne einen Mann, dem es so schwer fällt, sich zu entscheiden, daß er das ganze Wochenende damit verbringt zu überlegen, wohin er spazierengehen will. Ihm ist nicht klar, daß er sich damit dafür entscheidet, in der Wohnung hockenzubleiben.

Manchmal lassen sich Menschen, denen es schwerfällt, sich zu entscheiden, von den Umständen oder von anderen Menschen ihre Entscheidungen abnehmen. Im Extremfall gehen sie zu einem Guru oder einem politischen Fanatiker, der ihnen sagt, wie sie zu leben haben. Hinterher darüber zu jammern, daß man von jemandem zu falschen Entscheidungen gedrängt wurde, nutzt nichts. Schließlich war es die freie Entscheidung dieser Menschen, einem anderen zu folgen und ihn für sich entscheiden zu lassen. Letztlich hat jeder Erwachsene die Verantwortung für sein Leben und für seine Entscheidungen selbst zu tragen.

Sich entscheiden, heißt Verantwortung für sein Leben zu übernehmen. Sie haben die Verantwortung sowieso. Wenn Sie die Verantwortung für Ihr Handeln oder Nicht-Handeln den Umständen oder anderen Personen überlassen, ist das auch Ihre Entscheidung. Wer sich entscheiden kann, bekommt mehr Kontrolle über sein eigenes Leben, er besitzt einen *entscheidenden* Vorteil.

Das Wort Entscheidung ist wie das Wort Streit in Wirklichkeit kein Gegenstand, sondern eine Tätigkeit. Wir können uns oft nach einer Entscheidung, die wir bereuen, neu entscheiden.

Angst vor Fehlern

Manche Menschen drücken sich aus Angst, Fehler zu machen, vor Entscheidungen, schieben sie immer wieder vor sich her. Oft führt das Nichthandeln aus Angst vor Fehlern zu größeren Schäden, als sie ein Fehler verursachen könnte.

Ich möchte ein Beispiel für die schädlichen Folgen geben, die das Vermeiden von Entscheidungen aus Angst vor Fehlern haben kann. In der Stalinzeit wurde ein Vorsitzender einer Kolchose für richtige Entscheidungen nicht belohnt. Wenn er dagegen eine einzige falsche Entscheidung traf, wurde er als Saboteur an die Wand gestellt. Dies führte dazu, daß die Funktionäre Entscheidungen auf die lange Bank schoben oder nach oben delegierten. Letztlich entschied das Politbüro mit Stalin an der Spitze, was in jeder kleinen Kolchose im fernen Kasachstan angebaut werden und wann geerntet werden sollte. Da das Politbüro natürlich nicht über die nötigen Kenntnisse vor Ort verfügte, führte dies zu immensen volkswirtschaftlichen Verlusten.

Auch bei uns herrscht in vielen Großbetrieben eine zu große Angst vor Entscheidungen, weil den Managern, die wirklich handeln und neue Wege gehen, keine Fehler zugestanden werden. Statt etwas zu tun, hält man lieber Konferenzen ab oder verfaßt Gutachten.

Risiken einzugehen und sich dabei auch Fehler zuzugestehen, soll jedoch nicht bedeuten, absichtlich oder sorglos Geld und Zeit zu verpulvern.

NLP hat die Vorannahme, daß es keine Fehler gibt, nur Lernerfahrungen. Anstatt mit sich wegen vergangener Fehler zu hadern, kann man Fehler als Lernerfahrungen betrachten und sicherstellen, das nächste Mal sinnvoller zu handeln. Wer so denkt, kann unbeschwerter und mit mehr Energie handeln.

Zögern

Manche zögern zu lange, sich zu entscheiden. Oft zögern sie so lange, bis sie in Zeitdruck kommen und sich dann blind für irgend etwas entscheiden und hinterher ihre Entscheidung bedauern. Natürlich ist es bei wichtigen Entscheidungen wie der Berufswahl sinnvoll, sich Zeit zu nehmen. Aber viele Menschen vergeuden ihre Zeit und Energie, indem sie selbst für die nebensächlichsten Entscheidungen zu viel Zeit brauchen. Hier kann es nützlich sein, sich ein zeitliches Limit für seine Entscheidungen zu setzen. Und man kann an unwichtigen Fällen üben, schnell Entscheidungen zu treffen. Wenn man eine Zeitlang geübt hat, schnell auf der Speisekarte ein Gericht auszuwählen, fällt einem schließlich das Gericht, das einem am besten liegt, sofort ins Auge.

24. Ziele erreichen

Ich will in diesem abschließenden Kapitel behandeln, wie man seine Ziele erreichen kann. Natürlich brauchen Sie nicht für jedes Ziel das ganze Kapitel Schritt für Schritt durchzugehen. Vielleicht sind Ihnen die meisten Schritte schon bekannt und Sie können an einigen Punkten neue Anregungen finden.

Ich habe das Kapitel *Ziele erreichen* in fünf Teile aufgeteilt. Als erstes möchte ich einige allgemeine Punkte über Ziele behandeln. Dann will ich untersuchen, wie man sein Ziel am besten formuliert. Als nächstes will ich darstellen, wie man die Zielerreichung vorbereiten kann. Zum Abschluß werde ich untersuchen, welche geistige Einstellung auf dem Weg zum Ziel sinnvoll ist und was Sie konkret tun können, um Ihre Ziele zu erreichen.

Den Moment genießen oder sich Ziele setzen?

Manche Menschen fragen sich, ob sie den Moment genießen oder sich Ziele setzen sollen. Ich glaube, dies ist nur ein scheinbarer Widerspruch. Wir leben immer nur im Augenblick, in diesem Moment. Wer erst mit dem Leben anfangen will, wenn er Millionär ist, riskiert sein Leben zu verpassen. Andererseits kann man etwas dafür tun, seine jetzige Situation zu verbessern. Das bedeutet für mich auch, sich Ziele zu setzen und etwas dafür zu tun, diese zu erreichen. Den Weg zu seinem Ziel kann man ebenfalls genießen. Insofern stimmt auch der Satz: „Der Weg ist das Ziel."

Die verschiedenen Arten von Zielen

Es gibt verschiedene Arten von Zielen. Es gibt kurzfristige, mittelfristige und langfristige Ziele, berufliche, persönliche und materielle Ziele. Es gibt Ziele, die sich auf die Persönlichkeit, die Gesundheit und auf das Leben als Ganzes beziehen. Es gibt primäre Ziele, die für sich allein zählen, und sekundäre Ziele, die dazu dienen, andere Ziele zu erreichen. Sie können überlegen, ob Sie sich in allen für Sie wichtigen Bereichen Ziele gesetzt haben. Ziele geben unserem Leben eine Richtung. Oft gibt allein die Formulierung eines Ziels schon Energie.

Sie können Ihre Ziele von Zeit zu Zeit überprüfen und sie auf den neuesten Stand bringen. Gibt es Ziele, die für Sie nicht mehr so wichtig sind, wollen Sie Ihre Ziele verändern oder neue Ziele hinzufügen?

Was wollen Sie und was ist möglich?

Viele Menschen schränken sich bei ihrer Zielsetzung ein, indem sie zuerst überlegen, was möglich ist und sich auf das beschränken, was sie für möglich halten.

Natürlich ist es gut, wenn man bei seinen Zielen realistisch bleibt. Aber viele Menschen schränken sich unnötig ein, indem sie zu wenig für möglich halten. Wenn ich sogenannte Spezialisten gefragt habe, ob etwas möglich ist, habe ich fast immer ein Nein gehört. Meist hat es dann doch geklappt.

Ich empfehle Ihnen, sich zunächst ohne Einschränkungen zu überlegen, was Sie erreichen wollen, und sich erst danach über die Möglichkeiten der Realisierung Gedanken zu machen.

Viele Arbeitsuchende passen sich den vermeintlichen Möglichkeiten und Bedürfnissen des Marktes an, bevor sie überhaupt wissen, was sie gerne arbeiten würden. Das führt oft dazu, daß sie halbherzig eine Ausbildung oder eine Arbeit annehmen, die ihnen nicht liegt. Wer seine Arbeit halbherzig erledigt, findet sich oft schnell wieder unter den Arbeitsuchenden. Ich finde es sinnvoller, sich zunächst ohne Berücksichtigung der Frage der Realisierbarkeit darüber klar zu werden, was man möchte und dann nach Möglichkeiten der Umsetzung zu suchen. Es gibt so viele verschiedene Arbeitsmöglichkeiten. Ich habe das Gefühl, daß es für so gut wie jede Arbeit Menschen gibt, die diese Tätigkeit gerne machen. Und daß es für fast jede Art von Vorlieben eine Möglichkeit gibt, damit sein Geld zu verdienen. Ich habe einen Mann kennengelernt, der von Bomben fasziniert war. Dieser Mann sucht heute in Berlin nach Blindgängern aus dem Zweiten Weltkrieg. Er erledigt eine Arbeit, die für die Allgemeinheit wichtig ist, verdient gut dabei und kann sein Spezialwissen und seinen Tick für Bomben sinnvoll einsetzen.

Wenn man sich ein Ziel gesetzt hat, wird die Aufmerksamkeit auf das Ziel fokussiert. Allein die Zielsetzung gibt Energie. Besonders viel Kraft geben Ziele, die mit dem Lebensziel im Einklang stehen.

Prioritäten setzen

Manche Menschen erreichen ihre Ziele nicht, weil sie zu viele Ziele auf einmal erreichen wollen. Ich habe die Erfahrung gemacht, daß ich mehr erreiche, wenn ich meine Kraft und Aufmerksamkeit nur auf ein, zwei Hauptziele zu einer Zeit richte. Anstatt seine Aufmerksamkeit auf zu viele Ziele gleichzeitig zu richten und im Endeffekt gar nichts zu erreichen, können Sie Prioritäten setzen – Sie erreichen so meist mehr. Zu viele unerledigte Dinge können Kraft kosten. Sie können erst ein Projekt abschließen, bevor Sie neue Unternehmungen angehen.

Eine Bestandsaufnahme machen

Manchmal ist es sinnvoll, sich über seine momentane Situation klarzuwerden, bevor man sich Ziele setzt. Wenn man sich verlaufen hat, nutzt es wenig, das Ziel auf der Karte zu kennen, wenn man nicht weiß, wo man sich befindet. Wenn jemand von seinen Schulden herunterkommen will, ist es sinnvoll, sich erst einen lückenlosen Überblick über seine momentane finanzielle Lage zu verschaffen. Sonst wird die Arbeit zu einer ewigen Flickschusterei.

Bei der Bestandsaufnahme hilft es nicht, sich zu belügen. Die Situation wird damit nicht besser. Es ist dabei meist weniger wichtig, sich zu fragen, warum man in diese Lage gekommen ist, sondern wie die Lage aussieht.

Oft schätzen Leute mit großen Schwierigkeiten ihre Lage falsch ein. Bei Menschen mit finanziellen Schwierigkeiten liegt das Problem oft nicht in den Schulden, sondern darin, daß sie mehr Geld ausgeben, als ihnen zur Verfügung steht, egal wieviel dies auch ist. Das erinnert mich an die Geschichte, in der ein Arzt einen Patienten fragt, ob er ein Problem mit Alkohol habe? Der Mann antwortet: „Ja, er ist so teuer!"

Ähnlich ist es bei Übergewicht. Das Problem liegt weniger darin, möglichst schnell abzunehmen, sondern zu lernen, sich gesund zu ernähren und seinen Körper fit zu halten.

Es ist jedoch nicht sinnvoll, zu lange bei dem Problem stehenzubleiben. Wichtig ist, dann gleich nach Zielen und Möglichkeiten zu ihrer Erreichung Ausschau zu halten. Zu viele Menschen halten an vergangenen Niederlagen fest, anstatt in die Zukunft zu schauen. Sie können aus den Fehlern der Vergangenheit lernen und sie hinter sich lassen.

Die Verantwortung zu übernehmen dafür, wo man steht

Esist auch günstig, die Verantwortung dafür zu übernehmen, wo man im Moment steht. Es dreht sich dabei nicht um die Frage der Schuld oder um Selbstvorwürfe, sondern darum, die gegenwärtige Situation anzunehmen und die Verantwortung dafür zu übernehmen.

Wer die Verantwortung dafür, wo er jetzt steht, nicht übernehmen will, sondern sich als Opfer seiner Eltern, seines Chefs oder der Umstände sieht, leugnet damit seine Fähigkeit, sein Leben in Zukunft selbst in die Hand nehmen zu können. Wenn Sie die Verantwortung für Ihre jetzige Lage übernehmen, erkennen Sie, daß Sie die Kraft und die Möglichkeit haben, Ihre Zukunft selbst zu schaffen.

Wenn jemand die Situation so wie sie ist, nicht annehmen will, befindet er sich in einem inneren Konflikt. Er hadert praktisch mit Gott und der Welt und blockiert sich so selbst. In den frühen 80er Jahren wollten die meisten Wissenschaftler die Gefährlichkeit von AIDS nicht wahrhaben und haben so wertvolle Zeit zur Aufklärung und zur Entwicklung von Medikamenten verstreichen lassen. Wer die Situation so wie sie ist annimmt, kann mit klarem Kopf handeln und sich Ziele setzen.

Kriterien der sinnvollen Zielformulierung

Ich möchte nun untersuchen, wie man Ziele am besten formuliert. So komisch es klingen mag, die Formulierung des Ziels hat großen Einfluß auf die Chancen, das Ziel zu erreichen. Nehmen Sie sich ein paar Minuten Zeit und schreiben Sie einige Ziele auf, die Sie gerne erreichen würden. Sie können später überprüfen, ob Sie die Formulierung Ihrer Ziele noch verbessern können. Benutzen Sie bei der Zielformulierung bitte ganze Sätze, zum Beispiel nicht nur „mehr Geld", sondern: „Ich möchte mehr Geld."

Ihre Ziele:

Nicht Probleme, sondern Ziele

Man kann einen Sachverhalt aus verschiedenen Perspektiven betrachten. Jemand kann zum Beispiel sagen: „Ich habe ein Problem, ich kann keinen Computer bedienen." Er kann den selben Sachverhalt so schildern: „Ich will lernen, wie man einen Computer bedient." Das Umdeuten und das Umbenennen eines Problems in ein Ziel führen zu stärkerem Selbstbewußtsein und eröffnen Möglichkeiten zum Handeln. Probleme sind im Grunde verkehrtherum gesehene Ziele. Sie können sich das Leben leichter und angenehmer machen, wenn Sie lernen, Probleme als Ziele anzusehen. Wie wäre es, wenn Sie in Zukunft Probleme als Herausforderungen, als Chancen, sich zu beweisen, als verlockende Ziele betrachten würden?

Auf Probleme reagieren oder kreativ sein

Es gibt zwei grundsätzlich verschiedene Einstellungen zum Leben. Die einen reagieren auf Probleme. Sie versuchen ständig, die schlimmsten Löcher zu stopfen, empfinden ihr Leben als Kampf gegen widrige Umstände, als einen ständigen Zwang, zwischen zwei Übeln das kleinere Übel zu wählen. Menschen, die das Leben so als eine Kette von Schwierigkeiten ansehen, erliegen oft einem Gefühl von Machtlosigkeit, sie fühlen sich als hilflose Opfer der Umstände, sie empfinden ihr Leben als sinnlos.

Kreative Menschen haben eine grundsätzlich andere Lebenseinstellung. Sie wollen etwas Neues schaffen, sie setzen sich Ziele. Jeder Schritt auf dem Weg zu ihren Zielen erhöht ihre kreative Kraft und ihr Selbstbewußtsein. Kreativ tätig sein kann man nicht nur als Künstler. Man kann in praktisch allen Berufen etwas erschaffen, kreativ tätig sein.

Sie werden es vielleicht nicht für möglich halten, wieviel neue Energie in Ihr Leben kommt, wenn Sie sich statt auf das Lösen von Problemen auf die kreative Erreichung von Zielen konzentrieren.

Positiv formulieren:
Nicht, was Sie nicht wollen, sondern was Sie wollen

Wie ich schon erwähnt habe, ist es von Vorteil, seine Ziele positiv zu formulieren. Statt zu sagen, was Sie nicht wollen, können Sie sagen, was Sie erreichen wollen.

Wer sagt, was er will, konzentriert seine Aufmerksamkeit auf sein Ziel. Allein diese Fokussierung der Aufmerksamkeit auf das Ziel besitzt eine magische Kraft.

Wer dagegen seine Ziele negativ formuliert, geht gleichsam rückwärts. Im Rückwärtsgehen hat er wenig Kraft. Sein Blick ist auf das gerichtet, was er vermeiden will. Und er sieht nicht, ob er sich auf etwas zubewegt, was er auch nicht will.

Wer seine Ziele negativ formuliert, kann sich davor drücken, sich zu entscheiden und für sein Leben Verantwortung zu übernehmen. Ein positiv formuliertes Ziel gibt dagegen Kraft, es stärkt das Selbstbewußtsein. Es ist einfach erwachsener, zu seinen Zielen zu stehen. NLP beschäftigt sich nicht mit Problemen, sondern mit Zielen und Lösungen.

In sinnlich konkreter Sprache beschreiben

Wie ich schon erwähnt habe, ist es sinnvoll, seine Ziele möglichst detailliert anzugeben. Am besten beschreibt man sein Ziel in meßbaren Kategorien. Meßbar sind zum Beispiel die Ziele: Ein Haus mit 150 qm Wohnfläche. Eine Firma mit 50 Millionen Mark Umsatz. Sie können genau beschreiben, was Sie sehen, hören und fühlen, wenn Sie Ihr Ziel erreicht haben. Woran werden Sie erkennen, daß Sie Ihr Ziel erreicht haben? In der NLP-Fachsprache nennt man das *ein Ziel sinnesspezifisch genau beschreiben*. Wenn man sein Ziel in sinnlich konkreter Sprache beschreibt, bekommt das Ziel mehr Fleisch.

Eine Stadt hatte sich das Ziel gesetzt, die Schadstoffbelastung des Flusses, der durch die Stadt fließt, zu senken. Dieses Ziel klingt zu abstrakt, um Menschen zu begeistern. Damit kann man keinen Hund unter seiner Bank hervorlocken. Haben Sie eine Idee, wie man dieses Ziel so formulieren kann, daß selbst ein kleines Kind sich etwas darunter vorstellen kann? Die Stadtväter kamen auf die Idee, sich das Ziel zu setzen, daß wieder Lachse von einem Meter Länge in dem Fluß leben. Als schließlich der erste Lachs von dieser Länge in dem Fluß gesichtet wurde, feierte die ganze Stadt ein Fest.

Es hat mehrere Vorteile, sein Ziel in sinnlich konkreter Sprache zu beschreiben. Die Aufmerksamkeit wird auf das Ziel konzentriert. Wie ich schon erwähnt habe, besitzt Aufmerksamkeit eine magische Kraft. Wenn ich weiß, welches Buch ich suche, fällt es mir in einer Buchhandlung unter Tausenden von Büchern auf.

Oft können Menschen sich gar nicht vorstellen, jemals ein eigenes Haus zu besitzen, eine gute Arbeit zu finden, in einem Team zu arbeiten, das kreativ zusammenarbeitet, in einer erfüllenden Beziehung zu leben. Was man für unmöglich hält, kann man schwer erreichen. Wenn diese Menschen sich vorstellen, was sie sehen, hören und fühlen werden, wenn sie ihr Ziel erreicht haben, bekommen sie ein Gefühl für ihr Ziel, es kommt in ihre Reichweite, sie halten es erstmals für möglich, ihr Ziel zu erreichen.

Wenn Sie Ihr Ziel in sinnlich konkreter Sprache beschreiben, können Sie leichter erkennen, ob Sie sich Ihrem Ziel nähern. Wie kann jemand, der ein allgemein formuliertes Ziel wie Erfolg hat, erkennen, ob er seinem Ziel näherkommt oder ob er es schon erreicht hat?

Stellen Sie sich vor, der liebe Gott hat ein Haus auf einer griechischen Insel zu verschenken. Wird er es jemandem geben, der sich nur allgemein ein Haus wünscht, und sich hinterher beschwert, daß er nicht bekommen hat, was er wollte? Der liebe Gott wird das Haus jemandem geben, der sich genau so ein Haus gewünscht hat. Wer seine Ziele genau formuliert, vergrößert seine Chancen, das zu bekommen, was er will!

Wenn ich sage, daß es gut ist, sich sein Ziel möglichst genau vorzustellen, meine ich damit nicht, daß ein Arbeitsloser eine Stelle ablehnen sollte, nur weil sie nicht hundertprozentig seinen Vorstellungen entspricht.

Sie können Ihr Ziel aus verschiedenen Perspektiven betrachten, es auf vielen Ebenen lebendig werden lassen. Sie können sich überlegen, was Sie sehen werden, wenn Sie es erreicht haben, was Ihre Freunde und Bekannten dazu sagen werden, wie es sich anfühlen wird, wie sich Ihr Selbstbild ändern wird, welche Auswirkungen es auf Ihr persönliches und berufliches Leben haben wird, wie andere Sie sehen werden, wie es sein wird, wenn Sie zwanzig Jahre später auf Ihren Erfolg zurückblicken werden.

Wenn man sich sein Ziel genau vorstellt, melden sich oft innere Einwände, die etwas gegen die Erreichung des Zieles einzuwenden haben. In Kapitel 14 habe ich behandelt, wie man mit solchen Einwänden kreativ umgehen kann, wie man sie zu Bündnisgenossen machen kann.

Wer seine Ziele detailliert formuliert, hat größere Chancen, Unterstützung von anderen zu bekommen. Wo werde ich eher Unterstützung finden, wenn ich mir eine Million wünsche oder wenn ich mir wünsche, ein Institut aufzubauen, in dem Menschen lernen können, besser miteinander zu kommunizieren?

Keine Vergleiche

Nicht so günstig sind Vergleiche bei der Zielformulierung. Was ist daran falsch, sich beispielsweise mehr Geld zu wünschen? Wenn jemand dieses Ziel hat, schenke ich ihm einen Pfennig und sage: „Hier haben Sie, was Sie sich gewünscht haben." Unser Unbewußtes versteht leider unsere Wunsche oft so wortwörtlich.

Der Satz: „Ich wünsche mir mehr Geld" läßt außerdem unbewußt die Ergänzung mitschwingen: „Ich wünsche mir mehr Geld als jetzt." Damit ist der Blick nicht auf das Ziel, sondern auf den jetzigen Zustand gerichtet.

Wenn sich jemand eine Arbeit wünscht wie in seiner letzten Firma, ist sein Blick nach hinten gerichtet. Dieser Wunsch hat wenig Kraft. Es ist vorteilhaft, sich zu fragen, was einem an der letzten Arbeit gefallen hat und dies als Ziel zu nehmen.

Die Erreichung liegt vorwiegend in Ihrer Macht

Viele Menschen setzen sich Ziele, deren Erreichung nicht in ihrer Macht liegen. So kommen Leute zu mir in die Beratung und wünschen sich, daß ihr Chef sie nicht mehr anschreit. Ich sage dann, daß ich mit NLP zwar magisch erscheinende Veränderungen bewirken, aber nicht zaubern kann. Mit NLP kann man nur Ziele erreichen, deren Erreichung vorwiegend in der eigenen Macht liegt. Anstatt sich zu wünschen, daß einen der Chef nicht mehr anschreit, kann man sich das Ziel setzen, selbstsicher und gelassen zu bleiben, auch wenn einen der Chef anschreit. Wenn man sich selbst geändert hat, wird oft auch der Chef anders reagieren. Oder man kann sich das Ziel setzen, die Beziehung zum Chef zu verbessern bzw. eine Firma mit einem besseren Betriebsklima zu finden.

Wer erwartet, daß andere sich ändern, damit es ihm gut geht, macht sein Wohlbefinden vom Verhalten anderer abhängig, macht sich zum hilflosen Opfer. Wenn die Erreichung des Ziels in Ihrer Macht liegt, kommen Sie in eine stärkere Position, Sie übernehmen die Verantwortung für Ihr Leben.

Daß die Erreichung des Ziels in Ihrer Macht liegen sollte, bedeutet auch, daß es realistisch sein sollte. Man kann sich natürlich stundenlang darüber streiten, welche Wünsche realisierbar sind. Ich halte hier die Frage für eine gute Richtschnur, ob zumindest *ein* Mensch schon einmal das gleiche oder etwas Vergleichbares erreicht hat. Mit 80 Jahren die Tour de France gewinnen zu wollen ist demnach wohl eher unrealistisch.

Manchmal ist es nicht leicht, zu erkennen, ob ein Ziel realistisch ist. Man kann dann in sich hineinhören und sein Unbewußtes um Rat fragen. Bei dem einen Krebskranken kann es angemessen sein, sich das Ziel zu setzen, gesund zu werden. Dann ist es hilfreich, fest an seine Gesundung zu glauben. Bei einem anderen Krebskranken kann es angebracht sein, sich mit seinem Sterben zu versöhnen, seinen nahenden Tod anzunehmen, sich auf das Sterben vorzubereiten, mit seinem Leben abzuschließen, seine Hinterlassenschaft zu regeln, sich mit alten

Feinden zu versöhnen und sich von den Freunden und der Familie zu verabschieden.

Angemessene Größe

Wenn man sich zu große und zu weit entfernte Ziele setzt, kann man leicht die Motivation verlieren. Hier kann man sich Zwischenziele setzen. Sind die Ziele und Anforderungen, die man an sich und andere stellt, zu klein, kann sich Langeweile einstellen, sind die Ziele zu groß, besteht die Gefahr der Überforderung und der Frustration. Am besten ist, sich Ziele zu setzen, die erreichbar sind, doch gleichzeitig eine Herausforderung bedeuten. Damit steigt auch die Motivierung zum Handeln.

Passender Kontext? Wo, wie, wann und mit wem?

Es ist gut, sich zu überlegen, in welchem Kontext man sein Ziel erreichen will, wo, wann, wie und mit wem man es erreichen will. Wollen Sie wirklich immer fröhlich sein, auch auf einem Friedhof?

Viele Leute wollen sich immer sicher fühlen. Wenn man im Hochgebirge vor der Frage steht, ob man die Hütte verlassen und zum Gipfel aufbrechen soll und gerade ein Schneesturm aufzieht, ist es vielleicht angebrachter, sich unsicher zu fühlen.

Ein Kursteilnehmer erzählte mir die Geschichte eines Freundes, der sich das feste Ziel gesetzt hatte, die Hypothek seines Hauses bis zu seinem 60. Geburtstag abzubezahlen. Am Tag vor seinem 60. Geburtstag hatte er einen tödlichen Unfall und seine Lebensversicherung zahlte die Hypothek zurück. Wenn Sie den Kontext klären, in dem Sie Ihr Ziel erreichen wollen, können Sie sich vor solchen Überraschungen schützen.

Wollen Sie das Ziel wirklich erreichen?
Was steht hinter Ihrem Ziel?

Auch wenn es Ihnen unsinnig vorkommen mag, fragen Sie sich einmal, ob Sie Ihr Ziel wirklich erreichen wollen. Ist Ihnen die Erreichung Ihres Ziels wirklich die Mühe und den Zeitaufwand wert? Viele schuften sich das ganze Leben ab für ein Haus im Grünen, um dann festzustellen, daß sie sich vorher in ihrer Mietwohnung mit dem Kontakt zu den Nachbarn wohler gefühlt haben. Wenn Sie Ihr Ziel erreicht haben, sind Sie dann zufrieden, oder wollten Sie eigentlich etwas anderes? Ist das Ziel wirklich *Ihr* Ziel, oder erfüllen Sie damit nur die Erwartungen von anderen? Ich kenne einen 45jährigen Chefarzt, der sich fragt, ob er wirklich das geworden ist, was er wollte, oder nur die Erwartungen seines Vaters, der auch Chefarzt ist, erfüllt hat. Umgekehrt gibt es Menschen, die immer genau das Gegenteil von dem tun, was ihre Eltern ihnen gesagt haben. Damit sind sie genauso abhängig von den Eltern. Erwachsen zu sein, bedeutet auch, etwas tun zu können, obwohl einem die Eltern gesagt haben, dies zu tun. Wer nur lange Haare trägt, weil seine Eltern ihm dies verboten haben, handelt nicht selbstbestimmt.

Vielleicht steckt eine ganz andere Absicht hinter Ihrem Ziel? Eine Absicht, deren Erfüllung Ihnen viel wichtiger ist. Geld ist zum Beispiel kein Ziel für sich, es dient nur als Mittel, um andere Ziele, wie ein Haus zu besitzen, zu erreichen. Oft stecken hinter Zielen, wie erfolgreich sein, andere Ziele, z.B. anerkannt werden, geliebt werden. Wenn Sie die Ziele gefunden haben, deren Erreichung Ihnen wirklich am Herzen liegt, haben Sie einen wichtigen Schritt auf dem Weg geschafft. Besonders für die Erreichung von Zielen, die mit Ihrem Lebensziel im Einklang stehen, können Sie Ihre unbewußten Kräfte leichter mobilisieren. Für diese Ziele können Sie all Ihre Kraft einsetzen.

Wenn hinter dem Ziel ein anderer Wunsch steckt, den man nicht erkannt hat, wird man kaum mit der Zielerreichung zufrieden sein, nicht genug davon bekommen können. Wer sich nach Liebe und Anerkennung sehnt und dies durch Anhäufung von Macht oder Geld zu erreichen sucht, wird immer mehr Macht und Geld anzuhäufen suchen, obwohl er damit seinem wirklichen Ziel nicht näher kommt.

Welche Nebenwirkungen kann die Erreichung Ihres Zieles haben?

Wie ich schon erwähnt habe, ist im NLP die Frage nach möglichen Nebenwirkungen ganz wesentlich.

Auf Ihr Leben

Welche unerwünschten Nebenwirkungen könnte die Erreichung Ihres Zieles auf Ihr Leben haben? Spüren Sie in sich hinein und suchen Sie nach inneren Einwänden. Vielleicht ein ungutes Gefühl, eine warnende Stimme oder ein bedrohliches Bild? Wenn Sie die Einwände überspielen, werden diese später die

Erreichung Ihres Ziels sabotieren. Ich habe in Kapitel 14 behandelt, wie Sie aus Einwänden Bündnisgenossen machen können.

Vielleicht hindert Sie ein alter Glaubenssatz wie „Ich habe nie Erfolg" daran, Ihr Ziel zu erreichen. In Kapitel 20 habe ich dargelegt, wie Sie mit einschränkenden Glaubenssätzen umgehen können. Vielleicht steht Ihr Ziel in Konflikt mit anderen Zielen, die Sie sich gesetzt haben. Sie können dies wie einen inneren Konflikt behandeln. Stimmt Ihr Ziel mit Ihren Werten und Ihrer Mission überein? Sie können Ihre Ziele und Ihre Werte miteinander in Einklang bringen.

Auf Ihr Umfeld

Fragen Sie sich, ob die Erreichung Ihres Ziels unerwünschte Nebenwirkungen auf Ihr Umfeld haben könnte, auf Ihre Familie, auf andere Beteiligte. Wenn Ihr Erfolg auf Kosten Ihres Familienlebens erkauft wird, ist dieser Preis vielleicht zu hoch. Sie können sicherstellen, daß Ihr Ziel im Einklang steht mit den Interessen aller Beteiligten, auch mit unserer Umwelt. Für die Erreichung von kurzfristigen Zielen das langfristige Überleben der Natur und damit der Menschheit selbst in Frage zu stellen, ist kurzsichtig gedacht. Ein weiser Mensch handelt im Einklang mit der Natur. Wir können hier viel von Naturvölkern, wie den Indianern, lernen.

In einem meiner Kurse hatte ein Mann das Lebensziel, den Leuten für viel Geld etwas zu verkaufen, das sie gar nicht brauchen. Wie wenig Selbstbewußtsein hat ein Mensch, der es nötig hat, sein Selbstgefühl aufzubauen, indem er andere klein macht.

Wer wirklich selbstbewußt ist, hat es nicht nötig, sich auf Kosten anderer zu profilieren, seine Machtstellung auszuspielen, auf Untergebene oder Kunden herabzublicken. Wer wirklich selbstbewußt ist, will um sich selbstbewußte und zufriedene Menschen haben.

Ziel verändern, bis es mit Ihrer ganzen Person und dem Umfeld im Einklang steht

Sie können Ihr Ziel verändern, bis es mit Ihrer ganzen Persönlichkeit und mit Ihrem Umfeld im Einklang steht. So stellen Sie sicher, daß alle Anteile Ihrer Person hinter Ihrem Ziel stehen und Sie auf dem Weg zu Ihrem Ziel Bündnisgenossen finden.

Kann der Zielsatz irgendwie mißverstanden werden?

Überlegen Sie, ob Ihr Zielsatz irgendwie mißverstanden werden kann. Das Unbewußte hat die Tendenz, Sprache wortwörtlich zu verstehen. Der Satz „Ich
möchte mich mit 50 Jahren zur Ruhe setzen" kann so mißverstanden werden,
daß man sich mit 50 im Rollstuhl wiederfindet. Ich habe in einer Illustrierten von
einer Frau gelesen, die „auf ihren Traummann warten will". Mit diesem Satz
macht es sich diese Frau fast unmöglich, einen Mann zu finden. Sie sucht keinen
Mann, sondern nur einen Traum, eine Phantasie. Und sie will ihn nicht suchen,
schon gar nicht finden und mit ihm eine Beziehung führen, sondern sie will auf
ihn *warten*. Das Unbewußte wird also dafür sorgen, daß sie weiter auf ihn wartet.

Das Ziel einfach formulieren

Formulieren Sie Ihr Ziel einfach und kurz. Dadurch bekommt es mehr Kraft. Sie
können sich an die KUSS-Formel halten:
KURZ
UND
SIMPEL
SAGEN

Ihre Ziele umformulieren

Sie können die Liste Ihrer Ziele vom Beginn des Kapitels (Seite 244) noch einmal
durchgehen, und die Ziele, wenn nötig, mit Hilfe der im folgenden zusammen-
gefaßten Kriterien umformulieren.

Ihre Ziele umformulieren

▶   Nicht Probleme, sondern Ziele
▶   Positiv formulieren: Nicht was Sie nicht wollen, sondern was Sie wollen
▶   Die Erreichung liegt vorwiegend in Ihrer Macht
▶   In sinnlich konkreter Sprache beschreiben: Was genau werden Sie sehen,
     hören und fühlen?
▶   Keine Vergleiche (mehr Geld, wie letzte Arbeit)
▶   Angemessene Größe (eventuell Zwischenziele)
▶   Passender Kontext? Wo, wann, wie und mit wem? Immer, ohne Ausnahme?

- Wollen Sie das Ziel wirklich erreichen? Was steht hinter Ihrem Ziel?
- Welche Nebenwirkungen kann die Erreichung Ihres Zieles haben?
- Das Ziel verändern, bis es mit der ganzen Person und dem Umfeld im Einklang steht
- Kann der Zielsatz irgendwie mißverstanden werden?
- Das Ziel einfach formulieren, dadurch bekommt es mehr Kraft

Die Zielerreichung vorbereiten

Sie haben den ersten und wichtigsten Schritt getan, wenn Sie ein Ziel den obigen Kriterien entsprechend formuliert haben. In der NLP-Literatur nennt man dies üblicherweise *ein Ziel nach den Kriterien der Wohlgeformtheit formulieren*. Ich will nun untersuchen, wie Sie die Erreichung Ihres Zieles am besten vorbereiten können.

Sich geistig auf das Ziel einstellen

Neben der Formulierung ist auch die geistige Einstellung zum Ziel wichtig.

Das Ziel erreichen wollen und sich sicher sein, es zu erreichen

Manche formulieren ihre Ziele in der Form: „Ich hoffe, X zu erreichen." Wer etwas erhofft, ist sich nicht sicher, ob er das Ziel erreichen wird. Er sieht innerlich ein Bild des Erfolges und des Mißerfolges. Wer dagegen erwartet, sich sicher ist, weiß, daß er sein Ziel erreichen wird, sieht nur das Bild seines Erfolges. Sie können die Zielerreichung bedeutend erleichtern, wenn Sie sicher sind, das Ziel zu erreichen. Die folgende Übung kann hier sehr hilfreich sein.

Übung: **Sich sicher werden, sein Ziel zu erreichen**

Wenn Sie noch daran zweifeln, Ihr Ziel zu erreichen, kann die folgende Übung hilfreich sein:

- Sie können an etwas denken, von dem Sie absolut sicher sind, daß es eintreffen wird. Etwa, daß Sie in den Ferien in Urlaub fahren werden.

> ▶ Stellen Sie fest, in welchen Feinunterscheidungen Sie das erleben, von dem Sie sicher sind, daß es passieren wird. Ist es ein Bild oder ein Film, schwarzweiß oder farbig? Wo sehen Sie es?
>
> ▶ Sie können Ihr Ziel mit diesen Feinunterscheidungen ausstatten und somit bewirken, daß Sie sich sicher sind, es zu erreichen.
>
> ▶ Wie fühlt sich nun Ihr Ziel an, sind Sie sich jetzt sicher, es zu erreichen?

Wer sich etwas nur *wünscht* oder es *möchte*, bleibt meist passiv. Wer dagegen etwas erreichen *will*, ist stärker motiviert, etwas dafür zu tun. Etwas zu wollen führt zum Handeln, zu Aktionen. Viele sagen Sätze wie: „Ich will eigentlich ...", „Ich möchte schon ...", „Es wäre mir schon lieber, wenn ..." Diese Sätze haben wenig Kraft. Sie deuten darauf hin, daß es noch innere Einwände gegen das Ziel gibt. Da kann man gleich mit Karl Valentin sagen: „Mögen täten wir schon wollen, aber dürfen haben wir uns nicht getraut."

Bei Fähigkeiten setzt man sich am besten das Ziel: „Ich kann leicht und schnell lernen, zu ..." Wer sich suggeriert, daß er etwas schon kann, ohne es gelernt zu haben, kann der Illusion erliegen, klettern zu können und dabei abstürzen.

Ich habe in der NLP-Literatur verschiedene Möglichkeiten gefunden, wie man seine Ziele formulieren kann. Die einen empfehlen, das Ziel, ein Haus zu besitzen, so zu formulieren: „Ich besitze jetzt ein Haus." Andere empfehlen die Formulierung: „Ich werde ein Haus besitzen." Ich persönlich bevorzuge die Formulierung: „Ich will ein Haus besitzen." Sie können damit experimentieren, welche Art der Formulierung Ihnen am besten gefällt und bei Ihnen am stärksten wirkt.

Sich dafür entscheiden, sein Ziel zu erreichen

Manchmal ist es wichtig, sich dafür zu entscheiden, ein Ziel zu erreichen. Bei vielen steht eine klare Entscheidung, ein Entschluß, mit einer Droge aufzuhören, am Beginn der Befreiung von der Droge. Ein solcher Entschluß kann die innere Kraft konzentrieren, man übernimmt damit wieder die Verantwortung für sein Leben.

Stellen Sie sich Ihr Ziel möglichst anziehend vor

Sie können sich Ihr Ziel möglichst anziehend vorstellen. Statten Sie das Bild von Ihrem Ziel mit den Feinunterscheidungen aus, die für Sie besonders anziehend sind. Für die meisten Menschen wirkt ein großes, buntes, glänzendes Bild anziehend. Sie können das Bild oder den Film mit Ihrem Ziel so anziehend machen, daß es unwiderstehlich wird, so daß Sie sich die Finger danach abschlecken.

Sie können in allen Sinneskanälen möglichst anziehende Feinunterscheidungen benutzen. Sie können hören, wie Freunde und Bekannte Ihnen zu Ihrem Erfolg gratulieren. Vielleicht hören Sie im Hintergrund dazu ein Symphonieorchester oder die Rolling Stones. Oder auch beide zusammen. Sie brauchen hier nicht sparsam zu sein. Hier gilt die Grundregel: Besser Klotzen als Kleckern. Und Sie können hören, wie eine innere Stimme zu Ihnen sagt: „Ich bin stolz auf dich.", „Junge, du bist der Größte!", „Mädchen, du bist Spitze!", „Du bist einsame Klasse!" Sie spüren, wie Freunde Ihnen bewundernd auf die Schulter klopfen, Sie spüren ein Gefühl von Freude und Stolz. Und Sie sehen einen Artikel in der Zeitung über Ihren Erfolg.

Dann: Sich in diesem Bild von außen sehen

Stellen Sie sicher, daß Sie sich dann von außen in Ihrem Zielbild sehen. Wenn Sie Ihr Ziel weiter von innen erleben, könnten Sie in der Illusion steckenbleiben, Ihr Ziel schon erreicht zu haben. Sie könnten weiter in der Phantasie von dem Gipfel des Berges herunterblicken und die schöne Aussicht genießen. Wozu sich noch anstrengen? Um sich zu motivieren, die Zielerreichung aktiv anzugehen, ist es sinnvoll, sich von außen auf dem Berg stehen zu sehen.

Bild des Ziels in der Zukunft verstreuen

Sie können sich Ihr Zielbild, in dem Sie sich von außen sehen, noch einmal zugänglich machen, mit allen anziehenden Feinunterscheidungen. Sie können von diesem Bild innerlich eine große Menge Kopien machen, wie Abzüge von einem Foto. Sie können diese Bilder vor sich in Ihre Arme nehmen und mit einem lauten HUIH in die Luft werfen und beobachten, wie diese Bilder Ihres Zieles herabsegeln und in weiten Kreisen um Sie herum verstreut zu liegen kommen. Sie können sich überlegen, wo Sie Ihre Zukunft sehen. Viele Menschen sehen Ihre Zukunft vor sich oder zu Ihrer Rechten oder Linken. Raten Sie einfach, wo Ihre Zukunft räumlich liegen könnte. Sie können noch einmal eine große Anzahl von Kopien Ihres Zielbildes machen, die Bilder Ihres Zieles mit einem HUIH in die Luft werfen und sie diesmal in Ihrer nahen und weiten Zukunft verteilen. Sie können dies so oft wiederholen, wie Sie wollen. Durch diese Übung wird Ihr Unbewußtes auf die Erreichung Ihres Zieles eingestimmt. Diese Arbeit ist erstaunlich wirkungsvoll.

Sich ganz von dem Ziel erfüllen lassen

Sie können sich innerlich ganz von Ihrem Ziel erfüllen lassen. Sie können sich vorstellen, Ihr Ziel mit jedem Atemzug immer mehr in sich aufzunehmen, es einzuatmen. Sie können alle Ebenen Ihres Seins von dem Ziel erfüllen lassen und es in Ihr Unbewußtes sinken lassen. Am besten macht man dies abends kurz vor dem Einschlafen. Da ist man in einem entspannten Zustand, in dem man leichter Zugang zu seinem Unbewußten finden kann. Sie können kurz vor dem Einschlafen und kurz nach dem Aufwachen ein Bild Ihres Zieles betrachten und sich ganz davon erfüllen lassen. Damit wird Ihr Ziel noch stärker zu einem Teil Ihrer Person.

Sie können Ihr Ziel aufschreiben

Sie können Ihr Ziel auch auf einen Zettel schreiben und diesen bei sich tragen. Oder Sie können Ihr Ziel mit Lippenstift auf Ihren Badezimmerspiegel schreiben. Sie können zu Ihrem Ziel auch ein Bild malen.

Ich habe oft Menschen beraten, die eine Doktor- oder Diplomarbeit schrieben. Die meisten wußten nicht genau, wie das Thema ihrer Arbeit lautete und schrieben nur so vor sich hin.

Vorbereitung zum Handeln

Nachdem Sie eine starke geistige Einstellung zu Ihrem Ziel haben, können Sie die Aktivitäten, die Sie zu Ihrem Ziel führen werden, vorbereiten.

Es ist nötig, auch etwas zu tun für die Erreichung seines Ziels

Manchmal reicht schon die genaue Zielformulierung, um ein Ziel zu erreichen. Wie durch ein Wunder erhalten Sie kurz nach der klaren Zielformulierung aus heiterem Himmel genau die Arbeit oder die Wohnung angeboten, die Sie sich vorgestellt hatten.

Auch wenn es Ihnen viele Bücher einreden wollen, ist es oft nicht so einfach, seine Ziele zu erreichen. Allein durchs Visualisieren oder durch Suggestionen werden meist nur die Autoren dieser Bücher zum Millionär. Denn sie erfüllen die Sehnsucht der breiten Masse nach einfachen Patentrezepten, ohne Arbeit zum Erfolg zu kommen. Meist muß man auch etwas tun, um seine Ziele zu erreichen. Ein Buch zum Beispiel schreibt sich nicht von allein. Da kann man noch so viel visualisieren.

Motivierung zum Handeln

Zuerst einmal ist es wichtig, sich zum Handeln zu motivieren. Wie macht man dies am besten?

Hin zu

Am sinnvollsten motiviert man sich zum Handeln, indem man sich das Ziel möglichst anziehend ausmalt. Der Unterschied zwischen dem jetzigen und dem erwünschten Zustand bringt eine kreative Spannung, die Kraft zum Handeln freisetzt. Man bewegt sich auf sein Ziel zu.

Weg von

Die zweite Art, sich zu motivieren, ist, sich von etwas Unerwünschtem wegzubewegen. Um Strafe, Verluste, Ärger, Probleme usw. zu vermeiden, setzt man sich in Bewegung. Diese Art der Motivation besitzt einige Nachteile.

Wenn man sich so motiviert, hält die Motivierung nicht lange an. Wer nur etwas für seine Gesundheit tut, wenn er krank ist, wird nur so lange etwas tun, bis er wieder gesund ist. Wer nur etwas für seine Finanzen tut, wenn der Gerichtsvollzieher vor der Tür steht, wird kaum ein Vermögen aufbauen. Wenn man sich ein Stück von dem unerwünschten Zustand wegbewegt hat, verliert die Motivation an Kraft. So entsteht leicht eine zyklische Bewegung weg von dem Unerwünschten und wieder hin zu ihm: eine Schleife.

Motivation durch Angst:

Schulden   weniger Schulden

Motivation durch Bewegung weg von etwas Unerwünschtem:

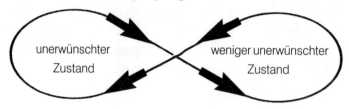

Wenn Sie sich auf Dauer motivieren wollen, setzen Sie sich besser ein anziehendes Ziel. Sich zu motivieren, indem man sich von etwas Unerwünschtem wegbewegt, hat noch einen weiteren Nachteil. Der Blick ist nicht auf ein angenehmes Ziel, sondern auf etwas Unangenehmes gerichtet. Dies ist nicht angenehm, auf Dauer sogar ungesund.

Manchmal ist es aber auch wichtig zu wissen, was man vermeiden will, was gefährlich werden könnte. Ich persönlich würde die Motivierung durch sich wegbewegen von etwas Unerwünschtem, wenn überhaupt, nur als zusätzliche, ergänzende Motivierung benutzen und dies nur am Anfang, um in die Gänge zu kommen. Es ist sinnvoller, am Ende ein angenehmes Zielbild vor sich zu sehen. Wer keine bessere Art der Motivierung zur Verfügung hat, kann sich natürlich auch durch Wegbewegen von etwas Unerwünschtem motivieren.

Wenn Sie andere Menschen, etwa Mitarbeiter oder Kunden, motivieren wollen, ist es gut zu wissen, ob diese sich eher motivieren, indem sie sich auf etwas Erwünschtes hinbewegen, oder indem sie sich von etwas Unerwünschtem wegbewegen.

Einen Mitarbeiter, der sich lieber auf etwas hinbewegt, können Sie leichter durch Belohnungen, Lob, Aussicht auf Gehaltserhöhung, Prämien, Beförderung usw. motivieren. Er sucht mehr Gewinn, Freude, Herausforderungen, Chancen im Leben.

Einen Mitarbeiter, der sich eher von etwas wegbewegt, können Sie leichter durch Androhung von Strafen oder Gehaltskürzungen motivieren. Er will im Leben Ärger, Verlust, Probleme, Streit, Zeitverlust, Risiko, Gefahr, Ausschuß oder Nachteile vermeiden.

Sie können einen Mitarbeiter, der sich vorwiegend durch Vermeiden von Unerwünschtem motiviert, auch beibringen, sich positiv zu motivieren. Sie können ihm sagen: „Ja, ich verstehe, was Sie vermeiden wollen, und wenn Sie dies vermeiden, in welche Richtung wollen Sie sich dann gerne bewegen?"

Fehlende Motivation kann man meist nicht isoliert behandeln. Sie ist wie Fieber nur ein Symptom für tieferliegende Probleme, die viele Ursachen haben können. An dem Symptom herumzupfuschen hilft meist wenig. Wenn das rote Lämpchen in Ihrem Auto leuchtet, das auf einen zu niedrigen Ölstand hinweist, hilft es auch nicht, wenn Sie das Lämpchen herausdrehen.

Eine Firma, die lange Zeit streng hierarchisch von einem Chef geführt worden war, bekam eine neue Leitung durch ein Team. In der Übergangsphase hatte das neue Leitungsteam noch Angst davor, Entscheidungen zu treffen. Wenn ein Mitarbeiter einen Verbesserungsvorschlag machte, bekam er dafür eine Prämie und der Vorschlag verschwand in irgendeiner Schublade. Umgesetzt wurde er nicht. Das führte dazu, daß die Mitarbeiter langsam die Motivation verloren. Ich wurde dann von der Firma gerufen, um den Managern beizubringen, wie man mit NLP die Mitarbeiter besser motivieren könne. Ich erzählte ihnen folgende Geschichte aus dem Buch Mythos Motivation von Reinhard Sprenger: Zwei Ölmultis veranstalteten jedes Jahr eine Ruderregatta, in denen ihre Rudermannschaften gegeneinander antraten. Über Jahre gewann immer die Mannschaft der Firma A. Schließlich beauftragte Firma B einen Psychologen damit, zu analysieren, warum ihr Team immer verlor. Nach eingehenden Untersuchungen kam der Psychologe zu folgendem Schluß: Das Team der Firma A besteht aus 7 Ruderern und einem Steuermann, während das Team der Firma B aus 7 Steuermännern und einem Ruderer besteht. Der Psychologe empfahl: „Man muß den Mann besser motivieren."

Ich bin skeptisch bei vielen Motivations-Seminaren. Die Probleme liegen oft tiefer. Es ist meist sinnvoller, die innerbetriebliche Kommunikation zu verbessern. Damit steigt meist als Nebeneffekt auch die Motivation. Viele Motivationskurse bringen die Teilnehmer nur in Ekstase. Die Teilnehmer glauben, alles erreichen zu können, was sie wollen, nachdem sie in dem Kurs über glühende Kohlen oder Glasscherben gelaufen sind. Ich halte solche Kurse für zweifelhaft, sie besitzen wenig Dauerwirkung. Ekstase ist ein schöner Zustand, hat aber nichts mit Motivation zu tun. Andererseits wundere ich mich, wie viele strohtrockene Bücher es über das Thema Motivation gibt. Motivations-Experten sollten doch in der Lage sein, zum Lesen ihrer Bücher zu motivieren.

Es gibt noch eine Möglichkeit, seine Motivation, etwas für die Erreichung eines Zieles zu tun, zu erhöhen. Sie können sich überlegen, für welches Ziel Sie besonders motiviert sind. Zum Beispiel für das Ziel, ein leckeres Eis zu essen. Sie können nun überlegen, in welchen Feinunterscheidungen Sie das Ziel, für das Sie besonders stark motiviert sind, erleben. Vielleicht sehen Sie das, was Sie besonders zum Handeln motiviert, besonders bunt und nah. Vielleicht hören Sie dazu eine verführerische Stimme, der Sie einfach nicht widerstehen können. Sie können nun das Ziel, für das Sie sich stärker motivieren wollen, mit diesen Feinunterscheidungen ausstatten.

Überzeugt sein, das Ziel zu erreichen

Sie können sich zuerst noch einmal an das anziehende Bild Ihres Zieles erinnern. Sie können sich erfüllen lassen von der Überzeugung, der Gewißheit, daß Sie Ihr Ziel erreichen werden. Sie können immer mehr Vertrauen in Ihre eigene Kraft bekommen. Sie spüren eine immer stärker werdende Kraft und Lust zum Handeln. Sie spüren ein Gefühl, als ob Sie sich kaum mehr zurückhalten können, etwas für die Erreichung Ihres Zieles zu tun. Im Englischen gibt es einen schönen Ausdruck für diese energiegeladene Lust zur Aktion: *Go for it!* Mach dich auf die Socken, um dein Ziel anzugehen! *Do it!* Mach es jetzt! Packen wir es an!

Planung

Ich will nun zum nächsten Schritt auf dem Weg zu Ihrem Ziel übergehen, zu der Phase der Planung.

Ideen sammeln

Als nächstes sammeln Sie Ideen, was Sie tun können, um Ihr Ziel zu erreichen. Wie findet man am besten neue Ideen? Um dies zu untersuchen, möchte ich Sie bitten, möglichst viele Ideen aufzuschreiben, wie man zu Geld kommen kann.

Möglichkeiten, zu Geld zu kommen:

Haben Sie auch solche Dinge notiert wie eine Bank überfallen, eine reiche Witwe heiraten oder betteln? Viele Menschen zensieren ihre Ideen schon in der ersten Phase des Sammelns von Ideen. Ich würde zwei Phasen klar trennen: Die Phase des wertungsfreien Sammelns von Ideen und die Phase der Bewertung dieser Ideen. Wenn man sich schon in der ersten Phase überlegt, ob die Ideen legal, moralisch oder realistisch sind, würgt man seine Phantasie ab. Viele an sich unrealistische Ideen führen zu anderen brauchbaren Ideen. Die Idee Banküberfall kann zu der Idee führen, eine Bank zu gründen. Die meisten bahnbrechenden Erfindungen wurden ursprünglich nicht für den Bereich erdacht, in dem sie dann verwirklicht wurden. Ideen sammelt man am effektivsten, indem man seiner Phantasie freien Lauf läßt. Man nennt dies Brainstorming, einen Sturm im Gehirn entfachen. Es ist sinnvoll, in Konferenzen dem Brainstorming mehr Raum zu geben.

Ich möchte Sie nun bitten, sich ein leeres Blatt Papier zu nehmen und möglichst viele Dinge zu notieren, die man für ein Picknick braucht. Haben Sie mindestens zehn Punkte aufgeschrieben? Die meisten Menschen notieren sich ihre Ideen in der Form:

Picknick: Wurst, Cola, Teller, Leute einladen, Lageplan. Oder in der Form:
Wurst
Cola
Teller
....

Diese lineare Art des Notierens ist typisch für unseren rationalen Verstand und engt unsere Phantasie ein. Es ist günstiger, sich die Punkte auf einem Blatt in Querformat etwa so zu notieren:

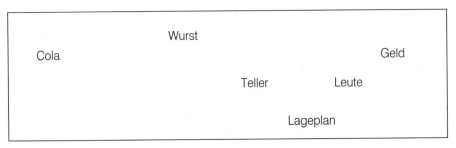

Wenn man sich Ideen so notiert, fallen einem sofort neue Ideen ein, erkennt man Verbindungen zwischen den einzelnen Punkten. Bei Wurst fällt mir Käse, Butter, Marmelade und Honig ein, bei Cola Wasser, Saft, Bier, Wein und Sekt. Vielleicht wollen Sie in Zukunft damit experimentieren, Ihre Ideen in dieser Art zu notieren. Ich habe die Erfahrung gemacht, daß ich so auf wesentlich mehr neue Ideen komme.

Welche konkreten Schritte können Sie tun, um Ihr Ziel zu erreichen?

Sie können nun auf ein Blatt in Querformat alle Ideen notieren, die Ihnen dazu einfallen, was Sie tun können, um Ihr Ziel zu erreichen. Welche konkreten Schritte könnten Sie unternehmen, um sich Ihrem Ziel zu nähern? Lassen Sie Ihrer Phantasie freien Lauf.

Zurückblicken auf den Weg, nachdem Sie das Ziel erreicht haben

NLP kennt noch eine Methode, um mehr Ideen zu bekommen. Sie können sich vorstellen, wie es sich anfühlt, wenn Sie Ihr Ziel schon erreicht haben. Und wenn Sie nun zurückblicken auf den hinter Ihnen liegenden Weg, was waren die wichtigsten Schritte auf dem Weg zu Ihrem Erfolg? Erstaunlicherweise kommen so oft noch viele neue Ideen. Wenn man vom jetzigen Standpunkt aus zu seinem Ziel schaut, ist der Blick oft eingeengt. Wenn man dagegen aus der Perspektive des schon erreichten Ziels den Weg betrachtet, ist der Blick viel weiter. Sie können auch Ihr zukünftiges Ich oder Ihren unbewußten Verstand, Ihre Intuition fragen, was es von Ihnen erwartet, jetzt zu tun.

Kennen Sie jemanden, der dieses Ziel schon erreicht hat?

Haben Sie dieses Ziel oder etwas ähnliches schon einmal erreicht? Was haben Sie damals gemacht? Oder kennen Sie jemanden, der dieses Ziel schon erreicht hat? Was hat dieser getan? Wie war dabei seine Einstellung? Sie können die Person fragen, wie sie es angestellt hat, ihr Ziel zu erreichen. Die meisten Menschen werden Ihnen das gerne verraten, weil sie es lieben, von ihren Erfolgen zu erzählen. Sie können die Person, die ihr Ziel schon erreicht hat, als Modell nehmen.

Ergänzen Sie die einzelnen Schritte zur Erreichung Ihres Zieles

Sie können das Blatt mit den Ideen, was Sie tun können, um Ihr Ziel zu erreichen, anhand dieser neuen Informationen ergänzen. Notieren Sie alles, was Sie tun können, um Ihrem Ziel näherzukommen.

Was hindert Sie, Ihr Ziel zu erreichen?

Sie können überlegen, was Sie darin hindert oder daran hindern könnte, Ihr Ziel zu erreichen. Sobald Sie ein Hindernis gefunden haben, können Sie sich fragen, was Sie tun können, um dieses Hindernis zu umgehen. Sie können das Hindernis als ein neues Ziel sehen, als eine Herausforderung.

Welche Fähigkeiten brauchen Sie zur Erreichung Ihres Ziels?

Sie können überlegen, welche Fähigkeiten Sie brauchen, um Ihr Ziel zu erreichen. In Kapitel 4 und 5 habe ich schon behandelt, wie Sie sich Fähigkeiten zugänglich machen können. Sie können sich daran erinnern, wann Sie in Ihrem Leben schon einmal über diese Fähigkeiten verfügten und sich diese Fähigkeiten mit Hilfe des Ankerns zugänglich machen.

Haben Sie die nötige Kompetenz?

Für Erfolg ist nicht nur die geistige Einstellung zum Erfolg wichtig. Es ist auch Kompetenz gefragt. Es gibt mindestens genauso viele Menschen, die ihre Fähigkeiten überschätzen, wie Menschen, die ihre Fähigkeiten unterschätzen. Viele Selbstbewußtseinstrainer beachten diesen Punkt zu wenig. Hier ist Vorsicht angebracht. Sonst ist der Absturz vorprogrammiert. Um auf Dauer Erfolg zu haben, ist auch Kompetenz nötig. Menschen lassen sich nicht ewig durch Hochstapelei täuschen. Sie können überlegen, ob Sie wirklich alle Fähigkeiten zur Verfügung haben. Vielleicht wollen Sie noch etwas dazulernen.

Welche Informationen brauchen Sie, um Ihr Ziel zu erreichen?

Welche Informationen brauchen Sie, um Ihr Ziel zu erreichen? Wie können Sie sich diese Informationen beschaffen?

Finden Sie Verbündete

Finden Sie Verbündete. Damit können Sie sich Arbeit und Zeit sparen, den Weg zu Ihrem Ziel leichter und angenehmer machen. Sie können sich mit zuverlässigen Menschen zusammentun, die das gleiche Ziel haben. In einer Gruppe fällt es zum Beispiel meist leichter, jeden Tag zu joggen. In einem guten Team ergänzen sich nicht nur die Fähigkeiten der einzelnen, die Kraft der einzelnen wird vervielfacht.

Ordnen Sie die Schritte

Wenn Sie genügend Ideen gesammelt haben, was Sie tun können, um Ihr Ziel zu erreichen, können Sie diese Ideen ordnen. Wenn es sehr viele einzelne Schritte sind, können Sie übergeordnete Hauptschritte finden. Sie können die Handlungsschritte in eine zeitliche Reihenfolge bringen. Was ist der erste Schritt, was der zweite usw.? Erstellen Sie einen Handlungsplan.

Wenn Sie den Weg zu Ihrem Ziel in viele kleine Schritte aufgeteilt haben, können Sie leichter erkennen, wo Sie sich im Moment auf dem Weg zu Ihrem Ziel befinden, wie weit Sie schon gekommen sind, ob Sie sich Ihrem Ziel wirklich nähern.

Die nächsten Schritte detaillierter vorplanen

Am sinnvollsten ist es, wenn Sie die nächsten Schritte etwas genauer, detaillierter vorplanen, und die später folgenden Schritte nur grob vorplanen. Meist reicht es, wenn man den nächsten oder die zwei nächsten Schritte detailliert vorplant. Wenn Sie die späteren Schritte zu genau vorplanen, kann es passieren, daß Sie zu festgelegt sind, wenn sich die Umstände ändern. Es besteht auch die Gefahr, sich im Vorplanen zu verlieren. Wer die Tendenz hat, sich in Planungen zu verlieren, kann sich für die Planungsphasen ein Zeitlimit setzen.

Überlegen Sie verschiedene Wege zum Erreichen Ihres Zieles

Sie können sich verschiedene Wege überlegen, wie Sie Ihr Ziel erreichen können. Sie können schon im Vorfeld Alternativen überlegen, was Sie tun können, wenn eine Möglichkeit nicht funktionieren sollte. Halten Sie sich möglichst viele Möglichkeiten offen.

Setzen Sie sich Termine für die Erreichung jedes Teilschrittes

Es ist oft hilfreich, sich Termine für die Erreichung jedes Teilschrittes und für die Erreichung seines Zieles zu setzen. Sie können einen Zeitplan erstellen.

Stellen Sie sich vor, wie Sie jeden einzelnen Schritt erfolgreich durchführen

Der nächste Schritt ist wahrscheinlich der entscheidende Schritt der Vorbereitung. Sie können sich in einem Zustand der Entspannung vorstellen, wie Sie die einzelnen Schritte auf dem Weg zu Ihrem Ziel erfolgreich meistern. Wenn nötig, können Sie dabei Anker zur Unterstützung benutzen. Schaffen Sie fließende Übergänge von einem Schritt zum nächsten. Um zu verhindern, daß eine Pause oder ein Bruch zwischen zwei Schritten entsteht, können Sie die einzelnen Schritte überlappen lassen,

---

Jetzt Schritt 1 Schritt 2 Schritt 3 Schritt 4 Schritt 5 Schritt 6 Schritt 7 Schritt 8 ZIEL

Sie können den erfolgreichen Weg von Ihrem jetzigen Zustand bis zum Erreichen Ihres Zieles mehrmals innerlich durchspielen. Sie können es immer schneller machen, immer flüssiger. Damit verbinden Sie Ihren jetzigen Zustand mit dem Zielzustand. So schaffen Sie ein geistiges Muster, das die Zielerreichung erleichtert.

Der Weg zum Ziel

Ich will nun den Weg zu Ihrem Ziel genauer betrachten. Zuerst will ich hier behandeln, welche geistige Einstellung auf dem Weg zu Ihrem Ziel sinnvoll ist. Dann möchte ich untersuchen, was Sie auf dem Weg zu Ihrem Ziel tun können.

Die geistige Einstellung auf dem Weg zum Ziel

Welche geistige Einstellung kann Ihnen die Erreichung Ihres Zieles erleichtern?

Mit Freude dabei sein
Sie können sich die Erreichung Ihres Zieles leichter machen, wenn Sie Ihr Ziel mit Freude erreichen.

Vorfreude
Jedesmal, wenn Sie etwas für die Erreichung Ihres Zieles tun, können Sie sich schon einen Teil der Vorfreude auf die Erreichung Ihres Zieles gönnen. Dies erleichtert besonders die Erreichung von Zielen, die in weiter Ferne liegen.

Freuen Sie sich über die Erreichung jedes Teilzieles
Besonders, wenn Sie einen wichtigen Teilschritt auf dem Weg zu Ihrem Ziel geschafft haben, können Sie sich einen guten Teil der Vorfreude auf das endgültige Erreichen Ihres Zieles gönnen. Ein Teilziel ist ein Ziel für sich, das Sie erreicht haben. Sie können diese Vorfreude in allen Wahrnehmungskanälen auskosten. Sie können sich gut fühlen, ein Gefühl des Stolzes wahrnehmen, Sie können sich selbst loben oder sich vorstellen, daß andere Ihnen gratulieren. Sie können sich auch für die Erreichung Ihres Teilzieles belohnen.

Freude am Weg selbst
Sie können sich nicht nur über das Erreichen Ihres Zieles freuen, sondern auch den Weg zum Ziel möglichst angenehm gestalten.

Der Glaube, Arbeit und Lernen müßten mühsam sein, ist wahrscheinlich eines der Vorurteile, die am meisten Schaden und Leiden verursachen. Viele machen sich mehr Mühe als unbedingt nötig, sie machen sich das Leben und ihre Arbeit unnötig schwer. Wer seine Arbeit gerne und mit Freude erledigt, arbeitet besser und ist schneller fertig. Er verbreitet um sich eine gute Stimmung und erleichtert so seinen Kollegen die Arbeit. Und er wird weniger von der Arbeit ermüdet. Ich glaube, daß Menschen, die eine Arbeit haben, die ihnen Spaß macht, gesünder und länger leben. Mit Freude zu arbeiten und seine Ziele zu erreichen ist effektiver und macht mehr Spaß. Für mich sind Erfolg und Lebensfreude keine Gegensätze, sie ergänzen und verstärken sich gegenseitig.

Nicht ernsthaft, verbissen

Viele Dinge kann man kaum erreichen, wenn man sich dazu zwingen will. Einschlafen ist dafür ein gutes Beispiel. Wer mit aller Macht einzuschlafen versucht, wer sich dazu zwingen will, macht es sich unnötig schwer.

Lernen, kreatives Denken, freies Reden und kommunizieren werden durch zwanghaftes Bemühen erschwert. Zu viel Ernsthaftigkeit erschwert die Arbeit und das Leben, kann zu Leiden führen.

Spielerisch

Wer seine Arbeit spielerisch erledigt, schafft sie meist schneller und besser als Menschen, die zwanghaft an die Arbeit herangehen. Spielerische und hochwertige Arbeit sind keine Gegensätze. Spielerisch zu arbeiten bedeutet, mit Freude und Lockerheit an die Arbeit und an die Erreichung seiner Ziele heranzugehen.

Ein Zeichen für wirkliche Könner ist, daß ihre Arbeit einfach aussieht, ob im Tennis oder im Geschäftsleben. Meisterschaft bedeutet auch, etwas mit einem Minimum an Anstrengung zu tun. Natürlich hat Andre Agassi lange trainiert, um seine Meisterschaft im Tennis zu erreichen. Gerade, daß sein Spiel so leicht erscheint, ist ein Zeichen seiner Meisterschaft. Es ist günstig, spielerisch und mit Freude an das Leben, an seine Arbeit und an seine Ziele heranzugehen.

Menschen, die Höchstleistungen vollbringen, befinden sich oft in einem Zustand des Fließens, in dem ihnen alles scheinbar mühelos gelingt. In diesem Zustand werden der Tänzer und der Tanz zu einer Einheit, man vergißt alles um sich herum. In diesem Zustand gehen Sie völlig in Ihrem Tun auf, Sie verlieren das Gefühl für Zeit, Ihre Aufmerksamkeit ist auf Ihr Handeln konzentriert, Sie sind mit Ihrem Handeln identifiziert, im Fluß. Sie können viel lernen, wenn Sie Menschen beobachten, die mit ihrer Tätigkeit im Einklang sind. Spitzenkletterer scheinen von innerer Musik erfüllt einen senkrechten Felsen hinaufzutanzen. Sie sind entspannt und doch konzentriert bei der Arbeit.

Freude an der Arbeit hängt weniger von der Art der Arbeit ab, sondern von der Einstellung zur Arbeit. Ich habe oft zwei völlig verschiedene Typen von Kellnern beobachtet. Der eine läuft verspannt, geduckt und gehetzt durch das volle Lokal. Der andere bewegt sich anmutig wie ein Tänzer durch die gleiche Menschenmenge, aufrecht und mit strahlenden Augen. Der zweite bekommt nicht nur mehr Trinkgeld, er ist auch schneller und effektiver in seiner Arbeit.

Ich bewundere Bierzapfer, die hinter der Theke trotz einer langen Schlange von Wartenden ganz ruhig ein Bier nach dem anderen zapfen und dazwischen noch die Zeit finden zu kurzen Gesprächen. Das ist auch im Interesse der Wartenden. Wenn der Zapfer hektisch wird, schäumt das Bier zu stark und alle müssen noch länger warten.

Wenn die Arbeit Freude macht, bekommt sie Dynamik, das ganze Leben wird lebendiger.

Bedeutet nicht oberflächlich, schludrig zu arbeiten

Etwas spielerisch anzugehen, bedeutet nicht, daß man oberflächlich, schludrig arbeitet, daß man faul herumhängt und erwartet, der Erfolg komme schon von allein. Manchmal ist es auch nötig, sich in der Früh zum Aufstehen zu zwingen.

„Ich strenge mich an"

Viele Menschen strengen sich bei der Arbeit zu sehr an. Es gibt ein interessantes Experiment. Sie können Ihre Arme gerade vor sich strecken und einen Freund bitten, Ihre Arme gegen Ihren Widerstand nach unten zu drücken.

Sagen Sie dabei zu sich selbst: „Ich strenge mich an" und dann: „Ich gebe mein Bestes." Wer zu sich sagt: „Ich strenge mich an", verkrampft dabei seine Muskeln, die Atmung wird schwer, die Arme lassen sich leicht nach unten drücken. Wer dagegen zu sich sagt: „Ich gebe mein Bestes", bekommt Zugang zu seiner inneren Kraft und kann dem Druck leicht standhalten.

Entspannung

Ich habe in Kapitel 4 schon erwähnt, daß es den Muskeln gut tut, wenn man sie auch locker lassen kann. Nicht nur den Muskeln tut es gut, zu entspannen. Wenn Sie sich eine Pause gönnen, können Sie neue Kräfte schöpfen. Wer sich nie erlaubt auszuspannen, Urlaub zu machen, zu feiern und zu spielen, oder auch einmal traurig und nachdenklich zu sein, überanstrengt sich auf die Dauer. Wer ständig mit sich selber Vollgas fährt, ist oft mit 50 Jahren ausgebrannt, leidet unter dem Burn-Out-Syndrom. Oft zieht dann der Körper die Notbremse. Wer mit 40 an Herzinfarkt stirbt, erreicht seine Ziele überhaupt nicht oder zu einem zu hohen Preis. Wer einen Pfeil ins Ziel schießen will, sollte den Bogen nicht überspannen und den Pfeil auch loslassen können.

Perfektionismus

Die Sucht, perfekt sein zu wollen, führt oft zu Enttäuschungen. Zu hohe Ansprüche hemmen die Aktivität. Manche Perfektionisten machen gar nichts, weil sie ihre hohen Ansprüche nicht erfüllen können. Ich kenne viele Langzeitarbeitslose, die sich mit ihrem Perfektionsanspruch blockieren. Es ist meist sinnvoller, sich erfüllbare Ziele und Qualitätsmaßstäbe zu setzen und sein Bestes zu geben. Nur in wenigen Bereichen ist absolute Perfektion möglich und nötig. In allen Bereichen der Kommunikation gibt es keine Perfektion. Menschen sind keine Maschinen – Gott sei Dank.

Perfektionisten erzielen oft im Endergebniss schlechtere Resultate, weil sie sich zwanghaft in irgendwelche nebensächlichen Details verbeißen und dabei den Überblick über das Wesentliche verlieren.

Im NLP gibt es den seltsam klingenden Satz: „Alles, was wert ist, getan zu werden, ist auch wert, schlecht getan zu werden." Wer diesen Satz beherzigt, wird nicht absichtlich Fehler machen, sondern mit mehr Selbstvertrauen neue Dinge ausprobieren und sich dabei auch Fehler zugestehen. Denn am Anfang kann man meist nicht erwarten, gleich ein Meister zu sein. Perfektionisten machen oft sich und ihren Kollegen das Leben unnötig schwer. Sie können meist bessere Arbeit leisten, wenn sie ihr Bestes geben.

Sich Fehler zugestehen

Fehler zu machen, gehört zum Lernen und zum Leben dazu. Wer sich durch Fehler nicht davon abschrecken läßt, weiterzumachen, wird letztlich zum Meister. Im NLP gilt die Vorannahme, daß es keine Fehler gibt, nur Lernerfahrungen. Wer seine Fehler als Lernerfahrungen, als Ansporn zur Verbesserung betrachtet, zieht aus ihnen Kraft und Erfahrung.

Ein Betriebsklima, das keine Fehler erlaubt, führt zu Angst vor Entscheidungen und selbständigem Handeln.

Versuchen, etwas zu tun

Viele sagen, daß sie versuchen wollen, etwas zu tun. Mit dieser Formulierung sabotiert man unbewußt seine Handlungen. Wer etwas versucht, rechnet bereits mit der Möglichkeit des Scheiterns. Zu sagen: „Ich versuche es" führt zu einer Verkrampfung, einer inneren Blockade, zu einem hemmenden inneren Dialog. Der bekannte Tennistrainer Gallway sagt seinen Schützlingen, wenn sie etwas versuchen wollen: „Hören Sie auf, es zu versuchen, spielen Sie einfach Tennis!" Dies führt dazu, daß seinen Schülern viel mehr gelingt.

Mit dem ganzen Herzen dabei

Wenn man etwas tut, kann man es mit dem ganzen Herzen tun, seine ganze Energie hineingeben und es gründlich tun. Wer schlechte Arbeit abliefert, weil er denkt, nicht angemessen bezahlt zu werden, wird sich an einen schlechten Arbeitsstil gewöhnen.

Wenn ich etwas mache, mache ich es richtig. Zu meinem ersten Vortrag über NLP vor ein paar Jahren kam nur eine alte Frau. Ich habe den Vortrag trotzdem gehalten und mein Bestes gegeben. Am nächsten Tag rief jemand an und bat mich, vor 50 Managern einer großen Firma einen Vortrag über NLP zu halten. Ich war heilfroh, daß ich dazu auf meine Erfahrung mit dem Vortrag vor einer einzigen Zuhörerin zurückgreifen konnte.

Humor

Auch eine humorvolle Lebenseinstellung kann helfen, seine Ziele besser zu erreichen. Wer Probleme und Rückschläge auf dem Weg zu seinem Ziel zu ernst nimmt, kann leichter in den Problemen steckenbleiben. Humor eröffnet neue Einsichten und damit neue Wege. Dies bedeutet nicht, daß man Probleme mit Witzchen ignorieren sollte. Dann schwelen sie untergründig weiter und verschlimmern sich. Es bedeutet, daß mit Humor den Problemen die Schwere genommen wird. Sie sind so leichter zu lösen. Wie heißt es so schön: Die Situation ist hoffnungslos, aber nicht ernst.

Wer über seine eigenen Grenzen und Schwächen lachen kann, kann sie leichter überwinden. Über sich selbst lachen zu können, ist ein Zeichen von Reife. Dagegen kostet es unnötig Energie, sich zwanghaft den Anschein von Seriosität und Ernsthaftigkeit zu geben, um Autorität zu bekommen. Menschen, deren Autorität nicht aufgesetzt ist, sondern von innen kommt, können auch über ihre eigenen kleinen Schwächen lachen.

Was können Sie tun, um Ihr Ziel zu erreichen?

Ich werde mich nun der Frage zuwenden, was Sie tun können, um Ihr Ziel möglichst schnell und sicher zu erreichen.

Fangen Sie möglichst bald an mit dem ersten Schritt

An besten fangen Sie möglichst bald an mit dem ersten Schritt auf dem Weg zu Ihrem Ziel. Was können Sie heute schon tun, um Ihrem Ziel näherzukommen? Viele meinen, der erste Schritt sei der schwerste. Wenn Sie jetzt gleich den ersten Schritt gehen, haben Sie den schwersten Schritt schon geschafft.

Achten und schätzen Sie auch kleine Schritte

Sie können auch die kleinen Schritte auf dem Weg achten und schätzen. Wie heißt es in einer Scherzfrage: „Wie verspeist man einen Elefanten? Mit vielen kleinen Bissen." Auch auf den Mount Everest steigt man mit vielen kleinen Schritten.

Gewohnheiten entwickeln

Bei Zielen, deren Erreichung längere Zeit erfordert, ist es günstig, Gewohnheiten zu entwickeln. Es ist leichter, jeden Morgen vor dem Frühstück zum Joggen zu gehen, als sich zu verschiedenen Zeiten dazu aufzuraffen. Der Mensch ist ein Gewohnheitstier. Wenn Sie nützliche Gewohnheiten entwickeln, können Sie Ihr Leben einfacher und effektiver gestalten. Wenn Sie jeden Tag nur eine halbe Seite an einem Buch schreiben, haben Sie nach einem Jahr ein Buch mit über 180 Seiten geschrieben.

Der Eigendynamik des Projekts folgen

Viele Projekte entwickeln nach einiger Zeit eine Eigendynamik, der man nur noch zu folgen braucht. Viele Schriftsteller berichten, daß ihre Romanfiguren ein Eigenleben bekommen, sich anders entwickeln, als ursprünglich vom Autor geplant. Genauso können Restaurants, Läden und Firmen ihr eigenes Leben gewinnen, ihre eigene Identität und Dynamik, der man als Schöpfer und Leiter des Projektes nur noch zu folgen braucht. Nachdem man den Anstoß gegeben hat, reicht es oft, nur noch im Fluß mitzuschwimmen.

Wenn jemand noch zögert, die Erreichung seines Zieles aktiv anzugehen

Der Miterfinder des NLP, Richard Bandler, meinte in einem seiner letzten Bücher, Zögern, Ernsthaftigkeit und zu wenig Lebenslust seien die Hauptkrankheiten der heutigen Welt. Oft zögert jemand aus Angst, eine Absage zu bekommen, ewig damit, sich überhaupt zu bewerben. Das Schlimmste, was passieren kann, wenn er sich bewirbt, ist, daß die Firma ihn nicht nimmt. Wenn er sich nicht bewirbt, passiert ihm dasselbe auf alle Fälle. Oft ist nichts zu tun das Schlechteste, das man tun kann. Wenn Sie etwas gerne tun würden, aber noch zögern, fragen Sie sich, was das Schlimmste ist, das Ihnen passieren kann, wenn Sie es tun. Ich hatte einen Klienten, der sich nicht traute, seiner Frau zu sagen, daß er sie liebt. Er hatte sich vor einigen Jahren von seiner Frau getrennt und sich jetzt wieder in sie verliebt. Er traute sich aber nicht, es ihr zu sagen. Als ich ihn fragte, was das Schlimmste sei, was passieren könne, wenn er es ihr sage, bekam er einen Lachanfall. Selbst wenn sie ihm eine Absage geben würde, wäre das immer noch besser als die ewige Unsicherheit. Die Beratung dauerte zehn Minuten und heute ist er wieder mit seiner Frau zusammen.

Natürlich ist es sinnvoll, ein Projekt genau zu überlegen, bevor man bei der Bank einen Kredit aufnimmt. Hier kann Zögern angemessen sein. Aber viele Menschen zögern zu lange vor Handlungen. Durch ständiges Aufschieben erschweren sich manche Probleme. Ein kleines Loch im Zahn, das nicht behandelt wird, kann den ganzen Zahn kosten. Ungelöste Probleme, die man vor sich herschiebt, kosten Kraft, weil man doch immer wieder an sie denkt.

Wer immer zögert, schiebt das Handeln, das aktive Leben vor sich her, er lebt nicht richtig. Man kann sein ganzes Leben durch Zögern verpassen. Vielleicht ist es ganz gut, daß wir nicht ewig leben. Das erinnert uns daran, unser Leben nicht aufzuschieben, sondern ein aktives Leben zu führen, mehr im Moment zu leben, auch Risiken einzugehen. Wenn jemand zu viel zögert, kann er sich fragen: „Was würde ich alles tun, wenn ich sicher wäre, daß mir alles gelingt?"

Entschuldigungen

Viele Menschen bringen ständig Entschuldigungen, warum sie ihre Ziele nicht erreichen können, warum sie etwas nicht tun können. Als Erwachsener ist es sinnlos, Entschuldigungen zu suchen. Wer nur ein bißchen Intelligenz besitzt, wird für alles eine Entschuldigung finden. Nutzen wird ihm das nichts. Wer Entschuldigungen für seine Untätigkeit sucht, verhält sich wie ein Dreijähriger. Als

Erwachsener ist es sinnvoller, Verantwortung für sein Leben zu übernehmen und aktiv zu werden.

Keine Zeit

Eine beliebte Entschuldigung für Untätigkeit ist der Satz: „Ich habe keine Zeit." Ich habe die Erfahrung gemacht, daß gerade Arbeitslose am wenigsten Zeit haben, wenn man sie um einen Gefallen bittet. Für etwas, das ich wirklich gerne tue, habe ich immer Zeit gefunden. Der Begründer der Gestalttherapie, Fritz Perls, hat Leuten, die sagten, sie hätten für etwas keine Zeit, geantwortet: „Ich verstehe, daß Sie dazu keine Lust haben."

Ich stehe Büchern über Zeitmanagement und Zeitplanbüchern skeptisch gegenüber. Ich denke, Menschen, die wenig Zeit haben, haben meist nicht die Zeit und die Geduld, lange Zeitplanlisten auszufüllen. Ich denke, fehlende Zeit ist wie fehlende Motivation nur ein Symptom, das viele Ursachen haben kann. Es ist sinnvoller, zu lernen, Entscheidungen zu treffen, sich über seine Ziele klar zu werden und zu lernen, wie man sie erreicht. Oft werden Menschen, die wenig Zeit haben, auch durch einen inneren Konflikt blockiert.

Wichtig ist auch die innere Einstellung, die man zur Zeit hat. Viele Menschen beklagen sich darüber, daß die Zeit zu schnell vergeht. Andere jammern, daß die Zeit zu langsam vergeht, sie suchen Wege, die Zeit totzuschlagen. Diese beiden verschiedenen Arten, die Zeit zu betrachten, haben etwas gemeinsam: Die Zeit wird als etwas gesehen, das vergeht, das einem genommen wird.

Man kann auch eine ganz andere Einstellung zur Zeit haben. Man kann seine Zeit in jedem Moment genießen, sich Zeit zu nehmen; man kann die Zeit, die man in jedem Moment zur Verfügung hat, erleben und kreativ nutzen. Sie können etwas aus Ihrer Zeit und damit aus Ihrem Leben machen.

Konzentrieren Sie sich auf das Wesentliche

Viele Menschen verlieren sich bei der Arbeit zu sehr in Details. In Rathäusern wird über die Anschaffung einer Parkbank für tausend Mark meist länger debattiert als über den Bau eines Schwimmbades für 30 Millionen. Als Chef muß man nicht alle Details kennen, man kann nebensächliche Aufgaben delegieren.

Vielleicht kennen Sie schon die 20 zu 80 Prozent-Regel. Diese Regel besagt, daß 20% der Arbeit 80% der Ergebnisse bringt, 20% der Kunden 80% des Umsatzes, 20% der Produkte 80% des Gewinns, aber auch 20% der Mitarbeiter 80% der Probleme. Es ist sinnvoll, sein Hauptaugenmerk auf die entscheidenden 20% der Arbeit zu lenken.

Konzentrieren Sie sich mehr auf die Effektivität als auf die Zeitinvestition

Sich auf das Wesentliche zu konzentrieren, bedeutet auch, sich mehr auf die Effektivität als auf die Zeitinvestition zu konzentrieren. Wichtig ist nicht, wieviel Stunden Sie für ein Projekt investieren, sondern ob Sie es erfolgreich abschließen. Leider ist die typische Beamtenmentalität, zu jedem Problem Ausschüsse und Konferenzen einzusetzen, in denen man tagelang ergebnislos diskutiert, auch für viele große Firmen typisch. Da wird Nichtstun damit entschuldigt, daß man viel Zeit und Geld in Gutachten, Ausschüsse usw. investiert hat. Anstatt 2.000 Mark für die Herstellung eines Prototyps eines neuen Produktes auszugeben, investiert man lieber 20.000 Mark in ein Gutachten, ob die Herstellung eines solchen Prototyps sinnvoll ist.

Unterstützung annehmen

Manche glauben, daß sie alles alleine schaffen müssen. In unserer hochspezialisierten Welt ist das kaum möglich. Es bedeutet keine Schwäche, sondern Reife, die eigenen Grenzen zu kennen und auch einmal Unterstützung von anderen anzunehmen.

Kontrollieren Sie die Einhaltung Ihres Zeitplanes

Es ist günstig, auf dem Weg zu seinem Ziel immer wieder zu überprüfen, ab man seinem Ziel näherkommt und ob man seinen Zeitplan einhält. Vielleicht werden Sie noch stärker motiviert, wenn Sie die Einhaltung Ihres Zeitplanes von jemand anderem kontrollieren lassen.

Umgang mit Rückschlägen

Entscheidend für das Erreichen von Zielen ist auch die Art, wie man mit Absagen, Rückschlägen, Schwierigkeiten und Fehlern umgeht. Viele lassen sich von Schwierigkeiten entmutigen, betrachten sie als Beweis, daß sie ihr Ziel doch nicht erreichen werden, sehen jeden zeitweiligen Rückschlag als Mißerfolg an und als Zeichen dafür, daß sie Versager sind. Sie werfen die Flinte vorzeitig ins Korn.

Es ist sinnvoller, Rückschläge und Fehler als Lernerfahrungen, als Herausforderungen zu betrachten, als Chancen, sich zu beweisen. Wie Kritik sollte man Rückschläge und Fehler auf der richtigen logischen Ebene betrachten. Wenn ein Arbeitsloser auf eine Bewerbung eine Absage bekommt, liegt das Problem oft nur auf der Ebene des Umfeldes. Die Firma hat im Moment keinen Bedarf an einem Angestellten mit seiner Qualifikation und seinen Erfahrungen. Wenn er in dem Bewerbungsbrief zu viele Rechtschreibfehler gemacht hat, liegt das Problem auf der Ebene seines Verhaltens. Vielleicht liegt es auch auf der Ebene der Fähigkeiten und er sollte eine Weiterbildung besuchen. Wenn er glaubt, daß er nie eine Arbeit bekommen wird, liegt das Problem auf der Ebene der Glaubenssätze und er kann an diesen arbeiten. Ungünstig ist, einen Rückschlag oder eine Absage auf der Ebene der Identität anzunehmen und sich als Versager zu sehen. Damit raubt man sich unnötig Kraft und Energie.

Dies ist besonders wichtig für Verkäufer, die in ihrem Beruf oft mit Absagen konfrontiert werden. Für den Erfolg von Verkäufern ist entscheidend, auch nach einer Reihe von Absagen sein Selbstvertrauen, seine Zuversicht und seine gute Laune zu behalten.

Erfolgreiche Menschen werden nicht weniger von Rückschlägen und Absagen betroffen als andere, sie können nur kreativer damit umgehen. Wirklich erfolgreiche Menschen zeichnen sich dadurch aus, daß sie ihr Selbstvertrauen und ihre Zuversicht auch nach vielen Rückschlägen behalten. Sie behalten trotz Schwierigkeiten ihr Ziel im Auge, glauben an sich und an die Erreichung ihres Zieles und bleiben beständig dran an der Umsetzung ihrer Ziele.

Der Skifahrer Markus Wasmeier behielt auch in der langen Zeit, als die Journalisten nur noch über ihn spotteten, wenn er wieder einmal als Vierzigster ans Ziel kam, seinen Humor und seinen Glauben an sich selbst. Am Ende gewann er zwei Goldmedaillen bei den Olympischen Spielen. Man hält es kaum für möglich, Abraham Lincoln hat von 26 Wahlen, zu denen er angetreten ist, nur drei gewonnen.

Wie Kinderkrankheiten wichtig sind für den Reifungsprozeß von Kindern, so lassen uns gemeisterte Schwierigkeiten wachsen. Stellen Sie sich vor, ein Kind würde alles bekommen, was es sich wünscht, würde ohne Krankheiten, Verbote, Mißerfolge und Frustrationen aufwachsen. Dieses Kind wäre schlecht auf das Leben vorbereitet. Es würde später durch die kleinste Schwierigkeit aus der Bahn geworfen. Ein Leben ohne zu meisternde Schwierigkeiten wäre eintönig und oberflächlich. Gegen Schwierigkeiten errungene Erfolge schmecken besonders gut, sie geben dem Erfolg Tiefe.

Absagen und Rückschläge sind die Stufen zum Erfolg. In jedem sogenannten Mißerfolg steckt der Same zu einem späteren Erfolg. Bei der Wohnungssuche oder der Suche nach einer Arbeit bringt uns jedes Nein dem endgültigen Ja näher. Wenn ein Telefonverkäufer durchschnittlich bei jedem zehnten Gespräch zu einem Verkaufsabschluß kommt, steckt hinter jedem Nein ein Zehntel Erfolg.

Eine Firma, die Enzyklopädien vertrieb, wollte dem erstaunlichen Erfolg ihres Spitzenverkäufers auf die Schliche kommen. Der Verkäufer hatte eine simple Strategie. Er fuhr zu einem großen Bürogebäude, fuhr mit dem Aufzug ins oberste Stockwerk, ging in ein Büro, zog einen Band der Enzyklopädie aus der Aktentasche, zeigte ihn mit breitem Grinsen herum und meinte: „Ist er nicht schön?" Und dann fragte er: „Wollen Sie ihn haben?" Wenn keiner kaufen wollte, ging er genauso gutgelaunt zum nächsten Büro weiter. Auf diese Weise klapperte er alle Büros des Gebäudes ab, holte sich die meisten Absagen von allen Verkäufern, aber auch die meisten Abschlüsse.

Wer für sich und seine Interessen einsteht, wird auch Absagen bekommen. Wenn Sie abends den Tag Revue passieren lassen und merken, daß Sie an diesem Tag nicht mindestens zwei Absagen bekommen haben, können Sie dies als Zeichen dafür sehen, daß Sie nicht genug für sich gesorgt haben.

Es ist einfach geschickter, Rückschläge nicht als Fehler, als Versagen oder Mißerfolge zu sehen, sondern als Lernerfahrungen und Herausforderungen. Eine solche Sichtweise gibt Kraft.

Was tun, wenn es nicht weitergeht?

Es passiert manchmal, daß man trotz aller Arbeit nach einiger Zeit einfach nicht weiterkommt, daß man stagniert. Bei einer Diät kommt oft nach anfänglichen Erfolgen eine Zeit, in der man trotz Einhaltung der Diät einfach nicht weiter abnimmt, manchmal sogar etwas zunimmt. Viele sehen dies als Zeichen, daß ihre Mühe nichts bringt und brechen die Diät ab. Dabei ist diese Phase der Stagnation typisch für alle Veränderungen, für alle Lernerfahrungen. Wenn man diese Zeit durchsteht, geht der Fortschritt in etwas geringerem Tempo weiter. Die Kurve der Lernfortschritte sieht etwa so aus:

In der Phase der Stagnation ist es besonders wichtig, dranzubleiben und sich wieder neu zu motivieren. Oft täuscht man sich auch, bemerkt trotz Fortschritten nicht, daß man sich weiterentwickelt. So gibt es beim Lernen oder bei der Vorbereitung eines größeren Projektes Phasen, in denen man trotz intensiver und konstruktiver Arbeit am Ende wenig oder nichts in der Hand hat. Wenn man eine Wohnung streicht, sieht man sofort, was man erledigt hat. Bei geistiger Arbeit ist das nicht immer der Fall. Deshalb ist es manchmal schwierig, sich bei geistiger Arbeit über lange Zeit zu motivieren. Zudem ist es oft so, daß man anfängliche Fortschritte leichter sieht als spätere. Bei der Besteigung des Berges auf dem folgenden Bild wird man auf der ersten Etappe den gewachsenen Abstand zum Tal viel stärker wahrnehmen als auf der vierten Etappe, bei der man den gleichen Anstieg zu bewältigen hat.

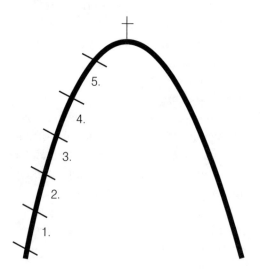

Beim Bergsteigen wie im Leben verläuft der Weg nicht immer geradlinig nach oben, oft ist es nötig, einem Weg zu folgen, der ein Stück nach unten führt oder auch Sackgassen zu erkunden, um schließlich einen Weg zum Ziel zu finden.

Flexibel bleiben

Wenn eine Methode auf dem Weg zu Ihrem Ziel nicht funktioniert, können Sie flexibel bleiben und etwas anderes machen. Viele Menschen verbeißen sich in Kleinigkeiten. Wenn jemand ein Wort nicht versteht, wiederholen sie es immer lauter, anstatt es mit einem anderen Wort zu umschreiben. Wenn eine Tür nicht aufgeht, drücken sie mit immer stärkerer Kraft dagegen, anstatt zu prüfen, ob sie nach innen aufgeht. Nicht starres Beharren und Festhalten an überholten Gewohnheiten sichert Dauerhaftigkeit und Stabilität, sondern flexible Anpassung an sich ändernde Umstände. Ein flexibler Baum übersteht einen Sturm leichter als ein starrer Betonpfeiler.

Was tun bei Überforderung

Was kann man tun, wenn man sich überfordert fühlt, wenn einem die Arbeit über den Kopf wächst? Ich will ein Beispiel geben. Ein Angestellter kommt von seinem Urlaub zurück. Auf seinem Schreibtisch erwartet ihn ein Riesenstapel von Papieren, die er eins nach dem andern abarbeiten muß. Am Abend, nach acht Stunden angestrengter Arbeit, ist der Stapel scheinbar immer noch genauso hoch wie am Anfang. Nach drei Tagen ist noch kein Fortschritt zu erkennen, der Aktenberg ragt immer noch turmhoch auf seinem Schreibtisch. Der Angestellte ist frustriert und fühlt sich völlig überfordert von der Aufgabe, den Aktenberg abzutragen. Am nächsten Tag meldet er sich für eine Woche krank.

Was kann man in so einem Fall machen? Der Angestellte kann den Aktenberg vom Schreibtisch nehmen und ihn in eine Zimmerecke stellen. Als nächstes kann er seine Aufgabe in kleine Schritte aufteilen. Er kann ausrechnen, wieviel er täglich von dem Aktenberg abarbeiten kann und wie viele Tage er braucht, um den ganzen Berg abzutragen. Nehmen wir an, er stellt fest, daß er etwa 30 Tage brauchen wird, um den ganzen Aktenstapel aufzuarbeiten. Er kann den Stapel mit Hilfe von 30 Zetteln, die er im Abstand je eines Tagespensums in den Stapel steckt, in 30 Tagesrationen aufteilen. Jeden Morgen kann er sich eine Tagesration auf seinen Schreibtisch packen.

Wenn er diesen Packen dann jeweils am Abend abgearbeitet hat, weiß er, daß er sein Tagespensum erfüllt hat, kann sich über die Erreichung seines Teilzieles freuen und sich dafür belohnen. Um sich zusätzlich zu motivieren, kann er sich sein Ziel, den ganzen Berg abzutragen, möglichst schön und anziehend ausmalen.

Zusammenfassend ist die Strategie bei Überforderung: Sich sein Ziel möglichst anziehend vorstellen, den Weg in kleine, überschaubare Schritte aufteilen und sich über jeden erreichten Teilschritt freuen.

Was tun, wenn man überhaupt nicht weiterkommt?

Falls Sie überhaupt nicht weiterkommen, können Sie noch einmal Ihr Ziel überprüfen. Steht die Erreichung des Zieles wirklich in Ihrer Macht, haben Sie keine inneren Einwände gegen Ihr Ziel? Stimmt Ihr Ziel mit Ihren Werten und Über zeugungen überein? Steht hinter Ihrem Ziel vielleicht ein anderes Ziel, das Ihnen wichtiger ist?

Manchmal ist es nötig, sich von einem alten Ziel zu verabschieden. Wenn man seine Energie in ein überholtes Ziel gibt, wird die Energie nur vergeudet. Manchmal ist auch ein völliger Neubeginn nötig. So sind manche Branchen einfach auf Dauer nicht überlebensfähig. Wenn man im falschen Zug sitzt, bringt es nichts, im Zug gegen die Fahrtrichtung zu laufen.

Angst vor Erfolg, vor der Vollendung

Manche Menschen haben eine unbewußte Scheu davor, erfolgreich zu sein, Projekte abzuschließen, etwas zu vollenden. In diesem Fall können Sie sich anschauen, was Sie daran hindert, ein Projekt abzuschließen und den verdienten Erfolg mitzunehmen. Ist es ein übersteigerter Perfektionismus, der Sie nicht zum Abschluß kommen läßt oder ein einschränkender Glaubenssatz wie: „Ich verdiene nicht, Erfolg zu haben"?

Oder widerspricht der Erfolg Ihrer Identität? Die Hälfte der Menschen, die im Lotto eine Million gewonnen haben, haben den Gewinn innerhalb von zwei Jahren ausgegeben. Für einen Bergmann, der aus einer alten Bergmannsfamilie kommt und im Lotto gewonnen hat, kann der Widerspruch zwischen seiner Identität als einfacher Arbeiter und seinem Millionärsdasein so bedrückend sein, daß er unbewußt dafür sorgt, den Gewinn loszuwerden, um seine Identität als einfacher Arbeiter zu behalten.

Manche Menschen fürchten den Neid ihrer Mitmenschen, wenn sie erfolgreich sind. Hier kann man erkennen, wer die wahren Freunde sind. Wer Sie wirklich mag, freut sich mit Ihnen über Ihren Erfolg. Wie Sie sich vor Anfeindungen von Neidern schützen können, habe ich schon in Kapitel 9 über den Umgang mit Kritik behandelt.

Manche haben auch unbewußt Angst davor, ihr Ziel zu erreichen, weil sie dann nichts mehr haben, auf das sie hinarbeiten können, auf das sie sich freuen können. Hier kann es sinnvoll sein, sich ein neues, anziehendes Ziel zu setzen.

Anderen ist ein Projekt so ans Herz gewachsen, daß es ihnen schwerfällt, sich von ihrem Projekt zu verabschieden, indem sie es zu Ende bringen. Ein Buch muß man irgendwann einmal abschließen und zum Verleger schicken. Wenn ein Baby nach neun Monaten nicht zur Welt gebracht wird, wird es gefährlich für die Mutter und für das Baby.

Wieder andere lieben das Träumen vom Erfolg mehr als den Erfolg selbst.

Man kann sich mit kleinen Schritten langsam daran gewöhnen, immer mehr Erfolg zu haben, sich zu erlauben, ihn anzunehmen und zu genießen. Manchen fällt es leichter, ihren Erfolg zu genießen, wenn sie die Früchte des Erfolges mit anderen Teilen. Wenn Sie noch jemanden suchen sollten, mit dem Sie Ihren Erfolg teilen können, ich stehe gerne zur Verfügung.

Was tun, wenn Sie Ihr Ziel erreicht haben?

Es klingt vielleicht komisch, aber viele vergessen das Wichtigste, wenn sie ihr Ziel erreicht haben. Sie vergessen, sich über ihren Erfolg zu freuen, ihn zu feiern. Sie hetzen ohne Pause weiter zum nächsten Ziel. Das Problematische dabei ist nicht nur, daß diese Menschen wenig Freude in ihrem Leben haben und schnell ausgebrannt sind. Diese Menschen signalisieren durch die Mißachtung ihres Erfolges ihrem Unbewußten, daß es sich nicht lohnt, Ziele zu erreichen, für die Erreichung von Zielen Energie und Zeit zu investieren, weil die Erreichung des Zieles nicht beachtet, nicht honoriert wird. So sabotieren Menschen, die sich über ihre Erfolge nicht freuen, zukünftige Erfolge.

Sie können sich auf viele Arten über die Erreichung Ihres Zieles freuen. Sie können mit Freunden ein großes Fest feiern, Sie können sich selbst loben, sich selbst etwas schenken, sich selbst auf die Schulter klopfen, sich ganz von dem Stolz und der Befriedigung erfüllen lassen, Ihr Ziel erreicht zu haben.

Wie geht es weiter?

Wenn Sie Ihr Ziel erreicht haben und Ihren Erfolg genügend gefeiert haben, können Sie sich neue verlockende Ziele setzen. Sich zu lange auf seinen Lorbeeren auszuruhen, kann auf die Dauer langweilig werden.

Eine Minute NLP

Wenn ich das Wesentliche dieses Buches in drei Sätzen zusammenfassen müßte oder nur eine Minute Zeit hätte für einen NLP-Kurs, so würde der Kurs etwa folgendermaßen ablaufen:

Dies klingt selbstverständlich. Aber vielleicht kennen Sie auch Menschen, die sich mehr damit beschäftigen, warum etwas nicht funktionieren kann, als mit dem, was sie erreichen wollen und damit, was sie dafür tun können. Ich habe mir zum Beispiel eine ganze Reihe von Büchern über Mobbing angeschaut. Sie beschäftigten sich fast ausschließlich mit der Beschreibung des Problems. Was man gegen Mobbing tun kann, behandelten sie kaum.

Tips für die tägliche Arbeit

Für die tägliche Arbeit kann ich folgende Tips geben:

Erledigung der täglichen Arbeit

1. Erstellen Sie eine Liste der Dinge, die Sie an diesem Tag erledigen wollen.

2. Ordnen Sie die einzelnen Punkte nach ihrer Priorität.

3. Erledigen Sie einen Punkt nach dem anderen. Beginnen Sie mit dem Punkt Eins auf Ihrer Liste.

Wenn Sie nach dieser Methode vorgehen, werden sich kaum unerledigte Geschäfte auf Ihrem Schreibtisch ansammeln, Sie werden Schritt für Schritt Ihre Arbeit zu Ende bringen.

Ziele erreichen

Vorab klären

▶ Haben Sie Tagesziele, mittelfristige und Lebensziele? Gesundheitliche, materielle und persönliche Ziele?

▶ Setzen Sie Prioritäten.

▶ Machen Sie eine Bestandsaufnahme, wo Sie jetzt stehen.

▶ Übernehmen Sie die Verantwortung dafür, wo Sie jetzt stehen.

Regeln der sinnvollen Zielformulierung

▶ Nicht Probleme, sondern Ziele

▶ Positiv formuliert: Nicht was Sie nicht wollen, sondern was Sie wollen

▶ In sinnlich konkreter Sprache beschreiben, was genau werden Sie sehen, hören und fühlen, woran können Sie erkennen, daß das Ziel erreicht ist?

▶ Keine Vergleiche (mehr Geld, wie letzte Arbeit, andere Arbeit)

▶ Die Erreichung liegt vorwiegend in Ihrer Macht.

▶ Angemessene Größe (eventuell Zwischenziele)

▶ Passender Kontext? Wo, wann, wie und mit wem? Immer, ohne Ausnahme?

▶ Wollen Sie das Ziel wirklich erreichen, was steht hinter Ihrem Ziel, steht Ihr Ziel mit Ihrem Lebensziel im Einklang?

▶ Welche Wirkungen, Konsequenzen kann die Erreichung des Zieles auf Ihr Leben und das Leben Ihrer Familie und auf Ihr Umfeld haben? Gibt es innere Einwände?

▶ Wie können Sie Ihr Ziel verändern, modifizieren, so daß es mit Ihrer ganzen Persönlichkeit und Ihrem Umfeld im Einklang steht? So bekommen Sie Bündnisgenossen.

▶ Kann der Zielsatz irgendwie mißverstanden werden? (Zur Ruhe setzen = Rollstuhl)

▶ Das Ziel einfach formulieren, dadurch bekommt es mehr Kraft

▶ Das Ziel erreichen wollen. Sich sicher sein, es zu erreichen.

▶ Sich dafür entscheiden, das Ziel zu erreichen.

Martin R. Mayer: *Neue Lebens Perspektiven*. Paderborn: Junfermann 1999 (mit diesem Zusatz ist das Kopieren dieser Seite erlaubt).

- ▶ Sie können Ihr Ziel aufschreiben und deutlich sichtbar in Ihrer Wohnung oder an Ihrem Arbeitsplatz aufhängen.
- ▶ Stellen Sie sich Ihr Ziel möglichst anziehend, bunt, plastisch vor, sehen, hören und fühlen, Freunde gratulieren, das Ziel so ausmalen, daß Sie sich die Finger danach lecken.
- ▶ Dann: Sich in diesem Bild von außen sehen
- ▶ Sich ganz von dem Ziel erfüllen lassen, es ins Unterbewußte sinken lassen

Zielerreichung vorbereiten

Motivierung zum Handeln

- ▶ „Hin zu" (welche Vorteile erreichen) oder „weg von" (welche Nachteile vermeiden).
- ▶ Zum Beispiel bei Ziel Gesund leben, Fitneß, Essen, Drogen: innere Verpflichtung.

Planung

- ▶ Welche konkreten Schritte können Sie tun, um Ihr Ziel zu erreichen? Brainstorming (aufschreiben)
- ▶ Wenn Sie sich vorstellen, daß Sie Ihr Ziel schon erreicht haben, und nun zurückschauen auf den zurückgelegten Weg, was waren die wichtigsten Schritte auf dem Weg?
- ▶ Kennen Sie jemanden, der dieses Ziel schon erreicht hat? Wie hat dieser Mensch das geschafft? Wie war seine innere Einstellung?
- ▶ Ergänzen und modifizieren Sie die einzelnen Schritte zur Erreichung Ihres Zieles.
- ▶ Was hindert Sie, Ihr Ziel zu erreichen?
- ▶ Was können Sie tun, um diese Hindernisse zu umgehen?
- ▶ Welche Informationen und andere Unterstützung von außen brauchen Sie, um Ihr Ziel zu erreichen, finden Sie Verbündete!
- ▶ Welche Fähigkeiten brauchen Sie zur Erreichung Ihres Ziels? Wann in Ihrem Leben verfügten Sie schon einmal über diese Fähigkeit? Sich die Fähigkeiten zugänglich machen.

Martin R. Mayer: *Neue Lebens Perspektiven*. Paderborn: Junfermann 1999 (mit diesem Zusatz ist das Kopieren dieser Seite erlaubt).

- Haben Sie die nötige Kompetenz? Müssen Sie noch Fähigkeiten erwerben?
- Ordnen Sie die Schritte, was ist der erste Schritt, der zweite usw.? In kleine Schritte aufteilen.
- Die nächsten Schritte detaillierter, die späteren allgemeiner vorplanen.
- Überlegen Sie verschiedene Wege und Möglichkeiten zum Erreichen Ihres Zieles.
- Setzen Sie sich Termine für die Erreichung jedes Teilschrittes.
- Stellen Sie sich vor, wie Sie jeden einzelnen Schritt auf dem Weg zur Erreichung Ihres Zieles mit den nötigen Fähigkeiten erfolgreich meistern. (Überlappen)

Das NLP-Dreieck:

Zielbestimmung

genaue Wahrnehmung   Flexibilität

Was können Sie tun, um Ihre Ziele zu erreichen
- Fangen Sie möglichst bald an mit dem ersten Schritt auf dem Weg zum Erreichen Ihres Zieles.
- Wenn jemand noch zögert, die Erreichung seines Zieles aktiv anzugehen: Was können Sie verlieren? Was würden Sie tun, wenn Sie sicher wären, immer Erfolg zu haben?
- Konzentrieren Sie sich auf das Wesentliche.
- Nicht versuchen, alles allein zu machen; eventuell delegieren, um Hilfe bitten.

Martin R. Mayer: *Neue Lebens Perspektiven*. Paderborn: Junfermann 1999 (mit diesem Zusatz ist das Kopieren dieser Seite erlaubt).

- ▶ Konzentrieren Sie sich mehr auf die Effektivität als auf die Zeitinvestition.
- ▶ Der Eigendynamik des Projekts folgen.
- ▶ Bei Zielen, deren Erreichung längere Zeit erfordert: Gewohnheiten entwickeln.
- ▶ Kontrollieren Sie die Einhaltung Ihres Zeitplanes (oder lassen Sie sie von jemand kontrollieren).
- ▶ Betrachten Sie Schwierigkeiten, Absagen, Rückschläge auf dem Weg zu Ihrem Ziel als Lernerfahrungen, sie machen den Erfolg erst wertvoll; bleiben Sie dran.
- ▶ Beobachten Sie, ob Sie sich Ihrem Ziel nähern; wenn nicht, machen Sie etwas anderes. Bleiben Sie flexibel.
- ▶ Bei Überforderung kleinere Zwischenziele setzen und das Ziel anziehender machen.
- ▶ Falls Sie überhaupt nicht weiterkommen: Überprüfen Sie noch einmal Ihr Ziel. Ist es wirklich in Ihrer Macht, gibt es Einwände? Eventuell kleinere Ziele setzen.
- ▶ Freuen Sie sich über die Erreichung jedes Teilzieles.
- ▶ Freuen Sie sich über die Erreichung Ihres Zieles und feiern Sie es.
- ▶ Setzen Sie sich neue verlockende Ziele.
- ▶ Ein-Minuten-NLP-Kurs: Was wollen Sie, was können Sie tun, flexibel bleiben, bis Ziel erreicht

Die geistige Einstellung auf dem Weg zum Erfolg

- ▶ Mit Freude dabei sein
- ▶ Nicht ernsthaft, verbissen
- ▶ Statt sich anstrengen sein Bestes geben
- ▶ Entspannung
- ▶ Weniger Perfektionismus
- ▶ Sich Fehler zugestehen, daraus lernen
- ▶ Spielerisch
- ▶ Freude, Vorfreude und Freude am Weg selbst
- ▶ Dabei sein mit dem ganzen Herzen; nicht „versuchen", das führt zu Verkrampfung und hemmenden inneren Dialog

Martin R. Mayer: *Neue Lebens Perspektiven*. Paderborn: Junfermann 1999 (mit diesem Zusatz ist das Kopieren dieser Seite erlaubt).

25. Ausblick

Zu Vorwürfen gegen NLP

In letzter Zeit wird NLP in den Medien nicht nur gelobt, manchmal wird es auch kritisiert. Der Hauptvorwurf gegen NLP ist, daß es manipulativ sei. Anders formuliert könnte man sagen, NLP wird vorgeworfen, daß es wirkt. NLP ist ein effektives Werkzeug, mit dem man bedachtsam umgehen sollte. Das Werkzeug selbst ist nicht für seine Verwendung verantwortlich zu machen. Genie Laborde erzählte in einem ihrer Bücher die Geschichte eines Holzfällers, der sich aus Versehen mit der Axt eine tiefe Wunde ins Bein schlug. Seine Kollegen verurteilten daraufhin die Axt zum Tode, weil sie schuld an der Verletzung des Arbeiters sei. Die Axt wurde eingeschmolzen und es wurden Gewehrkugeln aus dem daraus gewonnenen Metall gegossen.

NLP ist ein wirkungsvolles Werkzeug und es ist wichtig, mit diesem Werkzeug verantwortungsvoll und integer umzugehen. Für mich bedeutet integeres Arbeiten mit dem Handwerkszeug NLP, daß man die Interessen aller Beteiligten berücksichtigt und die möglichen Nebenwirkungen bedenkt. Letzten Endes ist eine solche Vorgehensweise auch in Ihrem Interesse. Ein Verkäufer, der auch seine Kunden zufriedenstellt, wird treue und zufriedene Kunden gewinnen, die ihn weiterempfehlen.

Es ist eine Illusion, zu glauben, man könne vermeiden, andere Menschen zu beeinflussen, zu manipulieren. Wenn Sie jemandem von Ihrem schönen Urlaub erzählen, manipulieren Sie den Zuhörer in einen besseren Zustand, als wenn Sie von Ihren schlimmsten Befürchtungen erzählen. Mit jeder Kommunikation beeinflussen wir andere. Wir können uns unseres Einflusses bewußt werden und ihn im Interesse aller Beteiligten anwenden.

Natürlich gibt es auch Menschen, die NLP mißbrauchen. Nur, wie will man das verhindern? Ich weiß nicht, ob es nutzt, ethisches Verhalten zu befehlen. Im NLP sind etwa mit der Ökologie-Frage und dem Verhandlungsmodell schon einige wichtige ethische Grundsätze eingebaut.

Ausbildungen

Wie kann man einen guten NLP-Trainer oder -Berater finden? Verlassen Sie sich mehr auf Ihr Gespür als auf Titel. Sie können sich erkundigen, wie lange der Trainer schon in diesem Bereich arbeitet, wie sein Ruf ist. Sie können beobachten, ob der Trainer seine Versprechungen einhält, ob er die Techniken erfolgreich demonstrieren kann, ob sein verbales und nonverbales Verhalten übereinstimmen. Ist er offen für Anregungen? Profiliert er sich auf Kosten der Teilnehmer? Beachtet er die Nebenwirkungen von Veränderungen? Skeptisch bin ich bei Trainern, die die Kursteilnehmer in ekstatische Zustände führen. Nichts gegen Ekstase, das ist ein schöner Zustand. Mit persönlichem Wachstum und Lernen hat dieser Zustand jedoch wenig zu tun. Nach einem Training hält dieses Gefühl meist nicht lange an. Die Teilnehmer sind begeistert von dem Trainer, wirklich bleibende Veränderungen bei den Teilnehmern sind selten.

Einzelberatung

Auch bei der Suche nach einem geeigneten Berater für eine Einzelsitzung vertrauen Sie am besten Ihrem Gefühl. Vorsicht bei Therapeuten, die Ihnen Ratschläge geben, wie Sie Ihr Leben zu führen haben. Auch ist Vorsicht angebracht, wenn Ihnen der NLP-Therapeut eine Krankheitsdiagnose gibt wie: „Sie sind depressiv!" Normalerweise müßten Sie nach ein, zwei Stunden eine Veränderung zum Positiven bemerken. Wenn nicht, ist vielleicht ein anderer Berater für Sie besser geeignet.

Zum Thema Therapie möchte ich noch eine kleine Geschichte erzählen:

Der kleine Vogel

Während einer Selbsterfahrungsgruppe flog ein kleiner Vogel durch ein geöffnetes Fenster. Der Vogel flog eine Zeitlang durch den großen, hohen Raum. Als er wieder heraus fliegen wollte, flog er gegen eine Fensterscheibe. Immer verzweifelter versuchte der kleine Vogel, einen Ausweg zu finden, knallte aber immer wieder gegen die großen Fensterscheiben.

Einige Gruppenteilnehmer sprangen auf und versuchten, den Vogel einzu-
fangen oder ihn mit hektischen Bewegungen in die Richtung des geöffneten
Fensters zu drängen. Der kleine Vogel wurde dadurch nur noch nervöser und
ängstlicher.

Da unterbrach der Gruppenleiter das aufgeregte Durcheinander und bat
alle Gruppenteilnehmer, sich zu beruhigen und hinzusetzen. Der kleine Vogel
hatte sich inzwischen ganz verstört und heftig atmend auf einen Balken unter
der Decke gehockt. Der Gruppenleiter öffnete langsam alle Fenster und sagte
den Teilnehmern, sie bräuchten weiter nichts tun, der Vogel würde seinen Weg
nach draußen schon von selbst finden.

Der kleine Vogel beruhigte sich langsam, faßte sich ein Herz und flog durch
ein großes geöffnetes Fenster nach draußen in die Frühlingslandschaft.

Zum Autor

Ich bin in München geboren und habe in Berlin studiert. Ich bin gelernter Gymnasiallehrer. Zur Zeit lebe ich als Trainer und Berater für Firmen und Institutionen in Kempten im Allgäu. Ich beschäftige mich seit 1986 intensiv mit NLP. Ich bin NLP-Lehrtrainer (DVNLP).

Wenn Sie Interesse an einem meiner Trainings haben, können Sie an folgende Adresse schreiben:

Martin R. Mayer, Training und Beratung, Dornstr. 11,
D-87435 Kempten.

Abschied

Ich habe mich gefreut, daß Sie mich als Leser so weit begleitet haben. Vielleicht lerne ich Sie einmal in einem meiner Seminare persönlich kennen. Sie können das Buch nach einiger Zeit ein zweites Mal lesen, um die Erfahrungen zu vertiefen. Ich freue mich, wenn Sie das Buch weiterempfehlen oder Freunden schenken. Ich wünsche Ihnen bei der Umsetzung der Ideen dieses Buches viel Erfolg. Lassen Sie sich davon überraschen, wie Ihr Leben erfolgreicher, lebendiger, intensiver und freudiger wird. Sie können neue Erfahrungen machen, neue Menschen kennenlernen, sich mit mehr Juice, mehr Saft, ins Leben stürzen, das Leben als Abenteuer und als Herausforderung nehmen, es immer mehr genießen. Ich wünsche Ihnen alles Gute auf Ihrem Weg.

An den Schluß dieses Buches möchte ich einen Text von Nelson Mandela stellen, der mich sehr berührt.

Unsere tiefgreifendste Angst ist nicht, daß wir ungenügend sind. Unsere tiefgreifendste Angst ist, über das Meßbare hinaus kraftvoll zu sein. Es ist unser Licht, nicht unsere Dunkelheit, die uns am meisten Angst macht. Wir fragen uns, wer bin ich, mich brillant, großartig, talentiert, phantastisch zu nennen? Aber wer bist du, dich nicht so zu nennen? Du bist ein Kind Gottes. Dich selbst klein zu halten, dient nicht der Welt. Es ist nichts Erleuchtendes daran, sich so klein zu machen, daß andere um dich herum sich nicht sicher fühlen. Wir sind alle bestimmt zu leuchten, wie es Kinder tun. Wir sind geboren worden, um den Glanz Gottes, der in uns ist, zu manifestieren. Er ist nicht nur in einigen von uns, er ist in jedem einzelnen. Und wenn wir unser eigenes Licht erscheinen lassen, geben wir unbewußt anderen Menschen die Erlaubnis, dasselbe zu tun. Wenn wir von unserer eigenen Angst befreit sind, befreit unsere Gegenwart automatisch andere.

26. Feinunterschiede der Wahrnehmungssysteme

Das Sehen betreffend (visuell)

Film oder Foto:	Bewegtes Bild oder stehendes Bild; wenn es ein Film ist, wie schnell läuft er ab, in Zeitlupe oder im Schnelldurchlauf?
Farbe:	Farbig oder schwarz/weiß? Sind alle Farben vorhanden?
Intensität :	Intensiv oder blaß, verwaschen, pastell?
Helligkeit:	Hell oder dunkel?
Panorama:	Wie weit reicht das Bild, so weit wie das Blickfeld oder ist es begrenzt?
Kontrast:	Hat es viel Kontrast oder wenig? Mit Weichzeichner?
Plastisch oder flach:	Ist es dreidimensional oder flach? Umschließt das Bild Sie ganz?
Größe:	Ist es klein oder groß?
Position:	Wo genau befindet es sich, vor, hinter, neben, über Ihnen, wie weit entfernt, steht das Bild fest an einer Stelle oder bewegt es sich im Raum?
Von innen oder außen: (dissoziiert/assoziiert)	Sehen Sie sich von außen in diesem Bild, als von sich selbst dissoziiert, abgetrennt, oder sehen Sie das Bild von innen, assoziiert, wie Sie es in Realität sehen würden?
Form:	Ist das Bild rund, oval oder quadratisch?
Foto oder Dia:	Ist das Bild durchsichtig?

Rahmen:	Hat es einen Rahmen, wie sieht der Rahmen aus, wie deutlich sind die Ränder?
Perspektive:	Aus welcher Perspektive sehen Sie es, von oben, von unten, von der Seite?
Bildschärfe:	Ist es scharf oder unscharf, verschwommen?
Oberfläche:	Ist die Oberfläche glatt oder rauh, glänzend oder matt, hat sie eine bestimmte Struktur?
Ausrichtung:	Ist das Bild geneigt oder gekippt?
Singular/Plural:	Sehen Sie ein Bild oder mehrere, gleichzeitig oder nacheinander?
Proportionen:	Stehen Menschen und Dinge im normalen Größenverhältnis zueinander und zu Ihnen?
Details:	Sehen Sie Details im Vordergrund oder im Hintergrund, sind die Details Teile des Ganzen, oder müssen sie extra anvisiert werden?
Fokus:	Steht ein Teil des Bildes im Mittelpunkt des Interesses?

Das Hören betreffend (auditiv)

Art:	Stimmen, Klänge oder Geräusche?
Position:	Wo im Raum befindet sich die Tonquelle? Hören Sie sie von innen oder von außen?
Lautstärke:	Laut oder leise?
Tonhöhe:	Hohe oder tiefe Töne?
Tonalität:	Nasal, volltönend, klangvoll, heiser, dünn?
Rhythmus:	Regelmäßig oder unregelmäßig?
Tempo:	Schnell oder langsam?
Melodie:	Monoton oder melodische Variationen?
Mono/Stereo:	Eine Tonquelle, von rechts und links oder von allen Seiten, räumlich?
Modulation:	Welche Teile sind hervorgehoben, betont?
Dauer:	Mit Pausen oder stetig?

Das Fühlen betreffend (kinästhetisch)

Temperatur:	Warm, lau oder kalt?
Qualität:	Angenehm, angespannt, prickelnd, diffus, schwer oder leicht?
Intensität:	Wie stark ist die Empfindung?
Position:	Wo im Körper spüren Sie es?
Bewegung:	Ist das Gefühl kontinuierlich oder kommt es in Wellen?
Richtung:	Wo beginnt das Gefühl, wohin bewegt es sich?
Geschwindigkeit:	Langsam, schnell oder sprunghaft?
Dauer:	Stetig oder mit Pausen?
Schmerz:	Scharf, brennend, stechend, ziehend, dumpf, pulsierend, drückend?
Naß oder trocken:	Fühlt es sich naß oder trocken an?
Innen oder von außen:	Ist es ein inneres Gefühl oder kommt der Impuls von außen?

Allgemeine, übergreifende Kategorien
Von innen oder von außen erlebt (assoziiert/dissoziiert); Bewegung; Abstand; Intensität; Dauer; Richtung; Entstehungsort; Häufigkeit; jetzt, in der Vergangenheit oder in der Zukunft?

Wenn ein Feinunterschied verändert wird, hat das Auswirkungen auf das ganze System der Feinunterschiede.

Es gibt analoge Veränderungen, das sind graduelle Veränderungen, etwa zwischen hell und dunkel mit vielen Zwischenstufen, und digitale Veränderungen, bei denen es nur zwei Möglichkeiten gibt, z.B. ob man sich selbst in einem Bild von außen sieht oder ob man es von innen erlebt.

27. Die NLP-Vorannahmen

Diese Vorannahmen erheben nicht den Anspruch, wahr zu sein. NLP nimmt nur an, daß jemand, der von diesen Vorannahmen ausgeht, mehr Handlungsfreiheit und mehr Möglichkeiten gewinnt und damit auch mehr Erfolg im Leben haben kann. Es ist einfach nützlich, von diesen Grundannahmen auszugehen.

1. Die Landkarte ist nicht das Territorium.

Menschen schaffen sich Landkarten, Modelle der Welt, um Sinn in ihr Erleben zu bringen, um ihr Verhalten zu organisieren. Das bedeutet auch, Menschen reagieren nicht auf die Realität selbst, sondern auf ihr Bild der Realität. Nicht die Realität schränkt sie ein, sondern ihre Vorstellung von der Realität. Die einschränkende innere Vorstellung von der Welt kann leichter verändert werden als die Welt draußen. Unsere Grenzen liegen oft nicht in unseren Fähigkeiten oder den Möglichkeiten, die uns die Welt bietet, sondern in unserer Vorstellung, unseren Glaubenssätzen und unserem Denken über uns selbst und die Welt.

2. Vorstellung und Gedächtnis benutzen parallele Nervenbahnen.

Da Vorstellungen und Erinnerungen parallele Nervenbahnen benutzen, kann man leicht und effektiv neue Erfahrungen in der Vorstellung trainieren.

3. Körper und Geist sind Teile eines Systems und beeinflussen sich gegenseitig.

Unsere Gedanken beeinflussen unsere körperliche Verfassung, ja sogar unsere Gesundheit. Umgekehrt beeinflußt unsere körperliche Verfassung unser Denken. So wird etwa bei einer schweren Leberentzündung meist auch das Denken negativer, depressiver. Man kann Gefühle an nonverbalen Zeichen erkennen.

4. Jeder Mensch verfügt über alle Fähigkeiten, um die von ihm gewünschten Veränderungen zu bewirken.

5. Es gibt keine Fehler in der Kommunikation, nur Rückmeldungen (Feedback). Fehler sind Chancen zum Lernen.

6. Das Verhalten einer Person und ihre Absicht sind nicht immer identisch. Die Absicht wird immer als positiv vorausgesetzt.

Wie absurd oder schädlich ein Verhalten auch erscheinen mag, es wird vorausgesetzt, daß hinter dem Verhalten, zumindest in seinem Ursprung, eine positive Absicht gestanden hat. Wenn man diese positive Absicht anerkennt, kann man andere, sinnvolle Wege suchen, die selbe Absicht zu erreichen. Damit kann man ein unerwünschtes oder schädliches Verhalten viel leichter verändern, als wenn man es mit Willenskraft, Verboten, Bestrafen oder guten Vorsätzen abzulegen sucht.

7. Besser als keine Wahl zu haben ist es, über Wahlmöglichkeiten zu verfügen.

NLP will keine Ratschläge geben, sondern den Menschen mehr Wahlmöglichkeiten anbieten.

8. Die Menschen treffen immer die beste Wahl, die ihnen im Moment verfügbar ist.

Wenn man Menschen mehr und effektivere Wahlmöglichkeiten zur Verfügung stellt, werden sie ihr altes, destruktives Verhalten ablegen.

9. Die Bedeutung einer Kommunikation zeigt sich an der Reaktion, die man bekommt, unabhängig von der Absicht.

Entscheidend ist nicht die Absicht des Senders, sondern was beim Empfänger ankommt. Der Sender ist dafür verantwortlich, daß seine Nachricht auch ankommt.

10. Wenn das, was Sie tun, nicht den Erfolg hat, den Sie wollen, bleiben Sie flexibel und verändern Sie Ihr Verhalten, bis Sie die Reaktion bekommen, die Sie wollen.

Viele wiederholen, wenn etwas nicht funktioniert, ihr Verhalten mit größerer Kraft, immer verbissener, anstatt flexibel zu bleiben und etwas anderes auszuprobieren.

11. In Interaktionen kann die Person mit der größten Flexibilität des Verhaltens den Ausgang der Interaktion kontrollieren und bestimmen.

Wenn zum Beispiel in einer Dreiergruppe der erste allen Befehlen gehorcht, der zweite bei allen Befehlen genau das Gegenteil macht und der dritte flexibel ist, kann der dritte die Gruppe kontrollieren. Er muß nur dem ersten sagen, daß er das tun soll, was er anordnet. Und dem zweiten sagt er, daß er genau dies nicht tun solle.

12. Neunzig Prozent der Kommunikation ist nonverbal. Wir können nicht nicht kommunizieren.

Auch wenn man nichts sagt, teilt man nonverbal durch seine Körperhaltung, seine Blickrichtung etc. etwas mit. Es ist unmöglich, nicht zu kommunizieren. Wir können sogar nicht nicht manipulieren. Wenn Sie von angenehmen Erlebnissen im Urlaub erzählen, bringen Sie Ihre Zuhörer dazu, sich an angenehme Urlaubserfahrungen zu erinnern. Sie haben Ihre Zuhörer damit in einen angenehmen Zustand manipuliert.

13. Ein nützliches Modell sollte so einfach wie möglich sein – jedoch nicht einfacher (Einstein).

14. Veränderung ist nur gut, wenn sie ökologisch ist.

Ökologisch bedeutet hier, daß bei jeder Veränderung alle Nebenwirkungen auf die ganze Person und auf die anderen Beteiligten berücksichtigt werden sollte.

15. Jede Erfahrung hat eine Struktur.

Unsere Gedanken und Erinnerungen haben eine innere Struktur. Wenn wir diese Struktur verändern, verändern wir automatisch die Erfahrung.

16. Unsere Sinne, Sehen, Hören, Fühlen, Schmecken und Riechen sind die Grundbausteine unserer äußeren und inneren Erfahrung. Unser äußeres Verhalten wird von unserer inneren Erfahrung bestimmt.

17. Wenn nur ein Mensch etwas tun kann, kann im Prinzip jeder Mensch lernen, dasselbe zu tun.

Das heißt, im Prinzip kann jeder Mensch lernen, wie man sich motiviert, wie man Entscheidungen trifft, wie man seine Ziele erreichen kann usw. Während sich viele Menschen auf die Grenzen von menschlicher Leistungskraft konzentrieren und damit ihre Untätigkeit entschuldigen, konzentriert NLP sich auf Möglichkeiten und setzt erst einmal voraus, daß jeder im Grunde alles wiederholen kann, was je ein Mensch geschafft hat.

18. NLP konzentriert sich nicht auf das, was verkehrt läuft und versucht nicht Menschen zu diagnostizieren.

Es geht vielmehr um das, was die Menschen erreichen wollen und wie sie das tun können. Vielleicht ist es nur eine Illusion, daß es Krankheiten wie Phobien gibt. Vielleicht haben Menschen, die unter Phobien leiden, nur gelernt, vor den falschen Dingen Angst zu haben. Sie brauchen diese Angst nur zu verlernen und zu lernen, sich ihre Fähigkeiten zugänglich zu machen, wenn sie diese brauchen.

19. Menschen sind nicht das Opfer äußerer Umstände; sie sind selbst verantwortlich für das, was sie im Leben bekommen, für ihren Erfolg und für ihren emotionalen Zustand.

20. Es ist meist sinnvoll, etwas von verschiedenen Perspektiven aus zu betrachten.

Sie können eine Situation aus Ihrer Perspektive, dem Blickwinkel der anderen Beteiligten, mit Abstand, aus der Zukunft, Vergangenheit usw. betrachten. Aus je mehr Perspektiven, Blickwinkeln Sie etwas betrachten, desto mehr Informationen haben Sie, desto besser werden Ihre Entscheidungen und damit Ihr Handeln.

29. Literatur

Zum Thema NLP und Erfolg

Andreas, Connirae & Steve: *Mit Herz und Verstand.* Paderborn, Junfermann (sehr gute Einführung in die Welt des NLP anhand von Fallbeispielen; wirklich mit Herz und Verstand geschrieben, M.M.)

Andreas, Connirae & Tamara: *Der Weg zur inneren Quelle.* Paderborn, Junfermann

Andreas, Connirae & Steve: *Gewußt wie. Arbeit mit Submodalitäten und weitere NLP-Interventionen nach Maß.* Paderborn, Junfermann

Andreas, Steve & Faulkner, Charles (Hrsg.): *Praxiskurs NLP.* Paderborn, Junfermann (sehr gute Einführung in die Welt des NLP; meine Empfehlung Nummer 1 zur Vertiefung dieser Lektüre, M.M.)

Andreas, Steve: *Virginia Satir – Muster ihres Zaubers.* Paderborn, Junfermann

Bandler, Richard: *Veränderung des subjektiven Erlebens. Fortgeschrittene Methoden des NLP.* Paderborn, Junfermann

Bandler, Richard: *„Bitte verändern Sie sich ... jetzt!" Transkripte meisterhafter NLP-Sitzungen.* Paderborn, Junfermann

Bandler, Richard: *Unbändige Motivation. Angewandte Neurodynamik. Über NLP, schnelle Veränderungen und vieles mehr.* Paderborn, Junfermann

Bandler, Richard & Grinder, John: *Metasprache und Psychotherapie. Die Struktur der Magie I.* Paderborn, Junfermann

Bandler, Richard & Grinder, John: *Reframing. Ein ökologischer Ansatz der Psychotherapie (NLP).* Paderborn, Junfermann

Bandler, Richard & Grinder, John: *Neue Wege der Kurzzeit-Therapie. Neurolinguistische Programme.* Paderborn, Junfermann

Bandler, Richard & Grinder, John: *Patterns. Muster der hypnotischen Techniken Milton H. Ericksons.* Paderborn, Junfermann.

Bandler, Richard & MacDonald, Will: *Der feine Unterschied. NLP-Übungsbuch zu den Submodalitäten.* Paderborn, Junfermann

Bandler, Richard: *Time for a Change. Lernen, bessere Entscheidungen zu treffen – Neue NLP-Techniken.* Paderborn, Junfermann

Bateson, Gregory: *Ökologie des Geistes. Anthropologische, psychologische, biologische und epistemologische Perspektiven.* Frankfurt am Main, Suhrkamp

Besser-Siegmund, Cora: *Magic Words. Der minutenschnelle Abbau von Blockaden.* Düsseldorf, Econ

Besser-Siegmund, Cora & Siegmund, Harry: *Coach Yourself. Mit NLP die eigenen Fähigkeiten voll ausschöpfen*. Düsseldorf, Econ

Birkenbihl, Vera F.: *Stroh im Kopf? Oder: Gebrauchsanleitung fürs Gehirn*. Speyer, Gabal

Birkenbihl, Vera F. & Blickhan, Claus & Ulsamer, Bertold: *NLP. Einstieg in das Neuro-Linguistische Programmieren*. Bremen, Gabal

Blanchard, Kenneth & Johnson, Spencer: *Der Minuten-Manager*. Reinbek, Rowohlt

Blanchard, Kenneth & Zigarmi, Patricia & Drea: *Der Minuten-Manager: Führungsstile. Wirkungsvolleres Management durch situationsbezogene Menschenführung*. Reinbek, Rowohlt

Cameron-Bandler, Leslie: *Wieder zusammenfinden. NLP – neue Wege der Paartherapie*. Paderborn, Junfermann

Cameron-Bandler, Leslie & Gordon, David & Lebeau, Michael: *Die EMPRINT-Methode*. Paderborn, Junfermann

Cameron-Bandler, Leslie & Gordon, David & Lebeau, Michael: *Muster-Lösungen*. Paderborn, Junfermann

Cameron-Bandler, Leslie & Lebeau, Michael: *Die Intelligenz der Gefühle. Grundlagen der „Imperative Self Analysis"*. Paderborn, Junfermann

Cytowic, Richard E.: *Farben hören, Töne schmecken. Die bizarre Welt der Sinne*. Berlin, Byblos

Dilts, Robert B.: *Die Veränderung von Glaubenssystemen. NLP-Glaubensarbeit*. Paderborn, Junfermann

Dilts, Robert & Grinder & Bandler & DeLozier: *Strukturen subjektiver Erfahrung*. Paderborn, Junfermann

DeBono, Edward: *Edward de Bono's Denkschule. Zu mehr Innovation und Kreativität*. München, Orbis

Egli, René: *Das Lol²a-Prinzip oder die Vollkommenheit der Welt*. Edition d'Olt

Erickson, Milton H. & Rossi, Ernest L. & Rossi, Sheila L.: *Hypnose. Induktion – Psychotherapeutische Anwendungen – Beispiele*. München, Pfeiffer

Farelly, Frank & Brandsma, Jeff: *Provokative Therapie*. Heidelberg, Springer

Feldenkrais, Mosé: *Abenteuer im Dschungel des Gehirns. Der Fall Doris*. Frankfurt, Insel

Fritz, Robert: *Der Weg des geringsten Widerstandes. Lebensplanung mit NLP*. München, Heyne

Goleman, Daniel: *Emotionale Intelligenz*. München, DTV

Gordon, David: *Therapeutische Metaphern*. Paderborn, Junfermann

Grinder, John & Bandler, Richard: *Kommunikation und Veränderung. Die Struktur der Magie II*. Paderborn, Junfermann

Grinder, John & Bandler, Richard: *Therapie in Trance. Hypnose: Kommunikation mit dem Unbewußten*. Stuttgart, Klett-Cotta (sehr gute Einführung in das Gebiet der Hypnose, M.M.)

Grinder, John; DeLozier, Judith & Bandler, Richard: *Patterns of the Hypnotic Techniques of Milton H. Erickson, M.D. Vol. II*. Cupertino, Meta Publications.

Grinder, John & DeLozier, Judith: *Der Reigen der Daimonen. Vorbedingungen persönlichen Genies*. Paderborn, Junfermann

Grinder, Michael: *NLP für Lehrer. Ein praxisorientiertes Arbeitsbuch*. Freiburg i.Br., VAK

Hellinger, Bert: *Ordnungen der Liebe. Ein Kurs-Buch*. Heidelberg, Carl Auer

Hellinger, Bert: *Die Mitte fühlt sich leicht an. Vorträge und Geschichten*. München, Kösel

Isert, Bernd: *Die Kunst schöpferischer Kommunikation*. Paderborn, Junfermann

James, Tad & Woodsmall, Wyatt: *Time Line, NLP-Konzepte*. Paderborn, Junfermann

James, Tad: Time Coaching. *Programmieren Sie Ihre Zukunft ... jetzt!* Paderborn, Junfermann

Johnson, Spencer & Wilson, Larry: *Das Minuten-Verkaufstalent.* Reinbek, Rowohlt

Krusche, Helmut: *Der Frosch auf der Butter. NLP. Die Grundlagen des Neuro-Linguistischen Programmierens.* Düsseldorf, Econ

Laborde, Genie Z.: *Kompetenz und Integrität. Die Kommunikationskunst des NLP.* Paderborn, Junfermann (eine gute Einführung ins NLP für den Business-Bereich, M.M.)

Laborde, Genie Z.: *Mehr sehen. Mehr hören. Mehr fühlen. Praxiskurs Kommunikation.* Paderborn, Junfermann

LeBoeuf, Michael: *Mehr leisten – weniger arbeiten. Doppelt erfolgreich in der halben Zeit.* Mit Übungsanleitungen. München, mvg

Mohl, Alexa: *Der Zauberlehrling. Das NLP Lern- und Übungsbuch.* Paderborn, Junfermann

Moine, Donald & Lloyd, Kenneth: *Unlimited Selling Power. Die Techniken der Verkaufselite.* Paderborn, Junfermann.

Natale, Frank: *Lebendige Beziehungen. Die zwanzig Qualitäten der Liebe. Ein Selbstentdeckungsbuch.* Berlin, Simon + Leutner

O'Connor, Joseph & Seymour, John: *Neurolinguistisches Programmieren: Gelungene Kommunikation und persönliche Entfaltung.* Freiburg i.Br., VAK (eine sehr gute Zusammenfassung des NLP-Stoffes der Master-Ebene, M.M.)

O'Connor, Joseph & Seymour, John: *Weiterbildung auf neuem Kurs. NLP für Trainer, Referenten und Dozenten.* Freiburg im Breisgau, VAK

Ornstein, Robert: *Multimind. Ein neues Modell des menschlichen Geistes.* Paderborn, Junfermann

Peters, Thomas J. & Waterman, Robert H.: *Auf der Suche nach Spitzenleistungen. Was man von den bestgeführten US-Unternehmen lernen kann.* München, mvg

Reese, Edward & Bagley, Dan: *Beyond Selling. Die neue Dimension im Verkauf. Wie Sie Ihre persönliche Wirksamkeit voll entfalten können.* Freiburg i.Br. ,VAK-Verlag

Richardson, Jerry: *Erfolgreich kommunizieren. Eine praktische Einführung in die Arbeitsweise von NLP.* München, Kösel

Robbins, Anthony: *Grenzenlose Energie. Das Power Prinzip. Wie Sie Ihre persönlichen Schwächen in positive Energie verwandeln. Das NLP-Handbuch für jedermann.* München, Heyne

Robbins, Anthony: *Das Power Prinzip. Wie Sie Ihre wahren inneren Kräfte sofort einsetzen.* München, Heyne

Robbins, Anthony: *Das Prinzip des geistigen Erfolgs. Der Schlüssel zum Power-Programm.* München, Heyne

Rückerl, Thomas: *NLP in Stichworten. Ein Überblick für Einsteiger und Fortgeschrittene.* Paderborn, Junfermann

Satir, Virginia: *Kommunikation • Selbstwert • Kongruenz.* Paderborn, Junfermann.

Schmidt, Gunther: *Sucht-„Krankheit" und/oder Such(t)-Kompetenzen – Lösungsorientierte systemische Therapiekonzepte für eine gleichrangig-partnerschaftliche Umgestaltung von „Sucht" in Beziehungs- und Lebensressourcen.* In: Richelshagen, Cordula (Hrsg.): Süchte und Systeme, Freiburg 1992 (interessanter Artikel zur Sucht-Therapie, M.M.)

Silva, José & Miele, Philip: *Silva Mind Control. Die universelle Methode zur Steigerung der Kreativität und Leistungsfähigkeit des menschlichen Geistes.* München, Heyne

Vester, Frederic: Denken, Lernen, Vergessen. *Was geht in unserem Kopf vor, wie lernt das Gehirn, und wann läßt es uns im Stich?* München, DTV

Watzlawick, Paul: *Wie wirklich ist die Wirklichkeit? Wahn. Täuschung. Verstehen.* München, Piper

Watzlawick, Paul: *Vom Schlechten des Guten oder Hekates Lösungen.* München, Piper

Weber, Gunthard (Hrsg.): *Zweierlei Glück. Die systemische Psychotherapie Bert Hellingers.* Heidelberg, Carl Auer

Zarro, Richard A. & Blum, Peter: *Gekonnt telefonieren durch NLP.* Moderne Industrie

Zeig, Jeffrey (Hrsg.): *Meine Stimme begleitet Sie überallhin. Ein Lehrseminar mit Milton H. Erickson.* Stuttgart, Klett-Cotta

Zum Thema Lebensfreude

Janosch: *Polski Blues.* München, Goldmann

Miller, Henry: *Big Sur und die Orangen des Hieronymus Bosch.* Reinbek, Rowohlt

Perls, Frederick S.: *Gestalt-Wahrnehmung. Verworfenes und Wiedergefundenes aus meiner Mülltonne.* Frankfurt, Verlag für Humanistische Psychologie Werner Flach

Reich, Wilhelm: *Rede an den kleinen Mann.* Frankfurt, Fischer

Watts, Alan: *Zeit zu leben. Erinnerungen eines „heiligen Barbaren".* München, Heyne

Martin R. Mayer
Training und Beratung

Informationen bei:
Martin R. Mayer
Training und Beratung
Dornstr. 11, D-87435 Kempten
Tel./Fax: 0831 - 23 9 10
E-Mail: info@nlp-mayer.de
Homepage: www.nlp-mayer.de

Martin R. Mayer
NLP-Lehrtrainer (DVNLP)

Seminare:
- Erfolgstraining
- Kommunikation und Konfliktlösung
- Kreativitätskurs
- Lern-und Arbeitstechniken
- Effektives Lehren
- Mitarbeiterführung
- NLP-Einführungskurs
- NLP-Practitioner
- Rhetorik
- Selbsthilfe bei Burnout-Syndrom
- Theaterworkshop
- Wie schützen Sie sich vor Mobbing
- Erfolgreich und mit gutem Gefühl verkaufen

Firmenberatung:
- Verbesserung der innerbetrieblichen
  Kommunikation
- Mitarbeiterführung
- Krisen bewältigen
- Höchstleistungen erzielen

Informationen zur
Aus- und Fortbildung in NLP

 NLP in Österreich

Österreichisches Trainingszentrum für NLP

2 Tage Einführungs-, 5 Tage Intensivseminare
30 Tage Practitioner-, 27 Tage Master Practitioner-Kurs
Advanced Master-Practitioner für Coaching und Supervision
Staatlich anerkannte Ausbildung zum Lebens- und Sozialberater

Forschungs- und Entwicklungszentrum
für Neuro-Linguistische Psychotherapie (NLPt)

Anerkannt vom
Neuro-Linguistischen Dachverband Österreich (NLDÖ)

Dr. Brigitte Gross, Dr. Siegrid Schneider-Sommer,
Dr. Helmut Jelem, Mag. Peter Schütz

A-1094 Wien, Widerhofergasse 4
Tel: +43-1-317 67 80, Fax: +43-1-317 67 81 22
e-mail: info@nlpzentrum.at, Internet: http://www.nlpzentrum.at